하루 한 장
초등
과학 365

하루 한 장 초등과학 365: 과학과 친해지는 탐구생활 교과서

초판 발행 2021년 12월 14일
4쇄 발행 2024년 10월 22일

지은이 치바 가즈요시 / **옮긴이** 허영은 / **감수자** 유우종 / **펴낸이** 김태헌
총괄 임규근 / **책임편집** 고현진 / **디자인** 김은지 / **교정교열** 배은영
영업 문윤식, 신희용, 조유미 / **마케팅** 신우섭, 손희정, 박수미, 송수현 / **제작** 박성우, 김정우

펴낸곳 한빛라이프 / **주소** 서울시 서대문구 연희로 2길 62
전화 02-336-7129 / **팩스** 02-325-6300
등록 2013년 11월 14일 제25100-2017-000059호 / **ISBN** 979-11-90846-29-5 73400

한빛라이프는 한빛미디어(주)의 실용 브랜드로 우리의 일상을 환히 비추는 책을 펴냅니다.
이 책에 대한 의견이나 오탈자 및 잘못된 내용은 출판사 홈페이지나 아래 이메일로 알려주십시오.
파본은 구매처에서 교환하실 수 있습니다. 책값은 뒤표지에 표시되어 있습니다.
한빛미디어 홈페이지 www.hanbit.co.kr / **이메일** ask_life@hanbit.co.kr

ILLUST DE WAKARU KAGAKU NO KYOYO 365
Copyright © 2021 SB Creative Corp. / Kazuyoshi Chiba
Illustration : Takuhiro Yamada, TICTOC, Ari Tomobe
Original Japanese edition published in 2021 by SB creative Corp.
Korea translation rights arranged with SB Creative Corp. Tokyo
through Korea Copyright Center, Inc., Seoul
Korean translation rights © 2021 by Hanbit Media Inc.
이 책의 저작권은 한국저작권센터(KCC)를 통한 SB Creative와의 독점 계약으로 한빛미디어(주)에 있습니다.
저작권법에 의해 보호를 받는 저작물이므로 무단 복제 및 무단 전재를 금합니다.

지금 하지 않으면 할 수 없는 일이 있습니다.
책으로 펴내고 싶은 아이디어나 원고를 메일(writer@hanbit.co.kr)로 보내주세요.
한빛라이프는 여러분의 소중한 경험과 지식을 기다리고 있습니다.

과학과 친해지는 탐구생활 교과서

하루 한 장 초등 과학 365

● 치바 가즈요시 **지음** | 허영은 **옮김** | 유우종 **감수** ●

한빛라이프

 **저자의 말**

과학은 사소한 궁금증에서 시작해요!

이 책은 떡을 구우면 떡이 빵빵하게 부푸는 이유를 찾으면서 시작해요. 떡은 왜 부풀어 오를까요? 어쩌면 떡이 잡아먹히기 싫어서 잔뜩 화가 났을지도 모르지요.

과학에서는 이러한 해답의 가능성을 '가설'이라고 불러요. 가설은 매우 중요해요. 가설이 있어야만 궁금증을 해결할 수 있으니까요. 가설을 떠올린 다음에는 증명하기 위해 '떡한테 기분이 어떤지 물어보기'와 같은 실험을 해 볼 수 있어요.

더욱 과학적으로 접근해서 '수증기 때문에 떡이 팽창했다'라는 가설을 세우고 증명하려면 어떻게 해야 할까요? 학교에서 과학 과목을 배우거나 교양을 익히면 가설을 과학적으로 세우고 증명하는 데 큰 도움이 되어요.

하지만 공부는 양날의 검이기도 해요. 열심히 공부해서 머리가 지식으로 가득 차면, 호기심을 품고 특별한 현상을 발견하기 어렵거든요.

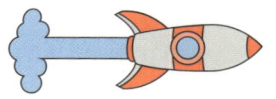

마음속에 물음표가 꼬리표처럼 따라다녀도 모른 체하기 십상이에요. '당연한 거겠지.' 하면서 더 고민하지 않아요. 그렇다면 과학에 대한 호기심을 잃지 않고 계속 키우려면 어떻게 해야 할까요?

여러분에게 철학자이자 수학자였던 찰스 샌더스 퍼스를 소개하고 싶어요. 퍼스는 "가설을 세우려면 먼저 놀라야 한다."라고 말했어요. 놀라움이 없는 사실은 굳이 가설을 세울 필요가 없기 때문이에요.

그러면 놀랄 수 있는 마음가짐과 태도를 갖추는 것이 가장 중요하지 않을까요. 놀라움은 한 사람 한 사람의 마음속에 있는 흥미로운 사고에 의해 발견돼요. 이 책을 읽는 독자 여러분도 놀라움을 발견할 수 있는 '용기'를 손에 넣길 응원할게요.

사이언스&에듀케이션센터
치바 가즈요시

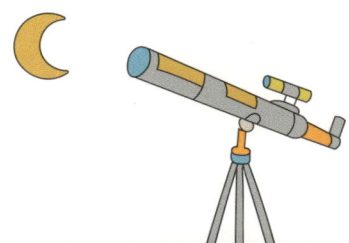

이 책의 사용법

1월 1일부터 12월 31일까지 하루에 한 가지씩 과학에 대한 궁금증을 풀어 나가요. 무척 쉽고 재미있게 설명하고, 이해를 돕기 위한 일러스트도 풍부해요. 머릿속에 꼭꼭 담아두었다가 잘 모르는 친구가 있다면 친절하게 설명해 주세요!

질문 생활 속 궁금증을 하루에 하나씩 풀어요.

읽은 날 읽은 날짜를 기록해요.

주제

- **음식**: 음식과 요리의 맛을 좌우하는 과학의 신비
- **생물**: 동물·곤충·식물이 가지고 있는 신비로운 과학
- **우주·지구**: 별·은하·공기 등 우리가 사는 지구와 우주의 비밀
- **인체**: 뇌·혈액·뼈를 비롯한 우리 몸에 대한 궁금증 탐구
- **자연**: 햇빛·공기·태풍 등 인간의 힘을 초월하는 자연의 신비
- **일상과학**: 냉장고·다리미 등 생활용품이 작동하는 과학 원리
- **발명**: 우리의 생활에 혁신을 가져온 과학자와 그들의 이야기

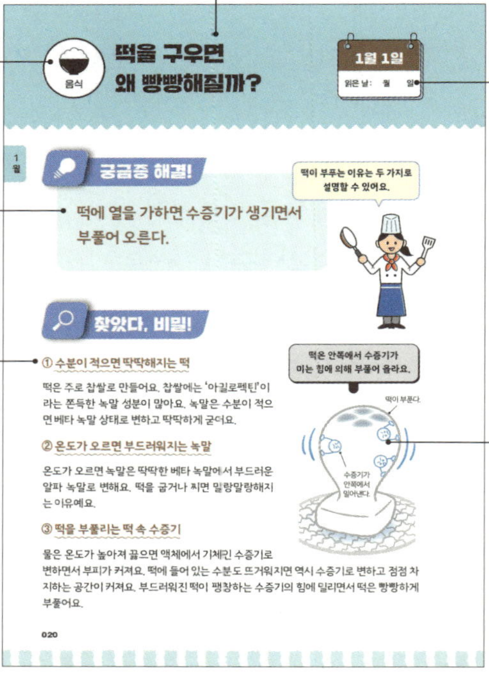

떡을 구우면 왜 빵빵해질까?

1월 1일

궁금증 해결!

떡에 열을 가하면 수증기가 생기면서 부풀어 오른다.

떡이 부푸는 이유는 두 가지로 설명할 수 있어요.

찾았다, 비밀!

떡은 안쪽에서 수증기가 미는 힘에 의해 부풀어 올라요.

① 수분이 적으면 딱딱해지는 떡
떡은 주로 찹쌀로 만들어요. 찹쌀에는 '아밀로펙틴'이라는 쫀득한 녹말 성분이 많아요. 녹말은 수분이 적으면 베타 녹말 상태로 변하고 딱딱하게 굳어요.

② 온도가 오르면 부드러워지는 녹말
온도가 오르면 녹말은 딱딱한 베타 녹말에서 부드러운 알파 녹말로 변해요. 떡을 굽거나 찌면 말랑말랑해지는 이유예요.

③ 떡을 부풀리는 떡 속 수증기
물은 온도가 높아져 끓으면 액체에서 기체인 수증기로 변하면서 부피가 커져요. 떡에 들어 있는 수분도 뜨거워지면 역시 수증기로 변하고 점점 차지하는 공간이 커져요. 부드러워진 떡이 팽창하는 수증기의 힘에 밀리면서 떡은 빵빵하게 부풀어요.

020

찾았다, 비밀!
주제와 관련된 중요한 포인트 세 가지를 소개해요.

궁금증 해결!
궁금증에 대해서 간단하게 정리한 한 줄 해답이에요. 퀴즈가 등장하기도 해요.

일러스트
조금 어려운 내용은 알기 쉽게 그림으로 설명해요.

• 목차 •

저자의 말 … 4 / 이 책의 사용법 … 6
키워드별 찾아보기 … 404

▸1월◂

1일	떡을 구우면 왜 빵빵해질까?	20
2일	식물이 자라려면 무엇이 필요할까?	21
3일	우주는 어떻게 태어났을까?	22
4일	물속에서 숨을 얼마나 참을 수 있을까?	23
5일	머리털을 책받침으로 문지르면 왜 곤두설까?	24
6일	마스크로 바이러스를 막을 수 있을까?	25
7일	아르키메데스	26
8일	어떤 음식의 칼로리가 높을까?	27
9일	생명은 어떻게 태어났을까?	28
10일	별은 왜 동그란 모양일까?	29
11일	달리면 왜 숨이 찰까?	30
12일	스키 점프는 어떻게 안전하게 착지할까?	31
13일	돋보기로 보면 물체가 크게 보이는 원리는?	32
14일	니콜라우스 코페르니쿠스	33
15일	양파를 자르면 왜 눈물이 날까?	34
16일	개가 짖는 이유는 무엇일까?	35
17일	우주 정거장에서 몸을 떠오르게 하는 힘은?	36
18일	손톱과 털은 잘라도 계속 자랄까?	37
19일	컵 속의 물은 왜 저절로 없어질까?	38
20일	드라이아이스 연기의 정체는?	39
21일	갈릴레오 갈릴레이	40
22일	빙수와 아이스크림 중 어느 쪽이 더 차가울까?	41
23일	마트에서 산 달걀에서 병아리가 부화할까?	42
24일	남극과 북극 중 어디가 더 추울까?	43
25일	감기는 왜 걸릴까?	44
26일	물속에서 다리가 짧아 보이는 이유는?	45
27일	병따개로 어떻게 병뚜껑을 딸까?	46
28일	요하네스 케플러	47
29일	초밥에는 왜 고추냉이를 넣을까?	48
30일	닭과 오리는 날지 못할까?	49
31일	온천은 정말 건강에 좋을까?	50

▶ 2월 ◀

1일	감기에 걸리면 왜 기침과 열이 날까?	52
2일	물은 끓으면 어디로 사라질까?	53
3일	비누로 어떻게 때를 지울까?	54
4일	블레즈 파스칼	55
5일	껌을 씹기만 해도 살이 찔까?	56
6일	추위에도 펭귄이 멀쩡한 비결은?	57
7일	우리나라가 밤일 때 낮인 나라는?	58
8일	착시 현상이 일어나는 이유는 무엇일까?	59
칼럼	기하학적 착시	60
9일	못과 나사가 붉게 녹스는 이유는?	62
10일	유성펜은 왜 유리에 잘 써질까?	63
11일	안톤 판 레이우엔훅	64
12일	탄산음료에서 '쏴' 소리가 나는 이유는?	65
13일	고양이는 언제부터 높은 곳을 좋아했을까?	66
14일	지구 온난화로 기후 위기가 발생한다?	67
15일	왼손잡이와 오른손잡이의 비율은?	68
16일	천둥은 어떻게 큰 소리를 낼까?	69
17일	플라스틱은 영원히 썩지 않을까?	70
18일	로버트 훅	71
19일	도넛 가운데에는 왜 구멍이 뚫려 있을까?	72
20일	기린은 왜 목이 길까?	73
21일	하늘과 우주를 나누는 경계는 어디일까?	74
22일	인플루엔자는 어떻게 감염될까?	75
23일	세상에서 가장 차가운 온도는?	76
칼럼	섭씨와 화씨	77
24일	CD에 정보를 어떻게 기록할까?	78
25일	아이작 뉴턴	79
26일	광천수는 어디서 채취할까?	80
27일	판다의 흑백 무늬에 비밀이 숨어 있다?	81
28일	2월 29일이 4년에 한 번 찾아오는 이유는?	82

3월

1일	충치가 생기는 원인은 무엇일까?	84
2일	식은 수프를 데우면 짭짤해지는 이유는?	85
3일	유리는 왜 투명할까?	86
4일	놓친 물건이 아래로 떨어지는 이유는?	87
5일	생선을 많이 먹으면 머리가 좋아질까?	88
6일	쇠똥구리는 왜 똥을 굴릴까?	89
7일	사람이 우주에 나가면 어떻게 될까?	90
8일	평상시 사람의 정상 체온 범위는?	91
9일	봉이 있으면 줄타기 곡예가 편할까?	92
10일	거울에는 어떻게 모습이 그대로 비칠까?	93
11일	올레 뢰머	94
12일	젤리가 말랑말랑한 이유는 무엇일까?	95
13일	나비와 나방을 구분하는 방법은?	96
14일	해일과 파도는 어떤 점이 다를까?	97
15일	치아는 왜 두 번 날까?	98
16일	맑은 하늘에서 어떻게 비가 내릴까?	99
17일	안경을 착용하면 시력이 좋아질까?	100
18일	온도계는 어떻게 온도를 측정할까?	101
19일	채소는 정말 몸에 좋을까?	102
20일	원숭이가 진화하면 사람이 될 수 있을까?	103
21일	별이 여름보다 겨울에 더 잘 보이는 이유는?	104
22일	혈액은 왜 빨간색일까?	105
23일	비눗방울은 왜 무지갯빛으로 보일까?	106
24일	전구를 밝히면 왜 뜨거워질까?	107
25일	벤자민 프랭클린	108
26일	달콤하면서 칼로리가 낮은 음식이 있을까?	109
27일	새가 무리를 지으면 어떤 장점이 있을까?	110
28일	땅을 계속 파면 지구 중심에 도착할까?	111
29일	한 끼만 굶어도 살이 빠질까?	112
30일	철은 나무보다 얼마나 더 무거울까?	113
31일	제균과 살균의 차이는?	114

▶4월◀

1일	💡	제임스 와트	116
2일	🍵	우유를 마시면 정말 키가 클까?	117
3일	🐼	나무는 몇 살까지 살까?	118
4일	🪐	달은 처음에 어떻게 생겨났을까?	119
5일	❤️	어른이 어린이보다 뼈의 개수가 적다?	120
6일	🌿	이불을 햇볕에 말리면 무엇이 좋을까?	121
7일	🛠️	세탁소에서는 옷을 어떻게 세탁할까?	122
8일	💡	윌리엄 허셜·캐롤라인 허셜	123
9일	🍵	낫토는 왜 끈적거릴까?	124
칼럼	🍵	**발효 식품**	125
10일	🐼	벚꽃이 언제 피는지 예측할 수 있을까?	126
11일	🪐	일식은 어떻게 일어날까?	127
12일	❤️	매운 음식을 잘 먹는 비결은 무엇일까?	128
13일	🌿	설탕은 어떻게 물에 녹을까?	129
14일	🛠️	햇빛으로 전기를 만들 수 있을까?	130
15일	💡	알레산드로 볼타	131
16일	🍵	사과를 깎으면 왜 갈색으로 변할까?	132
17일	🐼	심해어는 왜 납작해지지 않을까?	133
18일	🪐	햇볕은 왜 따뜻할까?	134
19일	❤️	혈액형을 구분하는 기준은 무엇일까?	135
20일	🌿	풍선은 어디까지 날아갈까?	136
21일	🛠️	어떤 타이어가 빗길에서 안전할까?	137
22일	💡	전지에서 전기가 생기는 원리는 뭘까?	138
23일	🍵	유기농 채소를 재배하는 방법은?	139
24일	🐼	뱀은 다리가 없는데 어떻게 이동할까?	140
25일	🪐	우주에서도 소리가 들릴까?	141
26일	❤️	사람은 왜 밤만 되면 졸릴까?	142
27일	🌿	달리는 자전거는 왜 쓰러지지 않을까?	143
28일	🛠️	지우개는 어떻게 연필 자국을 지울까?	144
29일	💡	에드워드 제너	145
30일	🍵	홍차와 녹차의 차이점은?	146

5월

1일	잡초는 저절로 자랄까?	148
2일	밀물과 썰물이 나타나는 이유는?	149
3일	시력이 나쁜 사람과 좋은 사람의 차이는?	150
4일	바람은 왜 부는 걸까?	151
5일	어떤 풍선이 하늘 위로 떠오를까?	152
6일	조지 스티븐슨	153
7일	바나나 껍질에 생긴 검은 반점의 정체는?	154
8일	식물의 잎은 왜 초록색일까?	155
9일	나침반의 바늘은 왜 북쪽을 가리킬까?	156
10일	부러진 뼈는 다시 붙을 수 있을까?	157
11일	산에서 메아리가 울리는 이유는?	158
12일	도로에서 차가 막히는 이유는 무엇일까?	159
13일	마이클 패러데이	160
14일	냉장고 속 음식은 안 썩을까?	161
15일	소는 풀만 먹어도 건강할까?	162
16일	별은 낮 동안 어디에 숨어 있을까?	163
17일	눈물은 왜 나올까?	164
18일	롤러코스터를 타도 떨어지지 않는 이유는?	165
19일	물티슈 액체의 주요 성분은?	166
20일	전동기는 어떤 원리로 작동할까?	167
21일	우유를 마시면 배탈이 나기 쉽다?	168
22일	벌은 누구를 위해 벌꿀을 만들까?	169
23일	별은 정말 반짝반짝 빛날까?	170
24일	똥에서는 왜 지독한 냄새가 날까?	171
25일	물에서도 전기가 통할까?	172
26일	다리미는 어떻게 주름을 펼까?	173
27일	발전기가 전기를 만드는 원리는?	174
28일	통조림 속 음식은 썩지 않을까?	175
29일	공작새가 아름다운 깃털을 지닌 이유는?	176
30일	비행기로 우주까지 갈 수 있을까?	177
31일	오줌이 노랗게 보이는 이유는?	178

6월

1일		장마가 되면 왜 비가 계속 내릴까?	180
2일		바코드 안에는 어떤 정보가 있을까?	181
3일		이태규	182
4일		온천 달걀과 반숙 달걀은 똑같다?	183
5일		꽃은 무엇을 위해 꿀을 만들까?	184
칼럼		종자식물	185
6일		우리나라 최초의 인공위성은?	186
7일		귀는 어떻게 소리를 들을까?	187
8일		연잎에 맺힌 물방울은 왜 구슬 모양일까?	188
9일		에어컨 기능 중 제습과 냉방의 차이는?	189
10일		새뮤얼 모스	190
11일		음식에는 왜 곰팡이가 필까?	191
12일		수국이 다양한 색으로 꽃을 피우는 원리는?	192
13일		공기에도 무게가 있을까?	193
14일		갑자기 밝아지면 왜 눈이 부실까?	194
15일		무엇이 게릴라성 호우를 내리게 만들까?	195
16일		탈취제는 어떻게 냄새를 없앨까?	196
17일		찰스 다윈	197
18일		초콜릿이 알록달록 예쁜 색을 내는 비결은?	198
19일		반딧불이는 어떻게 빛을 낼까?	199
20일		구름은 왜 여러 가지 색깔로 보일까?	200
21일		배에서 꼬르륵 소리가 나는 이유는?	201
22일		사람이 비를 내리게 할 수 있을까?	202
23일		스피커는 어떻게 소리를 낼까?	203
24일		그레고어 멘델	204
25일		요리할 때 생기는 거품의 정체는?	205
26일		홍학은 왜 분홍색일까?	206
27일		별까지의 거리는 어떻게 측정할까?	207
28일		간지럼은 어떻게 느낄까?	208
29일		무지개는 언제 어디에 생길까?	209
30일		식품용 랩이 잘 달라붙는 이유는?	210

▶ 7월 ◀

1일	알프레드 노벨	212
2일	씨 없는 포도는 어떻게 만들까?	213
3일	개미는 어떻게 줄지어 기어다닐까?	214
4일	밤하늘에 보이는 밝은 띠의 정체는?	215
5일	장 속에는 얼마나 많은 세균이 살까?	216
6일	변화구는 어떻게 휘어서 날아갈까?	217
7일	창문으로 햇빛을 쬐도 비타민D가 생길까?	218
8일	고틀리프 다임러・카를 벤츠	219
9일	오이의 겉면은 왜 오돌토돌할까?	220
10일	물고기는 어떻게 잠을 잘까?	221
11일	무엇이 유성우가 되어 지구로 떨어질까?	222
12일	대식가가 되는 원인은 무엇일까?	223
13일	콜라에 사탕을 넣으면 정말 폭발할까?	224
14일	불꽃놀이 색깔은 어떻게 만들까?	225
15일	드미트리 멘델레예프	226
16일	옥수수는 왜 수염이 있을까?	227
17일	곤충은 왜 빛 주위로 모일까?	228
18일	여름은 덥고 겨울은 추운 이유는?	229
19일	어른이 되면 왜 키가 자라지 않을까?	230
20일	여름에 물을 뿌리면 조금은 시원해진다?	231
21일	잠수함이 떠올랐다가 가라앉는 방법은?	232
22일	로베르트 코흐	233
23일	솜사탕은 왜 폭신폭신할까?	234
24일	비단벌레는 어떻게 반짝반짝 빛날까?	235
25일	하늘은 왜 파란색일까?	236
26일	운동한 다음 날에는 왜 근육통이 생길까?	237
27일	그늘진 곳의 철봉은 왜 차가울까?	238
28일	냉장고는 어떻게 시원함을 유지할까?	239
29일	빌헬름 뢴트겐	240
30일	두유로 두부를 만들 수 있을까?	241
31일	강에 사는 물고기가 바다에 가면 죽을까?	242

8월

1일		바닷물은 왜 짠맛이 날까?	244
2일		땀을 흘리면 좋은 점이 있을까?	245
3일		바다에서 몸이 뜨는 이유는?	246
4일		가스를 사용하지 않고 냄비를 데우는 기술은?	247
5일		엑스레이는 어떻게 몸속을 촬영할까?	248
6일		서로 상극인 음식이 있을까?	249
7일		소금쟁이는 왜 물에 가라앉지 않을까?	250
8일		파도는 어디에서 밀려올까?	251
9일		피부가 햇빛에 타면 어떻게 될까?	252
10일		타는 물질과 타지 않는 물질의 차이는?	253
11일		모기향은 선향과 무엇이 다를까?	254
12일		알렉산더 그레이엄 벨	255
13일		설탕은 썩지 않는다?	256
14일		번데기 속은 어떤 모습일까?	257
15일		우리나라가 여름일 때 겨울인 나라는?	258
16일		액체가 같은 온도의 기체보다 더 뜨겁다?	259
17일		얼음은 물 위에 뜰까?	260
18일		전기차가 휘발유차보다 친환경적일까?	261
19일		토머스 에디슨	262
20일		수박은 왜 줄무늬가 있을까?	263
21일		매미와 귀뚜라미는 왜 울까?	264
22일		유성은 어디에 떨어질까?	265
23일		모기한테 물리면 왜 가려울까?	266
24일		찬물이 담긴 컵에 맺힌 물방울의 정체는?	267
25일		소화기는 어떻게 불을 끌까?	268
26일		전구는 어떻게 빛날까?	269
27일		수박을 두드리면 익었는지 알 수 있을까?	270
28일		제비는 왜 여름에만 나타날까?	271
29일		공기가 없는 우주에서 태양은 어떻게 타오를까?	272
30일		운동 신경은 훈련하면 좋아질까?	273
31일		물속에서도 소리가 들릴까?	274

9월

1일	전자레인지는 어떻게 음식을 데울까?	276
2일	이임학	277
3일	치즈가 쭉쭉 늘어나는 비결은?	278
4일	덩굴 식물은 왜 무언가를 감을까?	279
5일	일본에서는 왜 지진이 자주 일어날까?	280
6일	꿈은 왜 금방 잊어버릴까?	281
7일	회오리와 태풍의 차이는 무엇일까?	282
8일	텔레비전은 어떻게 신호를 받아 방송할까?	283
9일	이휘소	284
10일	동결 건조 식품은 어떻게 만들까?	285
11일	거미는 왜 거미줄에 걸리지 않을까?	286
12일	별마다 색과 밝기가 다른 이유는?	287
13일	심장은 계속 뛰어도 지치지 않는다?	288
14일	신기루는 왜 생길까?	289
15일	휴대 전화의 원리는 무엇일까?	290
16일	마리 퀴리	291
17일	냉동식품은 왜 썩지 않을까?	292
18일	도마뱀은 어떻게 벽을 기어오를까?	293
19일	긴급 지진 속보는 어떻게 보도될까?	294
칼럼	**진도와 매그니튜드**	295
20일	비행기를 타면 왜 귀가 먹먹해질까?	296
21일	세계에서 가장 강력했던 태풍은?	297
22일	내비게이션은 위치를 어떻게 파악할까?	298
23일	조지프 존 톰슨	299
24일	연근은 왜 구멍이 뚫려 있을까?	300
25일	동물이 사람보다 빨리 자란다?	301
26일	별자리 위치는 왜 계절마다 바뀔까?	302
27일	밀가루와 달걀을 못 먹는 사람이 있다?	303
28일	방사능은 무서운 물질일까?	304
29일	확성기로 말하면 소리가 커질까?	305
30일	어니스트 러더퍼드	306

10월

1일	물고기는 왜 손으로 잡기 어려울까?	308
2일	호랑이 줄무늬는 무슨 역할을 할까?	309
3일	우리나라에서도 오로라를 볼 수 있을까?	310
4일	멀미는 왜 생길까?	311
5일	저녁노을은 왜 붉게 보일까?	312
6일	종이 기저귀는 어떻게 오줌을 흡수할까?	313
7일	물질은 무엇으로 이루어져 있을까?	314
8일	감자를 먹으면 왜 방귀가 나올까?	315
9일	식물의 가시에는 어떤 기능이 있을까?	316
10일	임무를 완료한 인공위성의 미래는?	317
11일	체온은 몇 도까지 올라가도 괜찮을까?	318
12일	산꼭대기가 산 아래보다 추울까?	319
13일	열기구는 어떻게 공중에 떠 있을까?	320
14일	윌버 라이트·오빌 라이트	321
15일	생선을 말리면 더 맛있어진다?	322
16일	동물은 충치가 안 생긴다?	323
17일	달의 모양은 왜 계속 변할까?	324
18일	사람은 몇 살까지 살 수 있을까?	325
19일	구급차 사이렌에는 높낮이가 있다?	326
20일	철길 아래에는 왜 자갈이 깔려 있을까?	327
21일	비행기는 어떻게 하늘을 날까?	328
22일	맛국물은 무엇일까?	329
23일	박쥐는 왜 거꾸로 매달릴까?	330
24일	토성 고리는 무엇으로 이루어져 있을까?	331
25일	레몬을 보면 왜 침이 고일까?	332
26일	소리가 울리지 않는 방은 어떻게 만들까?	333
27일	헬리콥터는 어떻게 제자리 비행을 할까?	334
28일	알베르트 아인슈타인	335
29일	콩나물은 원래 초록색으로 자란다?	336
30일	공룡의 몸집은 왜 거대했을까?	337
31일	지구 말고 물이 흐르는 별이 또 있을까?	338

11월

1일	예방 주사는 왜 맞을까?	340
2일	구름과 안개는 무엇이 다를까?	341
3일	광케이블과 일반 전선의 차이는 무엇일까?	342
4일	타임머신을 실제로 만들 수 있을까?	343
5일	새우와 게를 삶으면 왜 빨갛게 변할까?	344
6일	고래는 왜 몸집이 클까?	345
7일	블랙홀의 정체는 무엇일까?	346
8일	긴장하면 왜 심장이 두근거릴까?	347
9일	겨울에는 왜 입김이 하얗게 보일까?	348
10일	디지털카메라는 어떻게 사진을 찍을까?	349
11일	에른스트 루스카	350
12일	참마를 만지면 왜 가려울까?	351
13일	숲은 왜 낙엽으로 뒤덮이지 않을까?	352
14일	지구는 언제 태어났을까?	353
15일	나이가 들면 왜 흰머리가 날까?	354
16일	높은 곳에서 뛰어내리면 발이 더 아프다?	355
17일	일반 전구와 LED 전구의 차이는 무엇일까?	356
칼럼	반도체	357
18일	전자 현미경은 어떻게 미세한 부분까지 볼까?	358
19일	곤약은 무엇으로 만들까?	359
20일	열매가 열리는 은행나무가 따로 있다?	360
21일	서릿발은 땅에서 올라온 수분이다?	361
22일	책상다리를 하면 왜 다리가 저릴까?	362
23일	과자 봉지는 산에서 부풀어 오른다?	363
24일	자고 일어나도 계속 피곤한 건 정상일까?	364
25일	유카와 히데키	365
26일	베이킹파우더를 넣은 팬케이크는 왜 부풀까?	366
27일	사람이 동물의 병에 걸릴 수 있을까?	367
28일	화석은 누가 남긴 흔적일까?	368
29일	하품은 왜 나올까?	369
30일	욕조의 물은 왜 윗부분만 뜨거워질까?	370

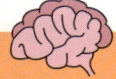

12월

날짜		제목	페이지
1일		인터넷은 어떤 원리일까?	372
2일		고시바 마사토시	373
3일		소금물로 입을 헹구면 감기에 효과가 있을까?	374
4일		추운 지역에 살면 몸집이 거대해진다?	375
5일		외계인이 정말 있을까?	376
6일		게임을 많이 하면 눈이 나빠질까?	377
7일		스케이트를 신으면 빨리 달릴 수 있다?	378
8일		발열 내의를 입으면 왜 따뜻해질까?	379
9일		제임스 왓슨	380
10일		무의 매운맛은 어떻게 줄일 수 있을까?	381
11일		모든 동물이 겨울잠을 잘까?	382
12일		바다는 얼마나 깊을까?	383
13일		건망증은 왜 생길까?	384
14일		엘리베이터가 내려갈 때 왜 붕 뜨는 느낌이 들까?	385
15일		자기 부상 열차는 어떻게 움직일까?	386
16일		미셸 마요르	387
17일		어린이는 왜 술을 마시면 안 될까?	388
18일		도롱이처럼 생긴 주머니 속에는 무엇이 들었을까?	389
19일		석유는 언제 바닥날까?	390
20일		부모의 덩치가 크면 자식의 덩치도 클까?	391
21일		강물은 마르지 않을까?	392
22일		어떤 물체에 전기가 통할까?	393
23일		사람이 심장과 위장을 만들 수 있을까?	394
칼럼		재생 의료	395
24일		귤을 먹으면 감기에 걸리지 않을까?	396
25일		세균과 바이러스는 어떻게 다를까?	397
26일		해가 저물지 않는 곳이 있을까?	398
27일		코가 막히면 맛을 못 느낀다?	399
28일		인공 눈과 자연 눈의 차이는?	400
29일		교통카드는 어떤 원리로 작동할까?	401
30일		요시노 아키라	402
31일		글루탐산나트륨은 정말 몸에 나쁠까?	403

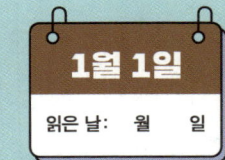

떡을 구우면 왜 빵빵해질까?

궁금증 해결!

떡에 열을 가하면 수증기가 생기면서 부풀어 오른다.

> 떡이 부푸는 이유는 두 가지로 설명할 수 있어요.

찾았다, 비밀!

① 수분이 적으면 딱딱해지는 떡

떡은 주로 찹쌀로 만들어요. 찹쌀에는 '아밀로펙틴'이라는 쫀득한 녹말 성분이 많아요. 녹말은 수분이 적으면 베타 녹말 상태로 변하고 딱딱하게 굳어요.

② 온도가 오르면 부드러워지는 녹말

온도가 오르면 녹말은 딱딱한 베타 녹말에서 부드러운 알파 녹말로 변해요. 떡을 굽거나 찌면 말랑말랑해지는 이유예요.

③ 떡을 부풀리는 떡 속 수증기

물은 온도가 높아져 끓으면 액체에서 기체인 수증기로 변하면서 부피가 커져요. 떡에 들어 있는 수분도 뜨거워지면 역시 수증기로 변하고 점점 차지하는 공간이 커져요. 부드러워진 떡이 팽창하는 수증기의 힘에 밀리면서 떡은 빵빵하게 부풀어요.

> 떡은 안쪽에서 수증기가 미는 힘에 의해 부풀어 올라요.

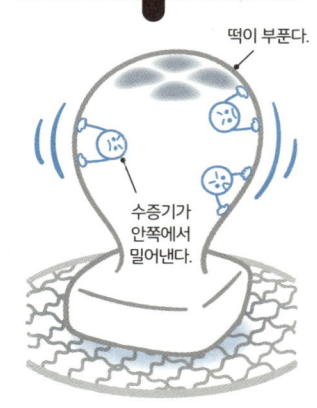

생물

식물이 자라려면 무엇이 필요할까?

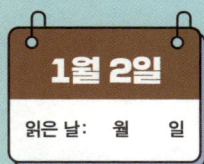
1월 2일
읽은 날: 월 일

❓ 퀴즈

꽃과 채소는 어떤 환경에서 자라는지 생각해 봤어요?

❶ 물만 있어도 잘 자란다.
❷ 물 말고 다른 영양소도 필요하다.
❸ 물만 줘도 잘 자라는 식물과 그렇지 않은 식물이 있다.

정답 ❷ 식물이 자라려면 이산화탄소 등 다른 물질도 필요하다.

🔍 찾았다, 비밀!

비료는 광합성으로 얻기 어려운 영양소를 식물에게 보충해요.

① 스스로 영양소를 만드는 식물

식물이든 동물이든 생물이 살아가려면 영양소가 필요해요. 동물은 음식물을 먹어서 영양소를 얻고, 식물은 햇빛을 받아 영양소를 직접 만들어서 얻어요.

② 물과 이산화탄소가 필요한 광합성

식물은 햇빛, 물, 이산화탄소를 이용해 포도당과 산소를 만들어요. 포도당은 녹말 형태로 저장하고, 산소는 밖으로 배출해요. 식물이 햇빛을 받아 영양소를 직접 만드는 작용을 '광합성'이라고 해요.

③ 식물 생장에 필요한 질소와 인산

광합성으로 만든 영양소만으로는 식물이 건강하게 자라기 어려워요. 뿌리나 잎을 통해 외부에서 질소, 인산, 칼륨 등 부족한 영양소를 흡수해요. 물뿐 아니라 다양한 영양소를 충분히 흡수해야 식물이 건강하게 자라요.

021

우주는 어떻게 태어났을까?

1월 3일 읽은 날: 월 일

> 드넓은 우주가 작은 점에서 시작되었다니, 믿기지 않아요.

우주는 작은 점이 팽창하여 생겨났다.

① 가장 유력한 인플레이션 이론

우주가 어떻게 태어났는지 아직 구체적으로 밝혀지지 않았어요. 다만 다수의 과학자들이 인정하는 가설은 '빅뱅 이론'을 보완한 '인플레이션 이론'이에요. '급팽창 이론'이라고도 불러요.

② 작은 점에서 탄생한 우주

인플레이션 이론에 따르면 지금으로부터 138억 년 전 시간도 공간도 없는 곳에 우연히 생긴 작은 점에서 우주가 태어났고, 한순간 거대하게 펼쳐졌어요. 영어 단어 인플레이션(Inflation)은 '팽창'이라는 뜻이에요.

> 우주가 넓어지면서 별과 은하가 생겼어요.

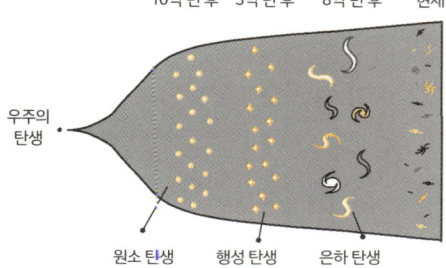

10억 년 후 3억 년 후 8억 년 후 현재

우주의 탄생 · 원소 탄생 · 행성 탄생 · 은하 탄생

③ 대폭발 후에도 계속 팽창하는 중

대폭발(빅뱅) 이후 눈 깜짝할 사이에 광활하게 확장한 우주는 불타는 구슬 같은 상태였어요. 우주는 계속 커졌고, 이윽고 물질을 이루는 가장 작은 단위인 원자가 생겼어요. 우주는 지금도 계속해서 넓어지고 있어요.

물속에서 숨을 얼마나 참을 수 있을까?

인체

1월 4일
읽은 날: 월 일

❓ 퀴즈

❶ 세계 기록 기준 약 25분
❷ 세계 기록 기준 약 5분
❸ 세계 기록 기준 약 1시간

> 정답 ❶ 평범한 사람이 물속에서 숨을 참을 수 있는 최대 시간은 수십 초에서 몇 분에 불과하다.

우리 몸은 잠든 상태에서도 뇌의 명령에 따라 숨을 쉬어요.

🔍 찾았다, 비밀!

몸속에서 에너지를 만들려면 산소와 영양소가 꼭 필요해요.

① 호흡으로 에너지를 만드는 인간

사람은 코와 입으로 공기를 마시고 내뱉으며 호흡해요. 숨쉬기를 통해 받아들인 산소로 에너지를 만들지요. 호흡을 멈추면 사람은 에너지를 만들지 못해 죽고 말아요.

② 사람마다 다른 폐활량

호흡을 담당하는 신체 기관은 폐예요. 폐가 호흡하는 양을 폐활량이라고 해요. 사람마다 폐의 운동 능력에 차이가 있어서 물속에서 숨을 참을 수 있는 시간도 제각각이에요. 보통 수십 초에서 몇 분 정도예요.

③ 물속 숨 참기 세계 기록은 24분 33초!

물속에서 숨을 가장 오래 참은 기록은 2021년 3월 크로아티아인 부디미르 부다 쇼바트가 세웠어요. 그는 단 한 번의 호흡으로 물속에서 24분 33초 동안 버텼어요.

머리털을 책받침으로 문지르면 왜 곤두설까?

자연 | 1월 5일 | 읽은 날: 월 일

궁금증 해결!

마찰로 정전기가 발생해서 머리카락과 책받침이 서로 끌어당긴다.

> 겨울철 문손잡이를 잡으면 따끔하게 느끼는 이유도 정전기의 영향이에요.

찾았다, 비밀!

① 전기를 띤 입자로 이루어진 물질

물질은 '원자'(▶314쪽)라는 작은 입자로 이루어져 있어요. 원자는 양전기(+)를 띤 '원자핵'과 음전기(-)를 가진 '전자'가 결합한 형태예요.

② 물건을 마주 대고 문지르면 발생하는 정전기

물건을 마주 대고 문지르면 전자가 원자에서 떨어져 한쪽으로 모여요. 전자가 떨어진 쪽은 양전기를 띠고, 전자가 모인 쪽은 음전기를 띠어요. 그러면 전위차에 의해 전기가 이동하면서 '정전기'가 발생해요.

③ 양전기와 음전기는 서로 끌어당긴다

책받침으로 머리털을 비비면 정전기가 발생하지요. 이때 머리털은 양전기, 전자가 모인 책받침은 음전기를 띠어요. 양전기와 음전기는 서로 끌어당기므로 머리카락이 책받침을 향해 곤두서요.

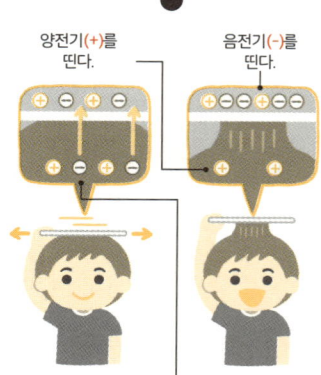

> 마주 대고 비비면 정전기가 발생해요.

양전기(+)를 띤다. | 음전기(-)를 띤다.

음전기(-)가 이동

마스크로 바이러스를 막을 수 있을까?

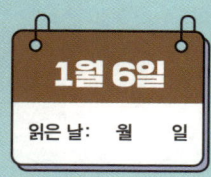

1월 6일

읽은 날: 월 일

❓ 퀴즈

❶ 어떤 바이러스라도 막을 수 있다.
❷ 약 1밀리미터 크기까지 막을 수 있다.
❸ 약 0.001밀리미터의 크기까지 막을 수 있다.

정답 ❸ 이보다 작은 바이러스는 제대로 막을 수 없다.

바이러스는 1밀리미터를 10,000번 쪼갠 크기예요.

🔍 찾았다, 비밀!

① 해로운 물질을 막는 마스크

마스크는 코와 입을 덮는 도구예요. 마스크를 착용하면 몸속에 나쁜 물질이 들어오지 못하게 막고, 기침이나 재채기를 했을 때 다른 사람에게 침과 콧물이 튀지 않아요.

② 1,000분의 1밀리미터 크기 입자의 출입 통제!

보건용 마스크라고 불리는 KF94, KF99 마스크는 바이러스에 효과가 좋아요.

일반적인 마스크는 약 0.001밀리미터 크기의 입자까지 막아요. 마스크를 착용하면 삼나무 꽃가루(약 0.033밀리미터)나 세균(약 0.001밀리미터)은 코나 입으로 들어오지 못해요.

③ 바이러스를 막으려면 KF94 마스크 착용이 필수

감기를 비롯해 질병을 일으키는 바이러스의 크기는 0.0001~0.0004밀리미터 정도예요. 바이러스는 대개 기침이나 재채기로 전파되는데 KF94 마스크만 제대로 착용하면 바이러스를 효과적으로 차단할 수 있어요.

아르키메데스
(기원전 287~212 추정)

발명

1월 7일
읽은 날: 월 일

❓ 어떤 사람일까?

부력과 지렛대의 원리를 발견한 고대 수학자

수학뿐 아니라 물리학과 공학까지 두루 섭렵한 천재였어요.

👤 대단한 과학자!

넘치는 물을 보고, 금에 섞인 혼합물 때문에 왕관의 부피가 늘어난 사실을 알아냈어요.

① 지렛대 원리의 전문가

이탈리아 시라쿠사에서 태어난 아르키메데스는 당대에 손꼽히는 수학자였어요. 특히 지렛대의 원리(▶46쪽)에 밝아 도르래를 사용하여 혼자서 군함을 땅 위로 끌어올렸다고 해요.

② 아르키메데스가 발견한 부력의 원리

금관에 은이 섞였는지 조사하던 아르키메데스는 부력의 원리를 발견하고 "유레카!" 하고 외쳤어요. '아르키메데스 원리'라고도 불리는 부력의 원리에 따르면 유체※ 속 물체에는 부력※이 작용하고, 물체의 부력은 물체가 밀어낸 유체의 무게와 같아요.

왕관과 같은 무게의 금 / 왕관
물이 밖으로 넘치지 않는다. / 물이 넘친다. → 부피가 크다.

※유체: 액체와 기체처럼 모양이 쉽게 변하고 흐르는 성질을 가진 물체.
※부력: 물체를 둘러싼 유체가 물체를 위로 밀어 올리는 힘.

③ 다양한 발명품을 남긴 뛰어난 공학자

아르키메데스는 지렛대의 원리를 이용해 복합 도르래를 만들고, 물을 깊는 양수기를 만드는 등 실생활에 유용한 기구를 제작했어요.

어떤 음식의 칼로리가 높을까?

1월 8일
읽은 날: 월 일

? 퀴즈

❶ 탄수화물이 많은 음식
❷ 단백질이 많은 음식
❸ 지방이 많은 음식

정답 ❸ 지방은 탄수화물과 단백질보다 칼로리가 높다.

버터나 생크림은 칼로리가 무척 높아요.

🔍 찾았다, 비밀!

① 칼로리는 에너지를 세는 단위

칼로리는 에너지의 양을 숫자로 나타낸 거예요. 칼로리 수치를 보면 음식으로 얻을 수 있는 에너지의 양을 계산할 수 있어요.

② 에너지를 만드는 3대 영양소

인간을 포함한 동물이 생명을 유지하려면 에너지가 필요해요. 동물은 보통 음식을 섭취해서 영양소를 얻고 에너지로 활용해요. 몸을 구성하고 에너지로 사용하는 중요한 영양소 세 가지를 '3대 영양소'라고 불러요. 3대 영양소는 탄수화물, 단백질, 지방이에요.

음식 속 비타민과 칼슘은 에너지를 만들 수 없어요.

③ 칼로리가 특히 높은 지방

3대 영양소 가운데 지방의 칼로리가 가장 높아요. 지방의 칼로리는 탄수화물의 두 배에 달해요. 케이크나 도넛처럼 달콤한 음식은 지방이 많이 들어간 재료로 만들어 칼로리가 특히 높지요.

생명은 어떻게 태어났을까?

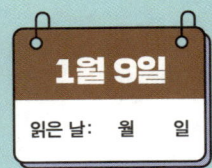

궁금증 해결!

바닷속 아미노산, 핵산 등의 물질에서 최초의 생명이 태어났다.

> 사람도 처음에는 세균과 비슷한 작은 생명체였어요.

찾았다, 비밀!

① 지구의 온도가 내려가면서 생긴 바다

지구는 지금으로부터 약 46억 년 전에 생겼어요. 막 태어난 지구는 화산 활동이 쉴 새 없이 이어지는 불구덩이였지요. 시간이 지나 지구 온도가 조금씩 내려가자 대기 중 수증기가 비구름으로 변해 비를 내렸어요. 오랜 시간 내린 비가 모이고 모여 지금의 바다를 이루었지요.

> 단순한 생물에서 점점 복잡한 생물로 진화했어요.

핵이 없는 단세포 생물 → 핵을 가진 단세포 생물 → 해파리에 가까운 다세포 생물

② 바닷속에서 처음 태어난 생명체

바닷물에 포함된 아미노산이나 핵산 같은 물질이 열과 빛을 받아 변하면서 생명체가 태어났어요. 처음 태어난 생명체는 작은 세균에 가까웠어요. 핵이 없는 단세포 생물이었지요. 핵을 가진 단세포 생물이 등장한 건 약 20억 년 전이에요.

③ 생명체가 바다에서 육지로 이동한 시기

강력한 자외선 때문에 육지에는 생명체가 살기 힘들었어요. 약 4억 년 전쯤에야 식물에서 나온 산소로 자외선을 차단하는 오존층이 형성되면서 마침내 동물이 땅으로 진출했어요.

우주·지구
별은 왜 동그란 모양일까?

📅 1월 10일
읽은 날: 월 일

❓ 퀴즈

❶ 인력이 작용해서.
❷ 마찰력이 작용해서.
❸ 지렛대의 원리가 작용해서.

정답 ❶ 별은 별 중심을 향해 작용하는 인력에 의해 둥근 모습으로 보인다.

> 가스와 먼지가 회전하면서 한 덩어리가 되어 둥근 별이 만들어져요!

🔍 찾았다, 비밀!

> 중심이 먼저 생긴 다음, 그 주변에 먼지가 달라붙어요.

① 별을 만드는 인력

별을 구성하는 물질은 암석이나 가스 등 다양해요. 우주를 떠다니는 먼지와 가스가 서로 끌어당기는 힘, 즉 인력(▶87쪽)의 영향을 받아 하나의 덩어리로 뭉치면서 별이 만들어져요.

② 먼지와 가스로 몸집을 불리는 별

인력은 물체가 무거울수록 커져요. 먼지와 가스가 많이 뭉칠수록 인력이 강해지고, 더 많은 가스와 먼지를 끌어당기지요. 이러한 과정을 반복하면서 별은 계속 거대해져요.

③ 시간이 지나면서 둥글어지는 별의 모양

인력은 별의 중심으로 향해요. 가스와 먼지는 안쪽으로 끌려가면서 사방에 골고루 쌓이게 되지요. 이렇게 가스와 먼지가 별의 중심으로 향하면서 별은 점차 둥근 모양으로 변해요.

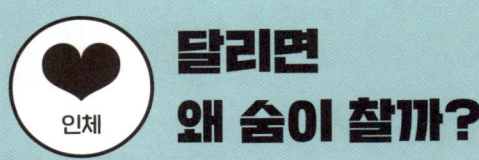
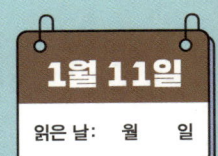

> 너무 심하게 숨차면 필요 이상으로 숨이 깊어지는 과다 호흡이 일어날 수 있어요.

달리면 에너지를 만드는 산소가 많이 필요하므로 숨이 가빠진다.

찾았다, 비밀!

① 숨쉬기의 목적은 산소 공급!

우리 몸은 항상 호흡하고, 몸속에 들어온 산소를 이용해서 에너지를 만들어요. 폐혈관에서 흡수된 산소는 심장으로 보내지고, 힘차게 박동하는 심장의 힘을 받아 몸 전체에 퍼져요.

② 산소가 많이 필요하면 숨이 가빠진다

뛰어오르거나 달리면 평소보다 에너지를 더 많이 소비해요. 에너지를 만드는 산소도 그만큼 많이 필요하지요. 혈액 속 산소가 적어지면 산소를 보충하기 위해 호흡하는 횟수가 증가하고 숨이 가빠져요.

③ 운동하면 심장이 뛰는 속도가 빨라진다

운동을 계속 하기 위해서는 혈액 속 산소를 몸 전체에 고루 전달해야 해요. 산소를 실은 혈액을 몸 구석구석으로 보내려고 심장은 더욱 바쁘고 힘차게 움직이지요.

> 많은 에너지를 만들려면 많은 산소가 필요해요.

- 폐가 활발하게 활동
- 에너지를 소비
- 산소를 전달

 자연

스키 점프는 어떻게 안전하게 착지할까?

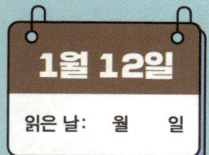
1월 12일
읽은 날: 월 일

❓ 퀴즈

❶ 몸과 스키에 날개가 달려 있다.
❷ 비행 각도와 착지면의 경사가 비슷해 충격을 줄인다.
❸ 떨어져도 다치지 않는 훈련을 한다.

정답 ❷ 착지할 때 각도가 안정적이면 충격이 줄어든다.

비밀은 착지하는 순간에 숨어 있지요.

🔍 찾았다, 비밀!

착지의 충격이 앞으로 나아가는 힘으로 바뀐다고나 할까요.

① 스키를 착용하고 날아오르는 스키 점프

스키 점프는 비탈길을 내려오다 점프대에서 점프하여 멀리 날아서 착지하는 운동 경기예요. 스키 점프 최고 기록은 2017년에 오스트리아 선수 슈테판 크라프트가 세운 253미터예요.

② 충격을 줄이는 착지면의 각도

점프대에서 뛰어오른 선수는 아래로 비스듬히 날아가요. 선수의 비행 각도와 비슷한 기울기로 제작한 착지면 덕분에 착지할 때 충격이 줄어들어요.

③ 착지하고 선수가 정지하지 않는 이유

착지한 스키 점프 선수는 멈추지 않고 그대로 경사면을 타고 내려가요. 이 또한 힘을 분산시켜 착지할 때 발생하는 충격을 줄이는 방법이에요.

031

돋보기로 보면 물체가 크게 보이는 원리는?

1월 13일
읽은 날: 월 일

궁금증 해결!

가운데가 솟아오른 볼록렌즈라서 빛이 휘어진다.

돋보기를 대고 태양을 바라보면 위험해요.

찾았다, 비밀!

돋보기를 사용하면 물체가 실제보다 크게 보여요.

실제 장수풍뎅이
돋보기로 본 장수풍뎅이

① 돋보기는 볼록렌즈

렌즈는 빛이 유리를 통과하면 방향이 굴절되는 원리를 이용해서 만들어요. 돋보기는 가운데가 솟아오른 볼록렌즈를 사용해요.

② 멀리 있는 것은 거꾸로 보인다

물체와 돋보기 사이의 거리에 따라 눈에 보이는 물체의 크기와 모양이 달라져요. 볼록렌즈를 통과한 빛은 초점이라는 하나의 점에 모여요. 이때 물체가 초점보다 먼 곳에 있으면 물체가 거꾸로 선 모양으로 작게 보이는데, 이를 '실상'※이라고 불러요.

※실상: 실제로 빛이 모이는 곳에 맺히는 물체의 모습.

③ 가까운 것은 크게 보인다

초점보다 가까이 있는 물체는 실제와 같은 방향으로 보여요. 이 모습을 '허상'※이라고 불러요. 허상은 실물보다 크게 보여요.

※허상: 반사되어 굴절된 빛의 연장선에 맺히는 물체의 모습.

니콜라우스 코페르니쿠스
(1473~1543)

발명

1월 14일
읽은 날: 월   일

? 어떤 사람일까?

많은 사람이 진실이라고 믿었던 천동설을 뒤집고, 지동설을 주장한 천문학자

> 기존 상식을 깨는 학설을 발표하려면 큰 용기가 필요해요.

대단한 과학자!

> 사람들은 자신이 사는 지구를 중심으로 세상을 바라봤던 거예요.

① 별을 연구한 성직자

코페르니쿠스는 폴란드의 토룬에서 태어났어요. 가톨릭교회 사제이면서 천문학을 연구했고, 지구가 태양 주변을 돌고 있다는 '지동설'을 주장했어요.

② 당시의 상식이었던 천동설

코페르니쿠스가 지동설을 주장한 16세기까지 유럽에서는 2세기경 클라우디오스 프톨레마이오스가 정리한 '천동설'을 믿었어요. 천동설은 우주의 중심에 지구가 있고, 그 주변을 태양이 돌고 있다는 학설이에요. 오랫동안 천동설이 진실로 여겨졌던 탓에 지동설은 사람들에게 쉽게 인정받지 못했어요.

③ 시간이 흘러 증명된 지동설의 타당함

지동설은 코페르니쿠스가 세상을 떠난 뒤 출판된 책을 통해서 널리 알려졌어요. 갈릴레오 갈릴레이(▶40쪽)를 비롯한 후세 과학자들의 노력으로 천동설이 틀렸고 지동설이 옳다는 사실이 증명되었어요.

 음식

양파를 자르면 왜 눈물이 날까?

1월 15일
읽은 날: 월   일

💡 궁금증 해결!

양파에 들어 있는 성분이 눈을 자극한다.

파와 마늘의 매운맛도 양파와 같은 성분이에요.

🔍 찾았다, 비밀!

① 유화아릴이 만드는 양파의 매운맛

양파에는 '유화아릴'이라는 매운 성분이 들어 있어요. 양파에서 나는 자극적인 냄새 역시 유화아릴 때문이에요.

② 눈물 나게 만드는 유화아릴

유화아릴은 바로 양파를 자를 때 눈물이 나게 만드는 원인이에요. 양파를 자르면 양파 속 유화아릴이 공중에 퍼지고, 눈과 코에 닿으면 점막을 자극해서 눈물이 나오게 만들어요.

③ 눈물을 흘리지 않고 양파를 자르는 방법

유화아릴은 물에 쉽게 녹고, 온도가 낮으면 공기 중으로 잘 달아나지 않아요. 양파를 물에 담그거나 차갑게 하면 양파를 썰어도 눈에 덜 자극적이에요. 유화아릴은 열에 약해서 불에 익혀도 매운맛이 사라져요.

양파를 자르면 눈을 자극하는 성분이 공기 중에 퍼져요.

마트에서 살 때는 눈물이 나오지 않는다.

양파를 자를 때에는 눈물이 나온다.

자극 성분

개가 짖는 이유는 무엇일까?

1월 16일
읽은 날: 월   일

❓ 퀴즈

개는 오랜 옛날부터 사람에게 친구 같은 존재였어요.

❶ 짖으면서 호흡한다.
❷ 조상의 성질을 이어받았다.
❸ 몸속에 스피커가 들어 있다.

정답 ❷ 개는 조상인 늑대의 성질을 이어받았다.

🔍 찾았다, 비밀!

개가 짖는 소리에는 상황에 따라서 다양한 의미가 담겨 있어요.

① 울음소리로 소통하는 늑대

개의 조상은 늑대라고 알려져 있어요. 늑대는 무리를 지어 생활하는 동물이에요. 사람처럼 말하거나 문자를 사용할 수 없는 늑대는 울음소리로 동료와 대화하고 감정을 표현해요.

② 가축이 되면서 더 자주 짖게 된 개

개는 가축으로 길러지면서 늑대와 달리 무리를 이루지 않고 사람과 함께 생활하기 시작했어요. 개는 사람과 의사소통을 하거나 사람을 보호하려고 성질이 바뀌면서 더 자주 짖게 되었어요.

③ 개가 짖는 다양한 이유

개가 짖는 이유는 무척 다양해요. 위험을 경계하거나 알리려고, 흥분하거나 화가 나서, 몸이 불편하거나 요구 사항이 있으면 짖어서 의사를 표현해요.

우주 정거장에서 몸을 떠오르게 하는 힘은?

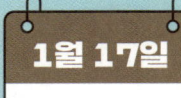

❓ 퀴즈

① 우주선의 물
② 중력과 원심력
③ 우주 비행사의 초능력

정답 ② 지구의 중력과 우주 정거장의 원심력이 부딪치며 물건이 떠오른다.

> 사실은 '무중력'이 아니었구나! 중력이 사라지는 게 아니라 느끼지 못하는 거였어!

🔍 찾았다, 비밀!

> 우주선 속에서는 물 같은 액체도 동그란 모습으로 공중을 떠다녀요.

① 우리를 끌어당기는 중력

지구에서는 인력(▶87쪽)과 지구가 팽이처럼 자전하면서 생기는 구심력이 조합된 중력의 영향을 받아요. 우리가 떠다니지 않고 땅에 착 붙는 이유는 지구의 중심으로 모든 물체를 끌어당기는 중력이 작용하기 때문이에요.

② 지구와 멀어질수록 약해지는 중력

중력은 지구의 중심에서 멀어질수록 약해져요. 우주선이 지구를 벗어나면 중력이 거의 사라지면서 우주선 안에 있던 물건은 중력의 작용을 받지 않아 공중으로 떠올라요.

③ 원심력과 중력이 서로 부딪친다

우주 정거장이 우주선보다 지구와 가까운데도 추락하지 않는 이유는 우주 정거장이 지구 주변을 돌면서 생기는 원심력과 중력의 크기가 동일하기 때문이에요. 중력이 작용하지 않는 상태나 다름없으므로 우주 정거장 안에서도 물건이 둥둥 날아다녀요.

손톱과 털은 잘라도 계속 자랄까?

1월 18일
읽은 날: 월 일

궁금증 해결!

손톱과 털은 피부가 변한 것이라서 항상 새롭게 자란다.

동물의 뿔도 피부가 변한 경우가 많아요.

찾았다, 비밀!

① 피부가 변해서 생기는 손톱과 털

손톱과 털은 자연에 적응하려고 신체 일부가 변한 결과예요. 털은 추위나 위험으로부터 몸을 보호하고, 손톱은 손가락 끝을 보호하고 물건을 집으려고 생겼어요.

② 잘라도 잘라도 계속 자란다

피부는 계속 새롭게 만들어져요. 오래된 피부는 밖으로 밀려나 각질이 되어 벗겨져요. 마찬가지로 피부가 변해서 생기는 손톱과 털도 새롭게 나와 점점 길게 자라지요.

③ 없어지지 않는 손톱과 털

손톱과 털은 닳기는 해도 아예 없어지지는 않아요. 손톱이 자라는 속도는 한 달 동안 약 3밀리미터, 발톱은 약 1.5밀리미터라고 해요. 머리카락은 한 달 동안 약 1센티미터씩 자라요.

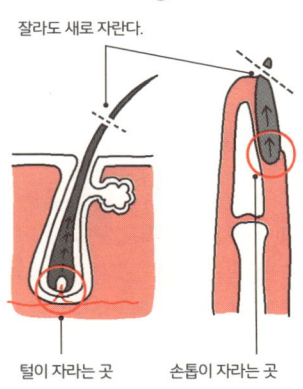

털과 손톱은 항상 뿌리에서 새롭게 만들어져요.

잘라도 새로 자란다.

털이 자라는 곳 손톱이 자라는 곳

컵 속의 물은 왜 저절로 없어질까?

1월 19일
읽은 날: 월   일

궁금증 해결!

물은 조금씩 수증기로 증발해서 공기 중으로 날아간다.

물이 증발하지 않으면 비가 내릴 때마다 큰일 나겠지요.

찾았다, 비밀!

① 온도가 높으면 증발하는 물

물은 분자(▶129쪽)로 이루어져 있어요. 분자는 온도가 높을수록 활발하게 움직여요. 물을 끓여 온도가 높아지면, 물 분자가 활발하게 움직여 액체 상태에서 기체 상태인 수증기가 되어 공기 중으로 퍼져요.

② 가열하지 않아도 발생하는 증발 현상

컵에 담긴 물은 조금씩 줄어들다 어느 순간 완전히 사라져요. 물이 수증기로 변하듯이 액체가 기체로 변하는 현상을 '기화'라고 해요. 기화는 물이 끓어서 기체로 변하는 '끓음', 끓지 않고 기체로 변하는 '증발'로 나뉘어요.

③ 일상에서 쉽게 관찰할 수 있는 증발

비 온 후 생겼던 물웅덩이가 시간이 지나면 없어지고, 젖은 빨래도 널어놓으면 점차 말라요. 모두 물이 증발하기 때문이에요.

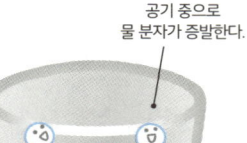

활발하게 움직이는 물 분자가 공기 중으로 날아가요.

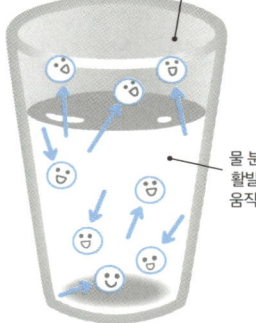

공기 중으로 물 분자가 증발한다.

물 분자가 활발하게 움직인다.

일상과학
드라이아이스 연기의 정체는?

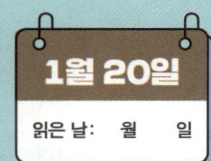

1월 20일
읽은 날:　월　일

❓ 퀴즈

> 물에 넣으면 연기가 더 자욱해진다는 사실을 알고 있나요?

❶ 산소
❷ 이산화탄소
❸ 물

정답 ❸ 드라이아이스는 공기 중 수증기가 열을 잃으며 생긴 물방울이나 얼음 알갱이다.

🔍 찾았다, 비밀!

> 고체에서 기체로 변하는 현상을 승화라고 해요.

① 드라이아이스는 고체 이산화탄소

드라이아이스는 이산화탄소로 만들어요. 이산화탄소에 높은 압력을 가해 기체에서 액체로 만들고, 급속도로 냉각시키면 눈처럼 작은 알갱이가 만들어져요. 알갱이들을 눌러서 굳히면 흰색 고체가 되는데, 이것이 바로 드라이아이스예요.

② 평범한 기압에서 기체로 변하는 드라이아이스

높은 압력과 낮은 온도에서 만든 드라이아이스는 평범한 기압에서는 고체에서 기체로 변해요. 드라이아이스는 액체로 변하지 않고 곧바로 기체로 변해서 날아가는 점이 특징이지요. 이러한 현상을 '승화'라고 해요.

③ 드라이아이스에서 나오는 하얀 연기의 정체

드라이아이스는 영하 80도 정도로 무척 차가워요. 드라이아이스 주변 공기는 차가운 드라이아이스의 영향으로 수증기가 물이나 얼음 알갱이로 변해요. 우리 눈에는 하얀 연기처럼 보이지요.

갈릴레오 갈릴레이
(1564~1642)

발명

1월 21일
읽은 날: 월 일

? 어떤 사람일까?

진자※의 성질을 밝혀내고
지동설을 지지한 과학자

※진자: 일정한 시간 간격으로 왕복 운동을 하는 물체.

무게와 낙하 속도는 관계가 없다는 사실도 발견했어요.

큰 흔들림이든 작은 흔들림이든 한 번 왕복할 때 걸리는 시간은 같아요.

같은 시간 — 큰 흔들림 / 작은 흔들림 — 같은 길이

👤 대단한 과학자!

① 망원경으로 목성의 위성을 관측하다

갈릴레오는 이탈리아 피사에서 태어난 과학자예요. 천문학에 흥미가 깊어서 직접 망원경을 개량해서 목성의 위성과 태양의 흑점을 관측했어요.

② 지동설을 지지해서 재판을 받다

갈릴레오는 망원경으로 관찰한 내용을 근거로 천동설을 부정하고 지동설을 지지했어요. 하지만 천동설을 신뢰하던 당시 여론에 의해 이단 혐의로 종교재판에 회부되었어요. 갈릴레오는 재판에서 유죄 판결을 받고 감금형을 선고받았어요.

③ 흔들리는 램프를 관찰해서 발견한 진자의 성질

피사의 대성당에서 바람에 흔들리는 램프를 관찰하여 진자의 길이가 같으면 진폭의 크기와 관계없이 왕복하는 시간이 일정하다는 사실을 발견했어요. 이를 '진자의 등시성'이라고 해요.

 음식

빙수와 아이스크림 중 어느 쪽이 더 차가울까?

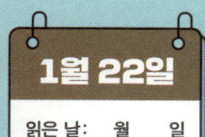
1월 22일
읽은 날: 월 일

❓ 퀴즈

❶ 빙수가 더 차갑다.
❷ 아이스크림이 더 차갑다.
❸ 똑같이 차갑다.

정답 ❷ 아이스크림은 잘 얼지 않으며, 빙수보다 온도가 더 낮다.

이상하다! 입안에서는 빙수가 더 차갑게 느껴지는데….

🔍 찾았다, 비밀!

온도뿐 아니라 재료에 따라서도 느낌이 달라져요.

① 빙수 온도는 0도

빙수는 얼음을 갈아서 만들어요. 얼음은 물이 얼어서 굳어진 상태예요. 물이 어는 온도는 0도이므로 빙수에 사용하는 얼음은 0도보다 조금 낮은 정도예요.

② 아이스크림 온도는 영하 10도

아이스크림은 지방의 종류인 유지방, 설탕 등 다양한 성분을 넣어 만들어요. 다른 성분이 들어가면 어는점이 낮아져 영하 10도 이하에서 얼어요. 빙수보다 아이스크림을 더 낮은 온도에서 보관해야 하는 이유예요.

③ 아이스크림은 열을 전달하지 않는다

아이스크림에는 공기 방울이 많이 들어 있어요. 아이스크림을 입에 넣었을 때 별로 차갑게 느껴지지 않는 이유는 공기 방울과 지방이 열을 잘 전달하지 않기 때문이에요.

마트에서 산 달걀에서 병아리가 부화할까?

1월 23일
읽은 날: 월 일

? 퀴즈

어미 닭처럼 직접 따뜻하게 품어서 확인해 볼까요?

❶ 부화할 때도 있다.
❷ 부화한다.
❸ 부화하지 않는다.

정답 ❶ 마트에서 판매하는 달걀이 유정란이면 부화할 수도 있다.

🔍 찾았다, 비밀!

무정란은 따뜻하게 품어도 썩기만 하고 아무 일도 일어나지 않아요.

① 병아리가 태어나는 유정란

병아리는 수탉과 암탉이 짝짓기를 해서 낳은 알에서만 부화해요. 달걀에 '핵'이 있어야 병아리로 부화할 수 있어요. 핵이 있는 달걀을 '유정란'이라고 불러요.

② 병아리가 태어나지 않는 무정란

짝짓기를 하지 않고 암탉 혼자서 알을 낳기도 해요. 암탉이 혼자 낳은 달걀을 '무정란'이라고 해요. 무정란에는 핵이 없어서 아무리 품어도 병아리가 태어나지 않아요.

③ 부화하기도 하는 메추리알

메추리는 수컷과 암컷의 구별이 어려워서 암컷만 모으려고 해도 수컷이 섞일 때가 있어요. 무정란인 줄 알고 산 메추리알이 간혹 부화되기도 해요. 무정란이 아니라 유정란이었던 거예요.

남극과 북극 중 어디가 더 추울까?

1월 24일
읽은 날: 　월　일

궁금증 해결!

표고[※]가 높고,
대부분 육지인 남극이 더 춥다.

※표고: 바다의 수면이나 육지의 어떤 지점에서 수직으로 잰 지대의 높이.

남극의 최저 기온은 까무러칠 만큼 낮아요. 무려 영하 89.2도!

찾았다, 비밀!

① 바다보다 온도 변화가 훨씬 큰 육지

북극은 북극해라는 바다가 중심이고, 남극은 남극대륙이라는 육지가 중심이에요. 바다는 육지보다 온도 변화가 크지 않아요. 겨울 평균 기온을 비교하면 북극은 영하 25도 정도지만 남극은 영하 50도까지 내려가요.

② 남극대륙에서도 특히 추운 내륙

남극대륙 안에서도 위치에 따라 기온 차이가 발생해요. 보통은 해안가의 기온이 비교적 높고, 남극점에 가까운 내륙일수록 기온이 낮아요.

육지가 많은 남극과 대부분이 바다인 북극은 표고가 완전히 달라요.

평균 표고 약 2,500미터
평균 표고 약 10미터
남극: 대부분 육지　북극: 대부분 바다

③ 얼음 두께도 다른 남극과 북극

북극과 남극은 얼음 두께도 서로 달라요. 북극 빙하의 두께는 10미터 정도인데, 남극은 평균 2,000미터 이상의 두꺼운 빙하로 덮여 있어요. 또, 남극이 북극보다 표고가 높아서 더 추워요.

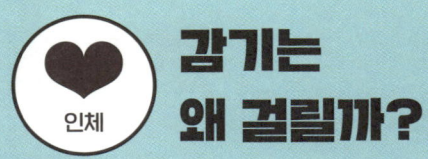

인체 | 1월 25일 | 읽은 날: 월 일

퀴즈

❶ 몸속에 바이러스가 많아져서.
❷ 몸속의 바이러스에게 공격당해서.
❸ 몸속에서 바이러스가 증발해서.

정답 ❶ 몸이 약해지면 몸속에 바이러스가 많아진다.

> 눈에 보이지도 않는 바이러스가 어떻게 사람을 아프게 할까요?

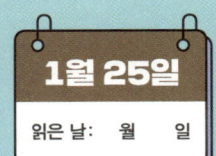

찾았다, 비밀!

> 감기에 걸리지 않도록 규칙적인 생활을 하며 건강해지는 방법이 가장 좋겠지요.

① 감기의 원인은 바이러스

감기의 원인은 주로 공기 중에 떠도는 바이러스예요. 감기를 일으키는 바이러스는 리노바이러스와 코로나바이러스를 포함하여 무려 200종류가 넘어요.

② 몸이 약해지면 찾아오는 바이러스 증상

바이러스는 항상 우리 주변에 있어요. 건강하면 바이러스가 우리 몸속에 들어와도 금방 물리쳐요. 하지만 피로하거나 스트레스를 받아 면역력이 약해지면 바이러스의 공격을 쉽게 물리치지 못해 감기에 걸려요.

③ 아직도 개발하지 못한 감기약?

바이러스를 완전히 물리칠 수 있는 감기약은 없어요. 우리가 먹는 감기약은 열을 내리거나 기침을 줄이는 약이에요. 감기에 걸리면 약으로 증상을 잠재우고, 체력을 회복해서 스스로 이겨내는 방법밖에 없어요.

 자연

물속에서 다리가 짧아 보이는 이유는?

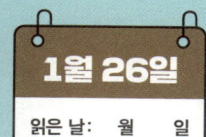
1월 26일
읽은 날: 월 일

궁금증 해결!

빛이 물과 공기의 경계에서 꺾이면서 다리가 짧아 보인다.

> 안경에도 사용되는 원리예요.

찾았다, 비밀!

① 매질과 매질 사이에서 발생하는 굴절 현상

한 매질※에서 다른 매질로 들어갈 때 경계면에서 휘어지는 빛의 성질을 '굴절'이라고 해요. 예를 들어 물이라는 매질에서 공기라는 매질로 빛이 이동하면, 물과 공기 사이의 경계에서 빛은 수면과 가까운 방향으로 굴절해요.

※매질: 소리나 빛과 같이 파동을 옮겨 주는 매개물.

② 빛의 굴절로 가깝게 보이는 동전

물이 담긴 그릇에 동전을 넣고 비스듬한 각도로 바라보세요. 동전에 닿아 반사된 빛은 물 밖으로 나오면서 굴절하기 때문에 동전이 실제보다 얕은 곳에 있는 것처럼 보여요.

③ 물속에서 다리가 짧아 보이는 이유

물속에 서서 다리를 보면 굴절 현상에 의해 다리가 짧아 보여요. 마찬가지로 연못이나 바다, 수영장 바닥이 얕아 보여도 실제로는 다리가 닿지 않을 만큼 깊을 수도 있어요.

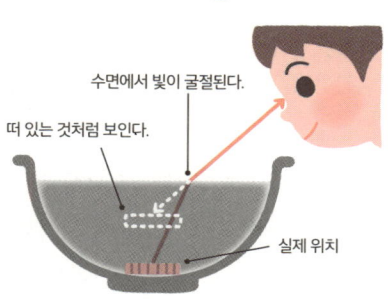

빛이 굴절해서 실제와 다른 위치에 있는 것처럼 보여요.

일상과학 — 병따개로 어떻게 병뚜껑을 딸까?

1월 27일
읽은 날: 　월　　일

궁금증 해결!

병따개는 적은 힘으로 큰 힘을 끌어내는 지렛대의 원리를 이용한다.

가위와 캔 손잡이에도 지렛대의 원리가 숨어 있어요.

찾았다, 비밀!

① 지렛대에 숨어 있는 세 개의 점

지렛대는 막대의 한 점을 고정하여 적은 힘으로 큰 작용을 이끌어내는 도구예요. 지렛대에는 지레를 지탱하는 받침점, 힘을 가하는 힘점, 힘이 작용하는 작용점이 있어요.

② 적은 힘으로 무거운 물체를 들어 올리는 원리

지렛대의 받침점과 힘점의 거리가 받침점과 작용점의 거리보다 길 때, 힘점에 가하는 힘보다 더 큰 힘이 작용점에 생겨요. 그래서 적은 힘으로도 무거운 물체를 들어올릴 수 있어요.

③ 적은 힘으로 꽉 잠긴 뚜껑을 여는 병따개

병따개는 지렛대의 원리를 이용하는 도구예요. 병따개 끝이 받침점, 병에 거는 부분이 작용점, 손잡이 부분이 힘점이 되어 단단하게 잠긴 병뚜껑을 손쉽게 딸 수 있어요.

지렛대의 원리로 병뚜껑에 큰 힘을 가해요.

받침점 / 작용점 / 힘점

요하네스 케플러
(1571~1630)

1월 28일
읽은 날: 월 일

? 어떤 사람일까?

행성의 움직임을 설명하는 케플러의 법칙을 발견한 물리학자

> 케플러의 법칙은 지동설의 설득력을 높여 주었어요.

대단한 과학자!

① 케플러의 법칙을 발견한 과학자

> 케플러가 나타나기 전까지는 행성이 태양 주위를 돌 때 완벽한 원을 그린다고 생각했어요.

케플러는 독일에서 태어났어요. 천문학자인 튀코 브라헤의 조수로 활동하다가, 브라헤가 죽은 뒤 관측 데이터를 분석하고 정리해 '케플러의 법칙'을 발표했어요.

② 케플러의 법칙, 지동설의 근거가 되다

케플러의 법칙은 행성의 운동에 관한 세 가지 법칙이에요. 제1 법칙은 태양을 도는 모든 행성은 타원 궤도를 그리며 돈다. 제2 법칙은 태양과 행성을 연결하는 직선이 같은 시간 동안에 그리는 면적은 항상 일정하다. 제3 법칙은 행성의 공전 주기의 제곱은 태양과 행성의 평균 거리의 세제곱에 비례한다. 이 세 가지 법칙은 지동설(▶33쪽)을 증명하는 데에 큰 역할을 했어요.

③ 케플러의 법칙에 영향을 받은 만유인력의 법칙

케플러의 법칙은 태양에 인력이 있다는 사실을 밝혔어요. 이후 뉴턴(▶79쪽)은 케플러의 법칙을 바탕으로 '만유인력의 법칙'을 발견했어요.

초밥에는 왜 고추냉이를 넣을까?

음식

1월 29일
읽은 날: 월 일

? 퀴즈

❶ 배탈이 나지 않게 만든다.
❷ 많이 먹지 못하게 막는다.
❸ 염분의 과다한 섭취를 줄인다.

정답 ❶ 고추냉이에는 항균 작용이 있어 세균의 번식을 막는다.

맛도 확 좋아지니, 일석이조(一石二鳥)네요!

🔍 찾았다, 비밀!

일본 에도시대의 초밥은 손바닥에 다 올리지 못할 정도로 컸다고 해요!

① 고추냉이 매운맛의 정체

고추냉이에는 시니그린 성분과 미로시나아제 효소가 들어 있어요. 시니그린과 미로시나아제가 코끝이 찡해지는 고추냉이 특유의 매운맛을 만들어요.

② 항균 작용이 있는 매운 성분

고추냉이의 줄기를 갈면 시니그린이 산소와 만나 반응하면서 이소티오시안산 알릴을 만들어요. 고추냉이의 매운맛과 향을 내는 이소티오시안산 알릴은 항균과 살균 작용을 해요.

③ 배탈이 나지 않도록 고추냉이를 넣어 만든 초밥

일본 에도시대에 등장한 초밥은 초를 친 흰밥을 갸름하게 뭉친 뒤에 고추냉이와 생선의 살을 얹어 만드는 음식이에요. 당시에는 냉장고가 없어서 살아 있는 생선을 먹고 배탈이 많이 났어요. 배탈을 막으려고 항균 작용을 하는 고추냉이를 초밥에 곁들인 거예요.

닭과 오리는 날지 못할까?

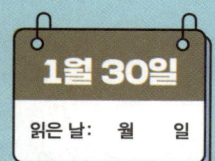

궁금증 해결!

닭과 오리는 사람이 기르면서 날 수 없게 되었다.

말풍선: 닭이 날아다니면 키우기 힘들 것 같아요.

찾았다, 비밀!

① 하늘을 날았던 닭과 오리의 조상

닭과 오리의 조상은 하늘을 날아다녔어요. 사람들은 잡아먹거나 털을 이용하려고 야생의 닭과 오리를 가축으로 길들였고, 가축이 되면서 닭과 오리는 비행 능력이 퇴화되었어요.

② 품종 개량으로 날지 못하는 닭과 오리

닭과 오리의 비행 능력이 퇴화된 결정적인 이유는 끊임없이 품종을 개량시켰기 때문이에요. 닭과 오리가 날아서 도망갈까 불안했던 사람들은 여러 번에 걸쳐 몸은 무겁게, 날개 근육은 약하게 품종을 개량했어요.

③ 날지 못하는 야생 조류도 있다

타조나 펭귄처럼 품종 개량과 상관없이 날지 못하는 새도 있어요. 하지만 타조는 빨리 달릴 수 있고 펭귄은 수영을 잘해요. 타조와 펭귄은 비행 능력을 포기한 대신 다른 능력을 발전시켜 야생에서 살아남았어요.

사람에게 가축으로 길러지면 천적과 먹이에 대한 걱정이 없어요.
날 수 없지만 천적으로부터 보호를 받는다.
먹이를 많이 먹어서 살이 찐다.

온천은 정말 건강에 좋을까?

우주·지구 | 1월 31일 | 읽은 날: 월 일

? 퀴즈

❶ 사실 몸에 좋은 효과가 하나도 없다.
❷ 온천은 오히려 몸에 나쁜 영향을 준다.
❸ 온천의 다양한 성분이 몸에 이롭게 작용한다.

정답 ❸ 온천에 담긴 다양한 성분이 몸을 건강하게 만든다.

> 탄산 온천이나 유황 온천처럼 온천의 이름은 온천 속 주요 성분에 따라 달라요.

🔍 찾았다, 비밀!

① 지하에서 끓어오른 온천

온천수는 대개 화산 활동으로 지하수가 땅속에서 뜨겁게 달구어진 물이에요. 자연 환경의 변화에 따라 땅 위로 솟구치거나 인공적으로 퍼 올린 온천수로 온천을 만들어요.

② 온천에 녹아 있는 다양한 성분

온천에는 이산화탄소, 철, 유황 등 다양한 성분이 녹아 있어요. 그중에는 몸에 유익한 성분도 있어요. 흔히 온천이 몸에 좋다고 말하는 이유는 온천에 담긴 성분이 몸에 이롭게 작용하기 때문이에요.

③ 수돗물을 데운 목욕탕 물

일반 목욕탕의 온탕은 대개 수돗물을 뜨겁게 데운 거예요. 따뜻한 수돗물에는 물 이외에 특별한 성분이 거의 없어요. 그래서 온천과 비교하면 몸에 미치는 좋은 영향이 적어요.

> 우리나라에도 무척 많은 온천이 있어요.

감기에 걸리면 왜 기침과 열이 날까?

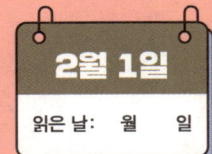

2월 1일
읽은 날: 월 일

궁금증 해결!

감기 바이러스를 물리치려는 면역 기능이 작동해서 기침과 열이 난다.

> 열은 신체가 바이러스와 싸우고 있다는 증거예요.

찾았다, 비밀!

① 감기에 걸리게 만드는 바이러스

감기의 원인은 대개 바이러스예요. 바이러스가 입과 코를 통해 목구멍 안쪽으로 들어가서 세포를 감염시켜요. 바이러스에 감염된 세포는 상태가 나빠지거나 죽게 되지요.

② 체온을 높여서 바이러스를 공격하는 면역 반응

감기에 걸리면 우리 몸은 체온을 높여 면역 세포를 힘차게 만들어 바이러스와 싸워요. 면역 세포는 체온이 높을 때 더 기운차게 활동해요.

③ 바이러스 시체를 밖으로 내뱉는 기침

면역 세포의 공격을 받아 죽은 바이러스는 점액과 섞여요. 기침은 점액과 섞인 바이러스 시체를 몸 밖으로 내보내려는 움직임이에요.

> 감기 증상은 바이러스를 물리치려는 우리 몸의 면역 반응이에요.

자연

물은 끓으면 어디로 사라질까?

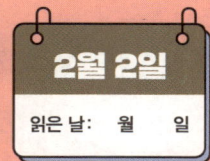

2월 2일

읽은 날: 월 일

❓ 퀴즈

❶ 용기에 스며든다.
❷ 보이지 않을 뿐 그대로 남아 있다.
❸ 공기 중으로 날아간다.

정답 ❸ 물은 끓으면 수증기가 되어 공기 중으로 날아간다.

수증기는 물이 기체로 변해서 공중에 둥둥 떠다니는 거예요.

🔍 찾았다, 비밀!

물이 끓을 때 보글보글 움직이는 공기 방울이 수증기예요.

① 물은 형태가 자유로운 액체 상태

우리가 쓰고 마시는 수돗물이나 생수는 물 분자(▶129쪽)가 모여 움직이는 상태예요. 물처럼 형태가 자유로운 상태를 '액체'라고 해요.

② 온도가 높아지면 수증기로 변하는 물

액체 상태인 물을 가열하면 물 분자의 움직임이 더욱 활발해져요. 계속 가열하면 물 분자는 한곳에 머물지 못하고 공기 중으로 퍼져나가요. 이렇게 정해진 형태나 크기가 없는 상태를 '기체'라고 불러요. 물의 기체는 '수증기'라고 해요.

③ 물이 수증기가 되면서 점점 줄어든다

물 온도가 100도에 이르면 물은 액체에서 기체로 변해요. 물이 수증기로 변해 공기 중으로 날아가므로 눈에 보이는 액체 상태의 물은 줄어들어요.

비누로 어떻게 때를 지울까?

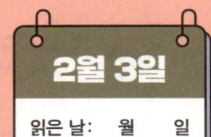

읽은 날: 월 일

궁금증 해결!

계면활성제라는 성분이
오염물을 감싸서 벗겨 낸다.

오염물 자체를 사라지게 만드는 원리가 아니에요.

찾았다, 비밀!

계면활성제가 오염물을 감싸서 옷에서 벗겨 내요.

① 기름, 물과 결합하는 계면활성제

비누에는 '계면활성제'라는 물질이 들어 있어요. 계면활성제는 기름과 결합하는 '친유기'와 물과 결합하는 '친수기'로 이루어져 있어요.

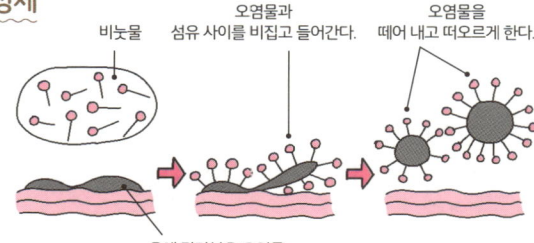

② 계면활성제가 때에 달라붙어 감싼다

손과 옷의 오염물은 대부분 기름때예요. 비누로 씻으면 계면활성제의 친유기가 기름때에 달라붙고, 친수기가 물과 결합하면서 친유기가 감싼 기름때가 떠올라요. 이런 원리를 활용해 오염물을 손과 옷에서 벗겨 내지요.

③ 계면활성제의 정체는 지방산염

비누는 기름에 수산화나트륨 등을 섞어서 만들어요. 이때 '지방산염'이라는 물질이 생겨요. 지방산염이 오염물을 벗겨 내는 계면활성제의 정체예요.

블레즈 파스칼
(1623~1662)

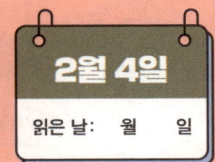

2월 4일
읽은 날: 월 일

? 어떤 사람일까?

> 어렸을 때부터 활약했지만, 39세의 이른 나이에 세상을 떠나고 말았어요.

계산기를 발명하고 파스칼의 원리를 발견한 천재 수학자

대단한 과학자!

① 모두를 감탄하게 만든 수학 신동

프랑스의 클레르몽페랑에서 태어난 파스칼은 어릴 때부터 수학을 잘했어요. 16세 무렵 '파스칼의 정리'라고 불리는 중요한 수학 이론을 발견했지요.

> 날씨 예보에서 기압을 설명할 때 헥토파스칼(hPa)을 사용해요.

② 액체에 작용하는 힘의 원리 발견

밀폐된 용기에 담긴 유체에 압력을 가하면 압력은 유체 내의 모든 곳에 같은 크기로 전달돼요. 이것이 '파스칼의 원리'의 핵심이에요. 압력이 작용하는 방식을 발견한 파스칼의 이름을 따 압력을 셈하는 단위를 '파스칼(Pa)'로 정했어요.

③ 철학 분야에도 명언을 남긴 파스칼

파스칼은 수학이나 물리학뿐 아니라 철학과 신학에도 관심이 많았어요. '인간은 자연 가운데서 가장 약한 하나의 갈대에 불과하다. 그러나 그것은 생각하는 갈대이다.' 그가 남긴 이 말은 인간은 연약하지만, 생각하는 존재이기에 존엄하다는 의미를 담고 있어요.

껌을 씹기만 해도 살이 찔까?

음식

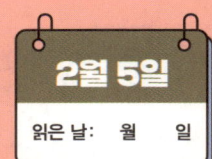

2월 5일
읽은 날: 월 일

퀴즈

❶ 살이 찐다.
❷ 거의 살찌지 않는다.
❸ 사람에 따라 다르다.

정답 ❷ 껌의 주성분인 수지는 영양소가 아니다.

> 설탕이 함유된 껌은 충치가 생길 수 있으니 양치질을 잘해야 해요!

찾았다, 비밀!

> 껌은 삼켜도 소화되지 않아요.

① 껌을 만드는 주요 성분

껌은 식물에서 나는 점도가 높은 액체인 '천연수지'와 인공적으로 만든 '합성수지'를 섞어서 만들어요. 천연수지와 합성수지를 섞고, 향료와 설탕을 첨가하면 우리가 맛있게 씹는 껌이 되지요.

② 영양소가 전혀 없는 수지

수지는 위장에서 소화가 되지 않는 물질이에요. 수지는 씹어서 삼켜도 영양소로 흡수되지 않아요. 즉, 살찌는 데 큰 영향은 없어요. 다만 껌에는 수지 이외에 향료와 설탕이 들어 있으므로 껌을 씹어 삼키면 당분을 섭취하게 되어요.

③ 집중력을 높이는 껌의 효과

껌에는 영양소가 거의 없지만 졸음을 쫓거나 집중력을 높이는 효과가 있어요. 껌을 계속 씹으면 턱관절이 움직이면서 뇌로 가는 혈류를 증가시켜 집중력을 높여요. 껌에 따라 졸음을 쫓는 성분을 넣기도 해요.

 생물

추위에도 펭귄이 멀쩡한 비결은?

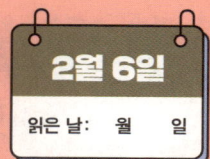
2월 6일
읽은 날: 월   일

궁금증 해결!

펭귄의 몸은 두꺼운 지방으로 뒤덮여 있어 추위에 강하다.

> 펭귄의 귀여운 체형은 추위에 견딜 수 있는 비밀 병기였구나.

 찾았다, 비밀!

① 주로 남극 근처에 사는 펭귄

펭귄은 남반구에만 사는 새예요. 기온이 영하 수십 도에 이르는 남극과 그 주변에서 살아요.

② 두꺼운 지방이 감싼 몸

펭귄의 몸은 매우 두꺼운 지방이 감싸고 있어요. 춥더라도 체온이 쉽게 떨어지지 않아요. 또 몸속의 따뜻한 혈관과 얼음에 닿아 차가워진 혈관이 서로 얽혀 있어서 혈액의 온도가 낮아지지 않게 만들고, 체온을 유지하도록 도와요.

③ 펭귄의 먹이가 풍부한 남극

남극 주변 바다에는 물고기를 비롯해 펭귄의 먹이가 풍부해요. 펭귄이 추위에 강하게 진화해서 남극에 사는 이유예요.

펭귄의 몸은 추위에 강해요.

두꺼운 지방이 몸을 감싸고 있어요.

발로 향하는 혈관과 발에서 나오는 혈관이 얽혀 있어요.

우리나라가 밤일 때 낮인 나라는?

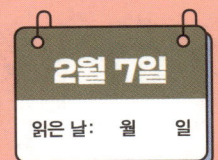

 **궁금증 해결!**

지구는 하루에 한 바퀴씩 자전하므로 장소에 따라서 낮과 밤이 서로 다르다.

> 국토가 넓으면 같은 나라 안에서 서로 다른 시간을 사용해요.

 찾았다, 비밀!

① 햇빛이 나누는 낮과 밤의 구분

태양은 둥근 지구의 한쪽만 비춰요. 햇빛이 닿는 면은 밝은 낮이고, 햇빛이 닿지 않는 어두운 면은 밤이에요.

② 지구에 낮과 밤이 반복되는 이유

지구는 고정된 자전축을 중심으로 하루에 한 바퀴씩 돌아요. 이를 '자전'이라고 해요. 24시간에 걸쳐 시계 반대 방향으로 돌면 태양과 마주하는 부분이 바뀌어서 낮과 밤이 반복되지요.

③ 지구 반대편 나라끼리는 낮과 밤이 반대

지구 위 특정한 장소와 정확히 반대편에 있는 장소를 '대척점'이라고 해요. 대척점에 놓인 지역은 서로 낮과 밤이 정반대이고, 시차는 12시간이에요. 우리나라 수도 서울과 대척점인 장소는 남아메리카 우루과이의 수도 몬테비데오 앞바다예요.

지구의 한쪽이 햇빛에 닿을 때, 반대쪽은 햇빛에 닿지 않아요.

착시 현상이 일어나는 이유는 무엇일까?

인체

2월 8일
읽은 날: 월 일

? 퀴즈

❶ 눈에 들어오는 빛이 이상해서.
❷ 유령이 시야에 들어와서.
❸ 뇌가 착각을 일으켜서.

정답 ❸ 보이는 것을 판단하는 뇌가 착각한다.

착각은 눈(시각)뿐만 아니라, 피부(촉각)와 코(후각)에서도 일어나요.

🔍 찾았다, 비밀!

눈에 비친 장면을 왜곡 없이 인식하고 있다고 딱 잘라 말할 수 없어요.

① 세상은 눈으로 보고 뇌로 인식한다

물체에 반사된 빛은 각막을 통과해서 눈 안쪽 망막에 맺혀요. 망막 속 세포들은 빛에서 얻은 정보를 시신경을 통해 뇌에 전달하고, 뇌가 정보를 인식하면 비로소 우리는 무언가를 보고 느낄 수 있어요.

② 부족한 정보를 보태어 장면을 이해하는 뇌

뇌는 전달받은 정보를 정리하고 정보가 부족하다고 판단하면 추측을 더해서 장면을 인식해요. 평면에 그려진 그림이라도 그림자가 그려져 있으면 입체적으로 보여요. 뇌가 '그림자가 있는 것은 입체이다'라고 판단하기 때문이에요.

③ 인식에 혼란을 일으키는 뇌의 착각

뇌는 가끔 혼란에 빠지기도 해요. 뇌가 필요 없는 정보까지 짐작해서 잘못 판단하거나 도형과 경치를 실제와 다르게 인식하는 경우가 있어요. 바로 '착시 현상'이에요.

column 01 중요한 과학키워드

기하학적 착시

3 가지 핵심 포인트

일상생활 속에서도 착시를 경험할 수 있어요. 연필 끝을 손가락으로 잡고 위아래로 흔들어 보세요. 휘어져 보이지 않나요?

❶ 길이, 크기와 같은 형태에 대한 착시를 '기하학적 착시'라고 부른다.
❷ 기하학적 착시는 오래전에 발견되었다.
❸ 착시라는 사실을 알아도 착시 현상을 피할 수 없다.

형태의 착시

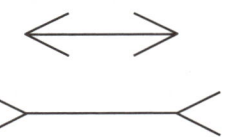

뮐러리어의 도형
두 직선의 길이는 같지만, 아래쪽 직선이 길어 보인다.

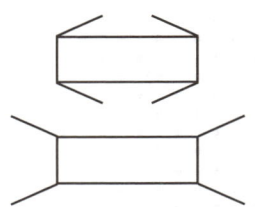

웨이트 마사로 착시
두 직사각형의 크기는 같지만, 위쪽 직사각형이 아래쪽 직사각형보다 가로 길이가 짧고 세로 길이는 길어 보인다.

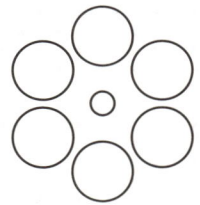

에빙하우스 착시
가운데 원의 크기는 같지만, 큰 원으로 둘러싸인 원은 작아 보이고 작은 원으로 둘러싸인 원은 커 보인다.

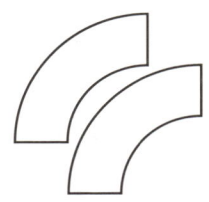

재스트로 착시
무지개처럼 휘어진 모양의 도형을 위아래로 나란히 놓으면, 두 도형의 크기가 동일하지만 아래쪽 도형이 길어 보인다.

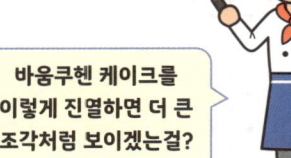

바움쿠헨 케이크를 이렇게 진열하면 더 큰 조각처럼 보이겠는걸?

명암의 착시

눈을 감았다가 떠도 효과가 없다니…
착시란 참 미스터리네.

헤르만 격자 착시
검은색 정사각형을 나열하면, 흰색 선이 마주치는 부분이 어두워 보인다.

화이트 착시
검은색 줄에 놓인 회색 사각형의 명암은 같지만, 왼쪽이 더 밝아 보인다.

시각적 보완

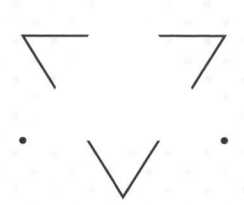

색깔 차이도 없고 선도 보이지 않지만, 정말로 하얀색 삼각형이 있는 것 같아요.

카니자 삼각형
삼각형과 검은색 원 위에 하얀색 삼각형이 있는 것처럼 보인다. 검은색 원을 점으로 바꿔도 똑같다.

지금 소개한 착시는 수많은 착시 중 몇 가지일 뿐이에요.
찾아 보면 재미있는 착시 현상을 더 많이 알게 될 거예요.

못과 나사가 붉게 녹스는 이유는?

2월 9일
읽은 날: 월 일

궁금증 해결!

철은 공기 중 산소와 결합하여 붉은색으로 녹슨다.

부식을 방지하려면 습기를 피해야 해요.

찾았다, 비밀!

① 녹슬고 부슬부슬해지는 산화

어떤 물질이 산소와 결합하는 현상을 '산화'라고 해요. 못이나 나사를 만드는 철과 같은 금속이 산화하면 붉게 녹이 슬며 약해져요. 이를 '부식'이라고 불러요.

② 철을 녹슬게 만드는 물과 소금

철은 건조한 환경보다 수영장이나 바다 같이 습한 장소에서 쉽게 녹슬어요. 물과 소금이 철과 산소를 빠르게 결합하도록 만들기 때문이에요.

③ 부식을 방지하는 검은 녹

철을 가열하면 생기는 검은 녹은 붉은 녹과 달리 철이 녹스는 현상을 막아요.

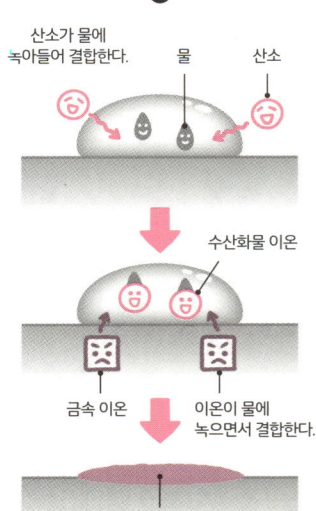

물의 영향으로 철과 산소가 결합하여 녹슬어요.

산소가 물에 녹아들어 결합한다. / 물 / 산소
수산화물 이온
금속 이온 / 이온이 물에 녹으면서 결합한다.
녹이 생긴다.

일상과학
유성펜은 왜 유리에 잘 써질까?

2월 10일
읽은 날: 월 일

❓ 퀴즈

❶ 잉크가 기름을 머금고 있다.
❷ 잉크가 알코올을 머금고 있다.
❸ 잉크가 물을 머금고 있다.

정답 ❷ 알코올은 유리 위에서 물보다 잘 퍼지지 않는다.

유성펜 잉크는 왜 독특한 냄새가 날까요?

🔍 찾았다, 비밀!

화이트보드용 펜은 지워지기 쉬운 성분을 넣어 만든 유성펜이에요.

① 물에 색소를 녹인 수성펜

수성펜 잉크는 물에 색소를 녹여서 만들어요. 수성펜은 물이 쉽게 스미는 종이에 사용해야 편해요.

② 알코올에 색소를 녹인 유성펜

유성펜 잉크는 알코올에 색소를 녹이고 어떤 물질을 고체에 달라붙게 만드는 고착제를 섞어서 만들어요. 고착제는 잉크가 빠르게 굳어 색이 선명해지도록 도와요.

③ 단단히 달라붙게 하는 고착제

알코올은 물보다 유리 위에서 잘 퍼지지 않아요. 유리에 유성펜으로 글자를 쓰면 알코올이 마르고 고착제가 작용하면서 색소 성분이 유리에 단단히 달라붙어요. 수성펜보다 유성펜이 유리에 잘 써지는 이유예요.

안톤 판 레이우엔훅
(1632~1723)

발명

2월 11일
읽은 날: 월 일

? 어떤 사람일까?

현미경을 제작하여 미생물의 세계를 발견한 미생물학의 선구자

세균을 발견한 것도 레이우엔훅의 업적이에요.

대단한 과학자!

① 직물을 검사하려고 개발한 현미경

네덜란드 델프트에서 태어난 레이우엔훅은 직물을 판매하는 상인이었어요. 원단의 품질을 확인하기 위해 간단한 현미경을 만들었고, 과학적인 관찰을 시도했어요.

② 월등한 성능을 자랑하는 렌즈 제작

레이우엔훅은 유리나 수정을 갈고 닦아서 현미경의 렌즈를 직접 만들었어요. 그가 만든 현미경 렌즈는 기능이 무척 뛰어나 대상을 273배의 고배율로 관찰할 수 있었어요.

레이우엔훅은 현미경 렌즈를 제작하는 방법을 죽을 때까지 비밀에 부쳤어요.

③ 현미경으로 발견한 미생물의 세계

1674년 레이우엔훅은 눈만으로는 볼 수 없는 물속의 작은 생물을 현미경으로 발견했어요. 인간이 처음으로 미생물을 발견한 순간이었지요. 인류에게 미생물의 존재를 알린 레이우엔훅은 미생물학의 선구자로 불려요.

탄산음료에서 '쏴' 소리가 나는 이유는?

2월 12일
읽은 날: 월 일

 **궁금증 해결!**

이산화탄소가 거품이 되어
세게 튀면서 상쾌한 소리를 낸다.

탄산이 빠지는 '쏴' 소리가 입맛을 당기지요.

 **찾았다, 비밀!**

① 소리의 정체는 이산화탄소

탄산음료에서 나는 청량한 소리는 용기 속 거품이 내는 소리예요. 거품의 정체는 바로 탄산음료에 녹아 있던 이산화탄소!

② 이산화탄소를 녹이는 높은 압력

이산화탄소는 높은 압력이 가해지면 액체에 쉽게 녹아요. 강한 압력으로 물에 다량의 이산화탄소를 녹여 만든 음료가 바로 탄산음료예요.

③ 뚜껑을 열면 기체가 되는 이산화탄소

탄산음료가 담긴 밀폐 용기를 개봉하면 용기 안 압력이 낮아져요. 이때 이산화탄소는 청량한 소리를 내며 기체로 변해 용기 밖으로 빠져나와요.

탄산음료는 높은 압력으로 이산화탄소가 액체에 녹아 있는 상태예요.

고양이는 언제부터 높은 곳을 좋아했을까?

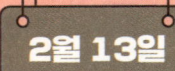

2월 13일
읽은 날: 월 일

궁금증 해결!

고양이의 조상은 나무 타기에 능숙해 높은 곳에 잘 올라갔다.

옛날 옛적에 조상이 지니고 있던 성질을 몸이 기억하는 거예요.

찾았다, 비밀!

① 고양이의 조상은 나무 타기 선수

흔히 집고양이의 조상을 아프리카의 리비아살쾡이라고 추정해요. 리비아살쾡이는 자연에서 살아남으려고 빠른 달리기와 훌륭한 나무 타기 기술을 익혔어요.

② 야생의 본능을 가진 고양이

리비아살쾡이의 유전자를 가진 고양이는 야생 본능을 가지고 있어요. 높은 장소를 두려워하지 않아요. 고양이들은 많은 시간을 높은 곳에서 보내지요.

③ 안전하게 착지하는 고양이의 기술

고양이는 평형 감각과 운동 신경이 뛰어나요. 높은 곳에서 떨어지더라도 몸을 유연하게 움직여 안전하게 착지하는 기술을 가지고 있어요.

나무 타기를 잘하는 고양이는 높은 위치에서 떨어져도 무사해요.

처음에는 등부터 떨어지다가

공중에서 자세를 바꿔서

마지막에는 발로 안전하게 착지

우주·지구

지구 온난화로 기후 위기가 발생한다?

2월 14일
읽은 날: 　월　일

? 퀴즈

① 겨울이 따뜻해지면서 눈이 적게 내린다.
② 계절에 별다른 영향을 미치지 않는다.
③ 지역에 따라 한파와 폭설을 일으킨다.

정답 ③ 지구 온난화는 다양한 이상 기후를 일으킨다.

> 전 세계의 기온이 동시에 올라가는 것은 아닌가 봐요.

🔍 찾았다, 비밀!

> 지구 온난화를 멈추거나 늦추려면 우리 모두의 적극적인 노력이 필요해요.

① 지구의 기온이 높아지면서 생긴 기후 위기

지구 전체의 평균 기온이 올라가는 지구 온난화는 해결이 시급한 기후 문제예요. 이산화탄소와 같은 온실 기체가 지구를 둘러싸면, 대기열이 지구 밖으로 빠져나가지 못해 지구의 기온이 높아지는데, 이를 '지구 온난화'라고 불러요.

② 이상 기후를 일으키는 지구 온난화

지구 온난화는 지구 전체에 걸쳐 다양한 이상 기후를 일으켜요. 지역과 계절에 따라 폭염이나 폭설처럼 재난을 발생시키기도 해요. 어떤 지역은 기온이 올라도 다른 지역의 기온은 내려갈 수 있어요.

③ 해상 기온이 올라가면 눈이 많이 내린다

겨울에 기온이 오르면 눈이 많이 내리는 지역도 있어요. 예를 들어 동해의 기온이 올라가면 일본을 향해 부는 바람이 수증기를 많이 머금어 동해와 접한 일본 해안가에 폭설이 내려요.

왼손잡이와 오른손잡이의 비율은?

2월 15일
읽은 날: 월 일

퀴즈

❶ 약 9 대 1로 오른손잡이가 더 많다.
❷ 약 9 대 1로 왼손잡이가 더 많다.
❸ 약 5 대 5로 비슷하다.

정답 ❶ 세계의 어느 나라든지 오른손잡이가 더 많다.

> 대부분 오른손잡이라서 자동판매기나 엘리베이터의 버튼이 오른쪽에 있지요.

찾았다, 비밀!

> 중요한 건 오른손잡이와 왼손잡이는 사람마다 다른 개성일 뿐이라는 사실이에요.

① 열에 아홉은 오른손잡이

보통 열에 아홉은 오른손잡이고, 나머지 하나는 왼손잡이예요. 오른손잡이와 왼손잡이의 비율은 옛날부터 지금까지 크게 변하지 않았어요. 소수지만 태어날 때부터 양손을 자유롭게 사용하는 양손잡이도 있어요.

② 반대편 몸을 담당하는 좌뇌와 우뇌

사람의 뇌는 오른쪽과 왼쪽으로 나누어져 있어요. 왼쪽에 있는 '좌뇌'가 신체의 오른쪽을 담당하고, 오른쪽에 있는 '우뇌'가 신체 왼쪽을 담당해요.

③ 아직까지 밝혀지지 않은 원인

오른손잡이와 왼손잡이로 나뉘는 정확한 원인은 아직 밝혀지지 않았어요. 유전, 학습 환경, 뇌의 기능에 따라 정해진다는 주장이 있지만, 어느 것도 100퍼센트 확실하지는 않아요.

천둥은 어떻게 큰 소리를 낼까?

2월 16일 읽은 날: 월 일

궁금증 해결!

강한 전기에서 나온 높은 에너지가 팽창하면서 폭발하듯 큰 소리가 난다.

> 번개가 아니라 높은 에너지가 내는 소리였구나.

찾았다, 비밀!

① 구름 속에서 생기는 정전기

적란운처럼 수분을 많이 머금은 구름 속에서는 물방울이나 얼음 알갱이가 강한 공기의 흐름에 밀려 격렬하게 움직여요. 이들이 서로 부딪치면서 정전기(▶24쪽)가 만들어져요.

② 땅으로 흐르는 음전기

땅은 주로 양전기를 띠고 있어요. 구름에서 만들어진 정전기 가운데 음전기는 구름 아래쪽에 고이다가, 공기를 가로지르며 다른 구름이나 땅으로 빠르고 강하게 이동해요. 이것이 '번개'예요.

> 번개는 구름과 땅의 전기가 서로 끌어당겨서 생겨요.

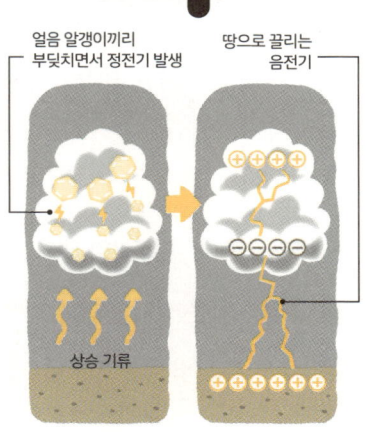

③ 온도를 상승시키는 거대한 전기

번개가 칠 때 발생하는 전기는 우리가 집에서 사용하는 전기보다 훨씬 강력해요. 번개가 땅을 향하여 공기 사이로 지나갈 때 주변 온도는 매우 높게 치솟아요. 이때 발생하는 높은 에너지에 의해 주변 공기가 순식간에 팽창하면서 폭발하듯이 큰 소리가 터져나와요. 이 소리가 바로 '천둥'이에요.

 **일상과학**

플라스틱은 영원히 썩지 않을까?

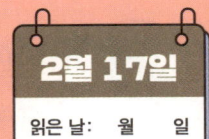
2월 17일
읽은 날: 월 일

2월

❓ 퀴즈

❶ 수분이 있어서 썩는다.
❷ 그늘진 곳에 있으면 썩는다.
❸ 썩지 않는다.

정답 ❸ 플라스틱을 분해할 수 있는 미생물이 없다.

바다에 떠다니는 플라스틱은 어떤 문제를 일으킬까요?

🔍 찾았다, 비밀!

① 썩어서 분해되는 유기물

탄소 원자(▶314쪽)를 기반으로 결합된 물질을 '유기물'이라고 해요. 식물과 동물은 모두 유기물이에요. 유기물은 미생물에 의해 아주 작게 분해되어 썩는데, 이러한 현상을 '부패'라고 해요.

바다를 떠다니는 플라스틱은 바다를 오염시키고 바다 생물을 괴롭히고 있어요.

② 플라스틱은 썩지 않는 유기물

플라스틱도 탄소가 들어간 유기물의 일종이에요. 하지만 플라스틱은 부패하지 않아요. 플라스틱을 분해할 미생물이 없기 때문이에요.

③ 썩지 않는 플라스틱은 환경 파괴의 주범

영원히 부패하지 않는 플라스틱은 환경을 파괴하는 원인이에요. 최근에는 미생물이 분해할 수 있는 특별한 플라스틱이 개발되어 페트병 등에 사용되고 있어요.

발명

로버트 훅
(1635~1703)

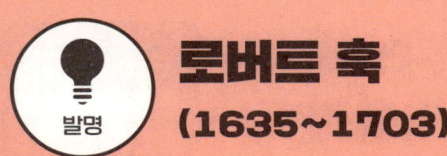

2월 18일
읽은 날: 월 일

❓ 어떤 사람일까?

세계에서 처음으로 세포를 발견한 영국의 과학자

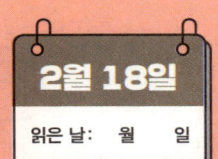

훅의 초상화는 왜 한 장도 남아 있지 않을까요?

👤 대단한 과학자!

① 왕립 학회 소속 과학자

훅은 영국 남해안의 와이트 섬에서 태어났어요. 1660년 영국의 과학 단체인 왕립 학회가 설립되자, 과학 실험을 감독하는 업무를 맡게 되었고 다양한 실험에 참여했어요.

② 물리 연구의 기본 법칙을 발견

'훅의 법칙'은 로버트 훅의 업적 가운데 하나예요. 그는 용수철의 탄성력은 용수철이 변한 정도에 비례한다는 사실을 밝혔어요. '훅의 법칙'은 물리 연구의 기본 법칙으로 통해요.

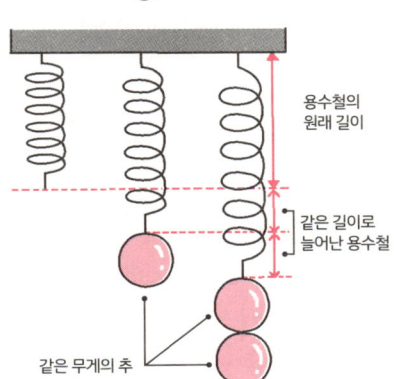

용수철은 가해진 힘에 비례하여 늘어나요.

용수철의 원래 길이
같은 길이로 늘어난 용수철
같은 무게의 추

③ 현미경으로 식물의 세포를 발견

로버트 훅은 현미경으로 코르크※를 관찰하고, 식물 조직은 조그만 방이 빼곡하게 들어선 모양이라는 사실을 발견했어요. 로버트 훅은 현미경으로 살핀 세포벽에 라틴어에서 유래한 '작은 방'이라는 뜻의 '셀(Cell, 세포)'이라는 이름을 붙였어요.

※코르크: 코르크나무나 굴참나무 등에서 식물 세포의 세포벽에 식물 보호 조직이 모여 싸인 세포층.

도넛 가운데에는 왜 구멍이 뚫려 있을까?

음식

2월 19일
읽은 날: 월 일

? 퀴즈

❶ 재료를 아끼려고.
❷ 먹기 쉬워서.
❸ 골고루 익히려고.

정답 ❸ 구멍이 있으면 도넛 중심부까지 익히기 쉽다.

구석구석 열이 전달되어야 잘 익어요.

🔍 찾았다, 비밀!

① 기름에 튀겨서 만드는 도넛

도넛은 밀가루에 설탕, 달걀, 버터 등을 섞어 반죽한 다음 기름에 튀겨서 만든 음식이에요. 꽈배기 모양, 납작 동그라미 모양 등 생김새가 다양하지만, 가운데 구멍이 뚫린 모양이 가장 익숙하지요.

② 골고루 익히기 좋은 도넛 모양

도넛 가운데에 구멍을 뚫는 이유는 다름 아니라 맛 때문이에요. 도넛 가운데에 구멍을 뚫으면 열기가 더 넓은 면적에 닿아서 도넛 전체를 고르게 튀길 수 있어요.

③ 도넛에 구멍이 없다면?

만약 도넛 가운데에 구멍이 없으면 도넛 중심부까지 열이 충분히 전달되지 않을 수 있어요. 빵 전체가 충분히 익지 않거나 맛이 균일하지 않을 가능성이 높아져요.

사실 가운데 구멍이 없는 도넛도 적지 않아요.

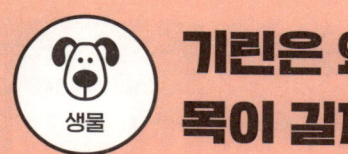

기린은 왜 목이 길까?

2월 20일
읽은 날: 월   일

궁금증 해결!

목이 긴 기린만이 야생에서 버텨 지금까지 살아남았다.

> 기린의 긴 목에는 그럴 만한 이유가 있어요.

찾았다, 비밀!

① 처음에는 목이 길지 않았던 기린

키가 4~6미터 정도인 기린은 세상에서 가장 키가 큰 동물이에요. 기린은 목 길이만 2미터가 넘어요. 하지만 기린의 조상은 지금의 기린처럼 목이 길지 않았다고 해요.

② 야생에서 살기 적합한 기린의 목 길이

숲에 살던 기린의 조상은 초원으로 서식지를 옮겼어요. 목이 긴 기린은 목이 짧은 기린보다 멀리 있는 천적을 쉽게 발견했고, 다른 동물은 닿지 않는 높은 위치의 나뭇잎을 독차지했어요.

③ 환경에 적응한 동물만 살아남는다

목이 긴 기린의 조상은 목이 짧은 기린보다 굶어 죽거나 사냥을 당하는 일이 적었고, 그 덕분에 자손을 남길 수 있었어요. 이것이 반복되면서 목이 긴 기린만이 살아남아 오늘에 이르렀어요.

> 넓은 초원에서는 목이 길면 멀리까지 내다볼 수 있어요.

기린을 노리는 천적

목이 길면 멀리 있는 천적을 발견하기 쉽다.

하늘과 우주를 나누는 경계는 어디일까?

우주·지구

2월 21일
읽은 날: 월 일

🔍 궁금증 해결!

하늘 위로 올라갈수록 우주에 가까워지지만, 명확한 경계는 없다.

> 이른바 대기권은 지표에서 열권까지를 가리켜요.

🔎 찾았다, 비밀!

① 높이에 따라 달라지는 하늘의 이름

지구를 둘러싼 공기는 높이에 따라 부르는 이름이 달라요. 땅에서 약 11킬로미터까지는 공기가 활발하게 움직이는 '대류권', 약 11~50킬로미터까지는 자외선을 차단하는 오존층이 있는 '성층권', 약 50~80킬로미터까지는 '중간권'이라고 불러요. 중간권에는 전파를 반사하는 전리층이 있어요.

② 국제 우주 정거장이 있는 열권

중간권보다 높은 약 80~500킬로미터까지 구간은 '열권'이라고 해요. 열권에는 국제 우주 정거장이 있으며, 유성이나 오로라가 발생해요.

③ 하늘과 우주를 나누는 뚜렷한 경계는 없다

하늘로 높이 올라갈수록 공기가 조금씩 적어져요. 하늘에 '여기부터 우주!'라는 뚜렷한 경계는 없어요. 보통 땅에서 100킬로미터 떨어진 경계를 기준으로 대기와 우주를 구분해요.

> 우리가 비행기를 타고 갈 수 있는 곳은 정해져 있어요.

국제 우주 정거장이 있는 높이 = 약 400킬로미터

오로라가 나타나는 높이 = 약 100킬로미터

비행기가 날아다니는 높이 = 약 10킬로미터

인플루엔자는 어떻게 감염될까?

2월 22일 읽은 날: 월 일

? 퀴즈

❶ 인플루엔자 바이러스에 감염되어 걸린다.
❷ 기생충 때문에 걸린다.
❸ 상한 음식을 먹고 걸린다.

정답 ❶ 감기보다 증상이 심각한 인플루엔자는 위험한 질병으로 주의해야 한다.

> 인플루엔자를 예방하려면 백신이 필요해요.

🔍 찾았다, 비밀!

> 새로운 인플루엔자가 유행하면 감염이 폭발적으로 퍼지는 경우가 많아요.

① 다양한 바이러스로 일어나는 감기

감기는 주로 바이러스에 의해 기침이나 콧물, 열 증상이 나타나는 질병이에요. 감기의 원인이 되는 바이러스 종류는 무척 많아요. 특별한 증상이 거의 없는 감기도 꽤 있어요.

② 인플루엔자 바이러스에 의해 감염되는 인플루엔자

인플루엔자 바이러스에 의해 감염되는 감기를 '인플루엔자'라고 해요. 다른 감기와 마찬가지로 바이러스가 원인이고 증상도 비슷하지만, 인플루엔자에 감염되면 앓는 정도가 심하고 감염력도 높아요.

③ 여러 종류로 나뉘는 인플루엔자

인플루엔자는 크게 A, B, C 세 가지 형태로 구분되고, 그중에서 또다시 여러 종류로 나뉘어요. 사람은 주로 A형과 B형에 감염되고, C형은 많이 감염되지 않아요.

세상에서 가장 차가운 온도는?

자연

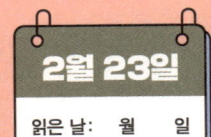

2월 23일
읽은 날: 월 일

퀴즈

❶ 영하 273.15도
❷ 영하 573.15도
❸ 영하 773.15도

정답 ❶ 물질의 온도는 영하 273.15도 밑으로는 더 내려가지 않는다.

사람의 체온과 너무 차이가 커서 상상 불가!

찾았다, 비밀!

① 가장 낮은 온도는 영하 273.15도

물질의 가장 낮은 온도는 영하 273.15도예요. 이론적으로 이보다 낮은 온도는 존재하지 않아요. 이 온도는 '절대 영도'라고 부르고, 절대 영도를 0도의 기준으로 삼는 온도 단위가 '켈빈(K)'이에요.

영하 40도에서는 바나나로 못을 박을 수 있다고 하던데….

② 100만분의 1켈빈까지 내려간다

현재의 기술로는 원자(▶314쪽)에 특별한 방법으로 레이저 광선을 쏘거나, 자석의 힘을 더하는 방법으로 실험실 안에서 100만분의 1켈빈까지 온도를 낮출 수 있어요.

③ 소립자를 이용해서 만들어 낸 5.5조 도

최고 온도의 한계는 아직 밝혀지지 않았어요. 현재까지의 최고 온도는 소립자를 충돌시켜서 만들어 낸 5.5조 도예요. 소립자는 원자핵을 구성하는 양성자와 중성자, 그리고 전자를 비롯해 물질의 바탕이 되는 가장 기본적인 단위로 설정된 작은 입자를 말해요.

column 02
중요한 과학키워드

섭씨와 화씨

'섭씨'와 '화씨'는 섭씨온도의 눈금을 만든 스웨덴의 '셀시우스'와 표준 온도계를 만든 독일의 '파렌하이트'의 중국식 이름인 '섭이사'와 '화륜해'의 앞 글자를 딴 거예요.

3가지 핵심 포인트

1. 온도는 섭씨(℃) 이외에도 몇 개의 종류가 있다.
2. 미국과 일부 국가에서는 화씨(℉)를 사용한다.
3. 절대 영도가 기준이 되는 켈빈(K)이라는 단위도 있다.

섭씨와 화씨는 온도 기준, 1도의 크기가 달라요.
반면, 섭씨와 켈빈은 1도의 크기가 같아요.

섭씨 30℃ = 화씨 86℉
… 우리나라 한여름 기온

섭씨 -1℃ = 화씨 30℉
… 우리나라 한겨울 기온

나라마다 섭씨와 화씨를 선택해서 사용하고, 켈빈은 연구에 많이 사용해요.

화씨를 사용하는 미국의 온도계에는 섭씨와 화씨가 모두 표시되어 있어요.

 일상과학

CD에 정보를 어떻게 기록할까?

2월 24일
읽은 날: 월 일

궁금증 해결!

전기 신호를 돌기로 만들어 CD에 기록한다.

피트 하나의 크기는 약 1만 분의 5밀리미터밖에 되지 않아요.

찾았다, 비밀!

① 소리의 신호를 기록하는 피트

CD(시디)는 세 개의 층으로 이루어져 있어요. 라벨이 인쇄되는 '보호층', 빛을 반사하는 '반사층', 안쪽의 투명한 '수지층'이에요. 소리 정보는 소리 신호를 전기 신호로 바꿔서 반사층에 '피트'라는 돌기로 기록해요.

돌기 이외의 부분은 빛 반사가 달라요.

반사층 보호층
안쪽에서 빛을 쏜다. 피트 수지층

② 반사층에 레이저 광선을 비춰서 재생

CD를 재생하는 원리는 간단해요. 시디를 회전시키면서 반사층에 레이저 광선을 비추면, 센서가 피트와 피트가 아닌 부분의 빛 반사 차이를 감지해요. 이렇게 감지한 신호를 소리로 변환하면 음악이 재생되지요.

③ 정보량이 많은 DVD와 블루레이 디스크

DVD(디브이디)와 블루레이 디스크도 제작 원리는 CD와 같아요. 단 DVD나 블루레이 디스크는 CD보다 피트가 촘촘하고 빽빽해서 더 많은 정보를 기록할 수 있어요.

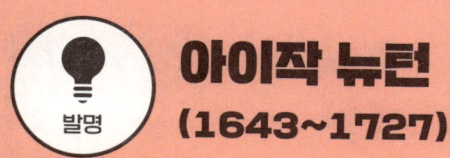

발명

아이작 뉴턴
(1643~1727)

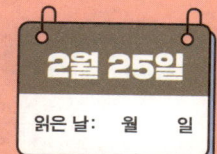

2월 25일

읽은 날: 월   일

? 어떤 사람일까?

만유인력의 법칙을 발견한 영국의 천재 과학자

> 뉴턴이 발견한 법칙은 '뉴턴 역학'으로 알려져 있어요.

대단한 과학자!

① 만유인력의 법칙을 발견하다

뉴턴은 영국 링컨셔에서 태어났어요. 대학에서 물리학과 수학을 공부한 그는 사과가 언제나 수직 아래로 떨어지는 현상을 보고 중력과 만유인력의 개념을 떠올렸어요. 모든 물체는 서로 끌어당긴다는 '만유인력의 법칙'을 발견한 계기였지요.

> 뉴턴은 수학과 과학에 지대한 공적을 남겼고, 연금술에도 흥미가 깊었어요.

② 뉴턴이 밝힌 하얀색 빛의 비밀

뉴턴은 하얀색 빛에는 여러 가지의 색이 섞여 있다는 사실을 프리즘이라는 유리 기구를 이용해서 밝혀냈어요. 프리즘에 빛을 통과시키면 햇빛이 여러 가지 빛깔로 분리되는 모습을 관찰할 수 있어요.

③ 미적분학을 발전시킨 수학자

뉴턴은 수학도 깊게 탐구해 미적분학을 한 걸음 더 발전시켰어요. 미적분은 우리나라 고등학교 수학에서 배우는 계산법으로, 뉴턴은 미적분을 활용해 만유인력을 설명했어요.

광천수는 어디서 채취할까?

2월 26일
읽은 날: 월   일

퀴즈

❶ 수돗물
❷ 바닷물
❸ 지하수

정답 ❸ 광천수는 지하에서 끌어올린다.

> 지역마다 광천수의 맛과 성분이 달라요!

찾았다, 비밀!

① 지하에 녹아 있는 다양한 성분

광천수는 지하에서 퍼 올린 물로, 칼슘과 마그네슘 등 미네랄이 들어 있어요. 흙을 포함한 불순물은 걸러 내고 열처리와 살균을 통해 만들어요.

> 미네랄이 많으면 센물(경수), 적으면 단물(연수)이라고 해요. 우리나라 수돗물은 대개 단물이에요.

② 염소가 들어간 수돗물

수돗물은 강이나 하천에서 끌어올린 물을 정수장에서 깨끗하게 정화하고 염소로 소독해요. 맛과 냄새에 민감한 사람은 수돗물에서 나는 염소 냄새를 불편하게 느끼기도 해요.

③ 각양각색의 광천수

광천수는 생산지와 브랜드에 따라 미네랄의 종류와 함량이 달라요. 목적이나 기호에 맞게 원하는 제품을 골라 먹을 수 있지요.

판다의 흑백 무늬에 비밀이 숨어 있다?

2월 27일
읽은 날: 월 일

궁금증 해결!

흑백 무늬는 판다가 야생 환경에 적응한 결과다.

귀여운 무늬에도 살아남기 위한 전략이 숨겨져 있어요.

찾았다, 비밀!

① 귀여움이 전부가 아닌 흑백 무늬

흰색과 검은색 무늬가 사랑스러운 판다는 동물원의 아이돌이에요. 판다가 흰색과 검은색 털을 가진 이유가 무엇인지 정확히 밝혀지지는 않았지만, 몇 가지 가설이 있어요.

② 추위를 견디기 위한 검은색?

하나는 '추위에 견디기 위해서다'라는 가설이에요. 몸통 바깥쪽에 있는 귀와 손발은 추울 때 얼어붙기 쉬우므로 햇빛을 잘 흡수하는 검은색을 띠게 되었다는 주장이에요.

③ 몸을 보호하려는 보호색일지도 모른다

한편 판다의 흑백 무늬가 '멀리서도 동료의 눈에 잘 띄기 위해서다'라는 주장도 있고, 다른 한편에서는 '판다가 사는 대나무 숲에 몸을 잘 숨기기 위해서다'라고 주장해요.

판다는 흑백 무늬가 대나무 숲에 적합하다고 생각하는 거예요.

흑백 무늬는 눈에 잘 띈다?

흑백 무늬는 대나무 숲에 잘 가려진다?

2월 29일이 4년에 한 번 찾아오는 이유는?

우주·지구

2월 28일
읽은 날: 월 일

2월

❓ 퀴즈

> 2월 29일이 없으면 달력이 정확하지 않게 되는구나.

❶ 지구가 태양을 공전하는 데 365일이 안 걸린다.
❷ 지구가 태양을 공전하는 데 365일이 넘게 걸린다.
❸ 지구가 때마다 다른 속도로 태양을 공전한다.

정답 ❷ 어긋남을 바로잡으려고 2월 29일을 더한다.

🔍 찾았다, 비밀!

① 1년에 태양을 한 바퀴 도는 지구

지구는 태양의 주위를 한 바퀴 공전하고, 남극과 북극을 지나는 선을 축으로 자전해요. 지구가 1년에 걸쳐 태양을 한 바퀴 공전하면서 총 365번 자전하므로 1년을 365일로 정했어요.

> 날짜가 밀리는 사실을 알면서도 윤년을 정하지 않았던 고대 이집트에서는 실제로 달력이 어긋났어요.

② 지구가 태양을 도는 데 필요한 진짜 시간

하지만 지구가 태양을 한 바퀴 도는 데 걸리는 시간은 365일이 아니에요. 정확히 말하면 365일 하고도 0.2422일이 더 걸려요.

③ 지각을 만회하려고 만든 2월 29일

만약 1년을 365일로 정하면 지구의 움직임은 4년이 지날 때마다 거의 하루씩 늦어져요. 날짜가 밀리는 현상을 바로잡으려고 4년에 한 번씩 2월 29일을 추가해요. 우리나라에서는 2월 29일이 있는 해를 '윤년'이라고 불러요.

3월

충치가 생기는 원인은 무엇일까?

3월 1일
읽은 날:　　월　　일

궁금증 해결!

충치균이 내뿜는 산이 치아를 녹여 충치를 만든다.

침은 녹은 치아를 치료하는 작용을 해요.

찾았다, 비밀!

① 산에 약한 치아

치아 표면은 에나멜질이라는 매우 단단한 물질로 덮여 있어요. 하지만 아무리 단단한 치아라도 산 성분에 오래 노출되면 녹아 버려요.

② 산을 내뿜는 충치균

입안에는 스트렙토코쿠스 무탄스라는 충치균이 살아요. 무탄스는 음식물 찌꺼기에서 산을 만들어요. 이를 닦지 않으면 치아가 검게 썩어서 충치가 되지요.

③ 상아질까지 썩으면 통증이 느껴진다

충치를 제때 치료하지 않으면 치아가 계속 썩어요. 신경과 혈관이 있는 치아 안쪽의 상아질까지 녹아 버리지요. 충치가 신경이나 혈관에 닿으면 심한 통증을 느껴요.

충치균이 만드는 산은 치아를 표면부터 녹여요.

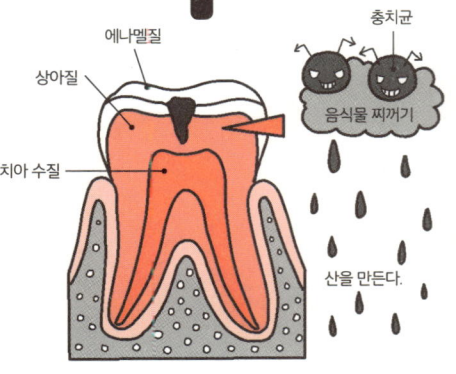

식은 수프를 데우면 짭짤해지는 이유는?

음식

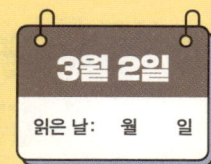

3월 2일
읽은 날: 월 일

? 퀴즈

❶ 수프 위쪽에 염분만 남는다.
❷ 공기 중 염분이 수프로 흡수된다.
❸ 수분 성분 일부가 염분을 만든다.

정답 ❶ 조미료는 가라앉고 위쪽에는 염분만 남는다.

역시 음식은 요리하자마자 먹어야 제맛이지!

 찾았다, 비밀!

① 조미료에 가려지는 짠맛

된장국이나 수프 같은 국물 요리에는 염분 이외에 단백질과 조미료 성분이 들어 있어요. 조미료는 음식의 맛을 돋우지만, 짠맛에 둔감해지게 만들어요.

② 다시 데우면 남는 건 염분뿐!

한 번 차게 식은 수프를 다시 데우면 단백질이 조미료 성분과 뭉쳐지면서 가라앉아요. 수프 위쪽에는 염분만 남아서 짠맛이 강하게 느껴져요. 또, 다시 데우면서 수분이 증발하는 것도 짠맛을 강하게 만드는 원인이에요.

③ 차가우면 강하게 느껴지는 짠맛

짠맛은 온도에 따라 느끼는 정도가 크게 달라져요. 짠맛은 차가우면 강해져요. 식은 수프가 짜게 느껴지는 이유예요.

조림 반찬처럼 맛이 재료에 배기도 해요.

085

유리는 왜 투명할까?

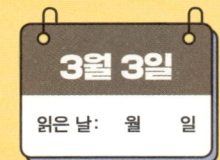

읽은 날: 월   일

❓ 퀴즈

❶ 빛이 유리를 잘 통과한다.
❷ 빛이 유리를 거의 통과하지 못한다.
❸ 빛이 유리를 통과하면서 잘 퍼진다.

정답 ❶ 유리는 빛을 대부분 통과시켜 투명하게 보인다.

> 햇빛은 유리를 통과해도 성질이 거의 변하지 않아요.

🔍 찾았다, 비밀!

> 플라스틱도 만드는 방법을 달리 하면 투명하게 만들 수 있어요.

① 유리의 정체는 이산화규소

유리는 모래와 흙 속에 포함된 '이산화규소'라는 물질로 만들어요. 이산화규소를 가열해서 녹이고, 식혀서 굳힌 물질이 유리예요.

② 빛을 통과시키는 유리

우리 눈에 보이는 색은 물질이 반사하는 빛으로 결정되어요. 초록색 나뭇잎은 초록색만 반사하고 다른 색을 흡수해서 우리 눈에 초록색으로 보여요. 그런데 유리의 재료인 이산화규소가 어떤 색의 빛도 반사하지 않고 그대로 통과시켜서 유리는 우리 눈에 투명하게 보이지요.

③ 색유리를 만드는 원리

색유리는 유리에 금속 물질을 섞어서 만들어요. 이산화규소는 빛을 통과시키지만 금속은 빛을 흡수하거나 반사해요. 이러한 금속의 성질을 이용해 유리에 색을 입힐 수 있어요.

 발명

놓친 물건이 아래로 떨어지는 이유는?

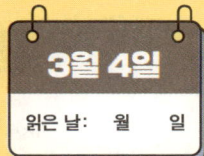
3월 4일
읽은 날: 월 일

 궁금증 해결!

인력과 구심력을 합한 중력이 물건을 지구로 끌어당긴다.

우리는 항상 지구와 서로 잡아당기고 있어요.

 찾았다, 비밀!

질량이 아주 큰 지구는 모든 물질을 지구 중심으로 끌어당겨요. 지구의 인력과 자전하는 구심력을 합한 힘을 중력이라고 불러요.

① 모든 물질에 작용하는 인력

세상의 모든 물질과 물질 사이에는 서로 끌어당기는 '인력'이라는 힘이 작용해요. 이것을 '만유인력의 법칙'이라고 불러요. 뉴턴(▶79쪽)이 정립했어요.

② 물건을 지구로 끌어당기는 중력

물질의 질량이 크고, 두 물질 사이의 거리가 가까울수록 인력은 커져요. 질량이 작은 사람은 다른 물건을 끌어당기지 못하지만, 질량이 큰 지구는 다른 물질을 지구 중심을 향해 끌어당기지요. 지구의 인력과 자전에 따른 구심력을 합한 힘을 '중력'이라고 해요. 물건은 중력에 의해 아래로 떨어져요.

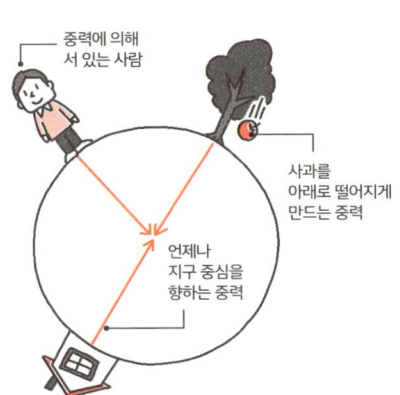

중력에 의해 서 있는 사람

사과를 아래로 떨어지게 만드는 중력

언제나 지구 중심을 향하는 중력

③ 우주에서도 작용하는 인력

인력은 우주에서도 작용해요. 은하가 원반 모양이거나 행성이 공전하는 원리는 모두 인력과 관련이 있어요.

생선을 많이 먹으면 머리가 좋아질까?

3월 5일
읽은 날: 월 일

❓ 퀴즈

❶ 오히려 나빠진다.
❷ 아무것도 변하지 않는다.
❸ 좋아질 수도 있다.

정답 ❸ 생선 속 DHA(디에이치에이)는 기억력 향상에 도움이 된다고 알려져 있다.

> 생선의 효과는 아직 연구 중이에요.

🔍 찾았다, 비밀!

① 생선에 함유된 DHA

생선에는 육류와 마찬가지로 몸을 만드는 단백질과 에너지를 만드는 지방이 많아요. 또한 육류에 별로 없는 'DHA'라는 영양소도 풍부해요.

> 우리나라 어린이 10명 중 9명은 DHA를 충분히 먹지 못한다고 해요.

② 기억력 향상에 좋은 효과

DHA에는 기억력 향상에 도움을 주는 효과가 있다고 해요. 실험에 따르면 DHA를 먹은 쥐가 먹지 않은 쥐보다 기억력이 좋았어요. 또, DHA는 혈액 순환을 돕고 시력 저하도 예방해요.

③ DHA가 많은 등 푸른 생선

DHA는 생선 기름에 많이 함유되어 있어요. 특히 꽁치, 정어리, 고등어처럼 기름이 많은 등 푸른 생선에 DHA가 풍부해요.

쇠똥구리는 왜 똥을 굴릴까?

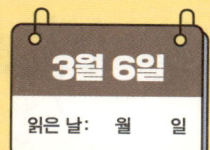

궁금증 해결!

쇠똥구리가 많으면 거대한 코끼리 똥도 단 몇 시간 만에 흔적도 없이 사라져요.

쇠똥구리는 동물의 똥을 굴려서 애벌레의 먹이로 준다.

찾았다, 비밀!

쇠똥구리는 아직 영양이 남아 있는 똥을 먹이로 활용해요.

① 동물의 똥을 굴리는 쇠똥구리

쇠똥구리는 아프리카부터 아시아까지 넓은 지역에 걸쳐 살아요. 풍뎅이 사촌 뻘쯤 되는 곤충이지요. 쇠똥구리는 땅에 떨어진 동물의 똥을 굴려서 옮겨요.

식물 찌꺼기가 있는 코끼리의 똥

뒷다리로 굴려서 옮긴다.

② 애벌레의 먹이가 되는 쇠똥구리의 작품

똥을 발견한 쇠똥구리는 머리와 앞다리로 똥을 굴려서 동그랗게 만들고, 물구나무서기를 하듯이 몸을 거꾸로 세워서 뒷다리로 똥을 굴려요. 쇠똥구리는 미리 파둔 구멍에 똥을 넣고 거기에 알을 낳아요. 알에서 깨어난 애벌레는 똥을 먹고 자라지요.

③ 멸종 위기에 놓인 쇠똥구리

우리나라에서 쇠똥구리는 멸종 위기 야생 동물로 지정되어 보호받고 있어요. 인공 사료를 먹은 소가 싼 똥에 남아 있는 화학 성분이 쇠똥구리에게 치명적이라고 해요.

사람이 우주에 나가면 어떻게 될까?

3월 7일
읽은 날: 월 일

궁금증 해결!

우주에서 사람의 몸은 다양한 충격을 받는다.

만화나 영화처럼 몸이 부풀어서 터지지는 않아요.

찾았다, 비밀!

우주복을 입으면 우주에서도 활동할 수 있어요.

① 사람이 맨몸으로 살 수 없는 우주

우주는 공기가 없는 진공 상태예요. 공기로 숨을 쉬는 사람은 우주에서 맨몸으로 살 수 없어요. 또 우주에서는 기압이 약해 혈액 속 기체가 기포로 변해 혈관을 가득 채울지도 몰라요.

② 피할 수 없는 자외선과 방사선

우주에는 지구의 대기층처럼 유해한 자외선과 방사선(▶304쪽)으로부터 몸을 지켜 줄 보호 장치가 없어요. 따라서 사람이 맨몸으로 우주에 나가면 무척 위험해요.

③ 우주에서 착용하는 우주복

우주복은 인간이 우주에서 활동할 수 있도록 다양한 기능을 가지고 있어요. 공기가 주입되어 있고, 기압을 유지하는 장치도 달려 있어요. 다양한 기능만큼 가격도 상당해요. 한국인 최초로 우주에 간 이소연 박사가 입은 우주복 가격은 5억 원에 달했어요.

생명 유지 장치
배터리와 산소 정화 시스템이 들어 있다.

우주복
내부 온도와 기압을 유지한다.

평상시 사람의 정상 체온 범위는?

3월 8일
읽은 날: 월 일

퀴즈

❶ 약 34.5~35도
❷ 약 36.5~37도
❸ 약 39.5~40도

정답 ❷ 사람마다 차이가 있으며, 우리나라 사람의 평균 체온은 약 36.5도이다.

> 자신의 평균 체온을 알아두면 이상이 생겼을 때 바로 대처할 수 있어요.

찾았다, 비밀!

> 식사를 하면 에너지가 만들어져 체온이 올라가요.

① 37.5도가 넘으면 발열 상태

만 6세 이상 어린이에서 성인의 정상 체온은 약 36.5도에서 37도예요. 우리나라 질병관리청에서는 코로나19의 발열 기준을 37.5도로 정했어요.

② 사람마다 다른 평균 체온

평균 체온은 사람마다 달라서 35도 정도인 사람도 있고, 38도 정도로 높은 사람도 있어요. 노인은 젊은 사람보다 평균 체온이 대체로 낮아요.

③ 오후에 높아지는 체온

체온은 시간에 따라서 계속 변해요. 보통 편하게 쉬는 밤부터 새벽까지는 체온이 낮고, 활발하게 움직이는 오후부터 저녁까지는 체온이 높아요. 체온의 변화 폭은 대체로 0.5도 정도예요.

봉이 있으면 줄타기 곡예가 편할까?

3월 9일
읽은 날: 월 일

궁금증 해결!

봉은 무게 중심을 잡는 데 도움을 준다.

평균대를 건널 때 손을 양쪽으로 펼치는 것과 같은 이치예요.

찾았다, 비밀!

① 무게 중심을 잡아 주는 봉의 역할

줄 위에서 균형을 잃으면 몸이 회전해 떨어지기 마련이에요. 무게 중심에서 먼 쪽이 무거울수록 균형을 잡기 쉬워요. 곡예사는 이러한 원리를 이용해 봉으로 중심을 잡아요.

② 봉을 사용해 몸의 회전을 제어하기

봉을 움직이면 몸의 회전을 제어할 수 있어요. 예를 들어 회전하는 의자에 앉아서 양팔을 펼치고 시계 방향으로 회전하면, 몸은 반대로 돌아가요. 물체의 일부를 회전시키면 다른 부분은 반대 방향으로 도는 거예요.

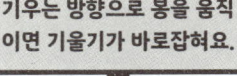

기우는 방향으로 봉을 움직이면 기울기가 바로잡혀요.

왼쪽으로 떨어질 것 같을 때 봉의 왼쪽을 아래로 내리면 몸이 바로 선다.

③ 봉을 사용해서 바로잡는 몸의 균형

곡예사는 몸이 왼쪽으로 기울 때 봉을 왼쪽으로 움직여요. 그러면 몸이 오른쪽으로 돌아가 기울어진 균형을 바로잡을 수 있어요.

거울에는 어떻게 모습이 그대로 비칠까?

일상과학

3월 10일
읽은 날: 월 일

❓ 퀴즈

❶ 거울이 빛을 그대로 반사한다.
❷ 거울이 빛을 모두 흡수한다.
❸ 거울에 촬영한 영상을 재생한다.

정답 ❶ 유리 안쪽의 은막이 빛을 그대로 반사한다.

옛날에는 금속을 반질반질하게 닦아서 거울처럼 사용했어요.

🔍 찾았다, 비밀!

거울이 이중 구조로 되어 있다니, 전혀 몰랐어요!

① 빛을 그대로 반사하는 거울

사람의 눈은 사물이 반사한 빛으로 색을 인식해요. 표면이 무척 매끈한 거울은 빛을 고스란히 반사해 사물의 모습을 그대로 비춰요.

② 유리 뒷면에서 반사하는 빛

거울 앞면에는 유리를 붙이고, 유리 뒷면에는 알루미늄이나 은을 도금한 얇은 막을 붙여 만들어요. 유리를 통과한 빛이 유리 뒷면에 반사되어 물체의 모습을 비추는 것이지요.

③ 표면에서 빛을 반사하는 거울(반사경)

빛 반사율이 높은 은막 덕분에 거울에 얼룩이 묻으면 눈에 쉽게 띄어요. 또 아주 희미한 빛도 유리의 표면에 반사되므로 자세히 보면 물체가 이중으로 비쳐요. 카메라나 천체망원경과 같은 기계에는 유리 표면에 빛을 반사하는 거울이 사용되어요.

발명

올레 뢰머
(1644~1710)

3월 11일
읽은 날: 월   일

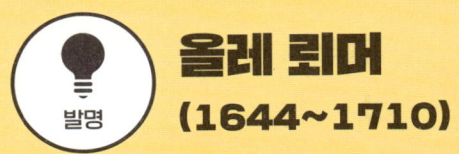
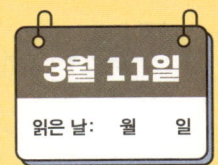

? 어떤 사람일까?

처음으로 빛의 속도를 측정한 덴마크의 천문학자

> 덴마크의 수도 코펜하겐에 처음으로 가로등을 세운 인물이에요.

대단한 과학자!

① 파리의 왕립 천문대에서 목성 관찰

뢰머는 덴마크의 오르후스에서 태어났어요. 코펜하겐 대학교를 졸업하고 파리의 왕립 천문대에 초청되어 목성을 관찰했어요.

> 빛에 물리적인 속도가 있다는 생각은 세상을 놀라게 할 만큼 획기적이었어요.

② 새로운 온도 체계인 뢰머 온도 개발

1681년 덴마크에 돌아온 뢰머는 소금물의 어는점과 끓는점을 각각 0도와 60도로 정한 새로운 온도 체계를 정립해요. 이를 바탕으로 뢰머는 순수한 물의 어는점과 끓는점은 7.5도와 60도라고 정의했어요. 1708년에 뢰머를 만난 다니엘 가브리엘 파렌하이트는 뢰머의 온도 체계를 보고 영감을 받아 화씨온도(▶77쪽) 체계를 개발했어요.

③ 빛의 속도를 처음으로 측정하다

뢰머는 파리의 왕립 천문대에서 목성의 위성인 이오가 목성의 그림자에 가려지는 시간을 관측했어요. 지구가 목성과 멀어질 때는 이오가 목성의 그림자에 가려지는 시간이 길어진다는 사실을 알아채고, 빛에 속도가 있다고 생각해 처음으로 빛의 속도를 측정했어요.

음식

젤리가 말랑말랑한 이유는 무엇일까?

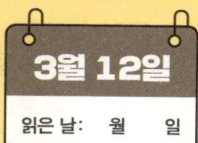

3월 12일

읽은 날: 　월　　일

❓ 퀴즈

❶ 칼슘이 물을 가두고 있다.
❷ 단백질이 물을 가두고 있다.
❸ 전분이 물을 가두고 있다.

정답 ❷ 단백질의 일종인 젤라틴 성분이 물을 가둔다.

젤라틴을 너무 많이 넣으면 젤리가 딱딱해져요!

🔍 찾았다, 비밀!

젤라틴은 굳으면서 수분을 가두어요.

수분
젤라틴
수분이 돌아다닌다.
콜라겐
수분이 갇힌다.

① 젤라틴은 젤리의 주성분

젤리는 주로 단백질의 일종인 '젤라틴'으로 이루어져 있어요. 젤라틴은 동물의 뼈와 피부에 들어 있는 콜라겐이라는 단백질에서 불순물을 제거해 만들어요.

② 그물처럼 물을 가두는 젤라틴

젤라틴의 구조를 자세히 살펴보면 실이 얽힌 듯한 모양이에요. 열을 가하면 젤라틴의 구조가 무너지고, 차게 식으면 다시 그물처럼 얽혀요. 젤라틴을 가열했다가 식히면 젤라틴의 그물 구조 사이사이에 물이 갇히면서 말랑해져요.

③ 젤리가 굳는 것을 방해하는 음식?

파인애플이나 키위 등에는 단백질을 분해하는 '액티니딘'이라는 성분이 있어요. 만약 파인애플이나 키위를 젤리에 넣으면 단백질인 젤라틴이 쉽게 굳지 않아요.

나비와 나방을 구분하는 방법은?

3월 13일
읽은 날: 월 일

❓ 퀴즈

❶ 나비가 나방보다 더 예쁘다.
❷ 나비는 낮에 날고, 나방은 밤에 난다.
❸ 나비와 나방을 구별하는 명확한 기준은 없다.

정답 ❸ 나비와 나방만의 큰 특징이 있지만 예외가 있다.

나비 못지않게 예쁜 무늬를 가진 나방도 많아요.

🔍 찾았다, 비밀!

① 모두 나비목 곤충

나비와 나방은 모두 나비목에 속하는 곤충이에요. 나비목 곤충의 날개는 비늘가루로 덮여 있다는 게 특징이에요.

② 어떤 구별 방법에도 예외가 존재

나비와 나방을 구별하는 방법은 여러 가지예요. 앉을 때 나비는 날개를 포개어 세우고, 나방은 평평하게 접어요. 더듬이를 보면 나비는 끝이 두껍고, 나방은 끝이 가는 꼬챙이처럼 생겼어요. 나비는 낮에 활동하고, 나방은 밤에 활동하지요. 하지만 특징마다 모두 예외가 있어서 나비와 나방을 구별할 수 있다고 말하기는 어려워요.

③ 나비와 나방을 구별하지 않는 나라도 있다

독일어와 프랑스어는 나비와 나방을 특별히 구별하지 않아요. 반면 영어는 나비를 버터플라이(butterfly), 나방을 모스(moth)라고 구분해서 불러요.

나방이 나비보다 압도적으로 종류가 많아요.

해일과 파도는 어떤 점이 다를까?

우주·지구

3월 14일
읽은 날: 월 일

궁금증 해결!

지진으로 발생하는 해일은 거대한 에너지를 갖고 있다.

> 단지 커다란 파도를 해일이라고 부르는 것이 아니구나.

찾았다, 비밀!

> 해저에서 일어난 지진 등으로 바닷물이 크게 움직이면 해일이 일어나요.

① 바닷물 전체가 움직이는 해일

파도는 바람이 불어 물 표면이 움직이는 현상이에요. 반면 해일은 지진이나 해저 화산의 분화처럼 커다란 지각 변동으로 바다 전체가 출렁이면서 발생해요. 일본에서는 '쓰나미'라고 불러요.

해일 발생
지진 발생
수심이 얕을수록 해일의 높이가 높아진다.

② 차원이 다른 해일의 규모

해일의 파장은 길게는 수백 킬로미터에 이를 만큼 매우 길어요. 바닷물 전체가 밀려오는 현상으로 평범한 파도와는 비교도 안 될 만큼 거대한 에너지를 가지고 있어요.

③ 해일이 만드는 엄청난 인명 피해와 재산 피해

해일은 규모만큼 위력도 상당해요. 거침없이 해안을 덮쳐 큰 피해를 낳아요. 2011년 일본 도호쿠 지방에서 발생한 동일본 대지진 당시 엄청난 해일이 해안을 덮쳐 많은 인명 피해와 재산 피해를 일으켰어요.

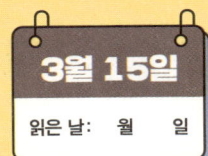

치아는 왜 두 번 날까?

궁금증 해결!

유치가 빠지고 영구치가 자라면 빈틈을 메워 음식물을 씹기편하다.

> 빈틈이 없으면 사랑니가 이상한 방향으로 자라기도 해요.

찾았다, 비밀!

① 유치는 사람에게 처음 나는 치아

유아기에 나는 이를 '유치'라고 불러요. 보통 생후 6개월 무렵부터 나기 시작해 생후 36개월 전에 총 20개의 유치가 자라요.

② 유치 사이에 생기는 빈틈

유아가 성장하면서 머리와 턱도 커져요. 20개의 유치 사이가 벌어지면서 틈이 생기고, 음식물을 제대로 씹기 어려워져요.

> 유치가 빠진 다음에 나오는 영구치는 태어날 때부터 턱뼈에 심어져 있어요.

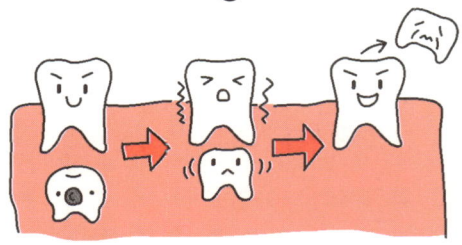

① 유치 아래에 영구치가 숨어 있다.
② 영구치가 커지면서 유치가 흔들린다.
③ 유치가 빠지고 영구치가 자리를 잡는다.

③ 빈틈을 메우며 자라는 영구치

만 6세 무렵부터 유치가 빠지고 '영구치'가 나기 시작해요. 영구치는 유치보다 크고, 개수도 30~32개로 많아요. 영구치가 모두 자라면 유치 사이에 생겼던 틈을 메우지요.

자연

맑은 하늘에서 어떻게 비가 내릴까?

3월 16일
읽은 날: 월 일

? 퀴즈

❶ 우주에서 지구로 물이 떨어진다.
❷ 바다와 하천의 물거품이 바람에 실려 온다.
❸ 구름이 비를 내리고 날아가거나 사라진다.

정답 ❸ 비가 땅에 닿기 전에 구름이 사라지는 경우가 있다.

맑은 하늘에서 비가 내리다니, 정말 이상하지 않나요?

🔍 찾았다, 비밀!

신기한 광경이라서 그런지 '여우가 시집가는 날'이라고 부르기도 해요.

① 구름 없는 하늘에서 내리는 여우비

구름 속 작은 물방울이 점점 뭉쳐져서 커지면 비가 되어 땅으로 떨어져요. 즉, 비는 구름이 없으면 내리지 않아요. 하지만 하늘에 구름이 없는데 비가 내릴 때가 있어요. 바로 '여우비'예요.

② 바람에 날려 이동하는 빗방울

하늘 높은 곳에 있는 구름에서 생긴 비가 땅에 떨어지기까지는 시간이 걸려요. 빗방울이 땅으로 떨어지는 동안 바람에 실려 날아가면 구름이 없는 맑은 하늘에서 비가 내리는 것처럼 보여요.

③ 비가 내리는 동안 사라지는 구름

구름은 금세 사라지기도 해요. 비를 내리던 구름이 사라지면 땅에서는 구름 없는 하늘에서 비가 내린다고 생각하기 쉽지요.

안경을 착용하면 시력이 좋아질까?

일상과학

3월 17일
읽은 날: 월 일

궁금증 해결!

안경은 시력 이상을 보정하지만 시력을 높이지는 않는다.

> 근시용 렌즈와 원시용 렌즈는 역할이 서로 달라요.

찾았다, 비밀!

① 물체가 뿌옇게 보이는 근시와 원시

눈이 사물을 볼 수 있는 것은 동공으로 들어온 빛을 수정체에서 굴절시켜서 눈 안쪽의 망막에 상을 맺히게 하기 때문이에요. 근시와 원시(▶150쪽)인 사람은 망막에서 벗어난 위치에 물체의 상이 맺혀서 물체가 선명하지 않고 뿌옇게 보여요.

> 렌즈를 사용해서 물체의 모습이 망막의 제 위치에 맺히도록 도와요.

② 오목렌즈를 사용하는 근시용 안경

가까운 데는 잘 보이고 먼 데는 선명하게 보이지 않는 근시를 위한 안경에는 가운데가 우묵한 오목렌즈를 사용해요. 오목렌즈는 빛을 굴절시켜서 퍼트려요. 망막 앞쪽에 맺히는 상을 망막에 닿도록 보정하지요.

③ 볼록렌즈를 사용하는 원시용 안경

가까이 있는 물체를 잘 볼 수 없는 원시를 위한 안경에는 중앙이 솟아오른 볼록렌즈를 사용해요. 볼록렌즈는 빛을 굴절시켜서 모아요. 망막보다 안쪽에서 맺히던 상을 망막까지 끌어와 선명하게 보이도록 보정해요.

온도계는 어떻게 온도를 측정할까?

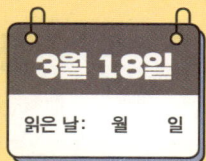

궁금증 해결!

온도계 속에 들어 있는 백등유라는 물질의 부피가 온도에 따라 변화한다.

기상 관측 분야에서는 수은을 넣은 온도계를 사용해요.

찾았다, 비밀!

① 우리에게 익숙한 알코올 온도계

온도계는 오랜 옛날부터 뢰머(▶94쪽)를 비롯한 여러 과학자가 발명하고 발전시켰어요. 지금은 유리 막대에 들어 있는 액체의 움직임으로 온도를 재는 '알코올 온도계'가 많이 쓰여요.

② 온도에 따라 변하는 액체의 부피

알코올 온도계에 들어 있는 액체는 대부분 등유의 일종인 '백등유'예요. 백등유는 온도가 올라가면 부피가 커져서 온도를 측정하기에 유용해요. 색을 넣어 알아보기 쉽게 만들지요.

③ 등유가 들어 있는데 알코올이라니?

등유를 넣은 온도계도 알코올 온도계라고 불러요. 온도계가 처음 만들어졌을 때 알코올을 사용했기 때문이에요. 진짜 알코올이 들어 있는 온도계는 낮은 온도를 측정할 때 적합해요.

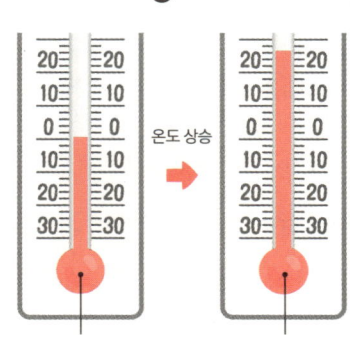

온도 변화에 따라 온도계 속 액체의 부피가 늘어나거나 줄어들어요.

색깔을 넣은 액체 → 온도 상승 → 액체의 부피가 늘어난다.

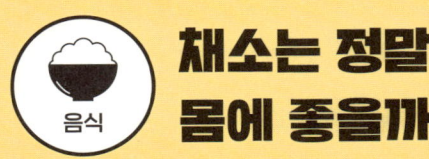
채소는 정말 몸에 좋을까?

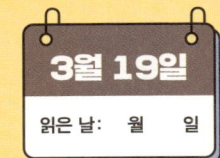
3월 19일
읽은 날:　월　일

? 퀴즈

❶ 단백질이 많아서 몸에 좋다.
❷ 탄수화물이 많아서 몸에 좋다.
❸ 식이섬유가 많아서 몸에 좋다.

정답 ❸ 식이섬유는 장운동을 활발하게 해 준다.

단백질은 육류나 생선에 많고, 탄수화물은 쌀이나 밀에 많아요.

🔍 찾았다, 비밀!

① 식이섬유와 비타민이 풍부한 채소

채소에는 몸을 만드는 단백질, 에너지의 원천인 탄수화물과 지방이 거의 없어요. 대신 몸을 건강하게 유지하려면 필요한 비타민과 식이섬유를 많이 가지고 있어요.

② 장운동을 활발하게 촉진

식이섬유는 몸에 직접 흡수되지 않지만, 장을 자극해서 활발하게 움직이도록 도와요. 채소를 알맞게 먹으면 장운동이 활발해지고 소화 기능이 좋아져요.

③ 채소 이외에 식이섬유가 많은 식품

식이섬유를 가진 식재료는 채소 외에도 많아요. 곤약·김·톳을 포함한 해조류, 그리고 버섯류와 콩류에도 식이섬유가 풍부해요.

옛날에는 식이섬유가 몸에 좋은 줄 몰랐어요.

원숭이가 진화하면 사람이 될 수 있을까?

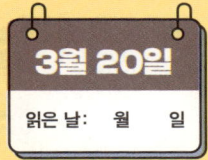

 **궁금증 해결!**

완전히 다른 생물이라서
원숭이는 사람이 될 수 없다.

영화 같은 일이 실제로 일어날까요?

 찾았다, 비밀!

고릴라와 사람은 같은 조상에서 갈라져 진화했어요.

① 무척 오랜 시간이 필요한 진화

진화는 신체의 특징을 결정하는 유전자가 부모에서 자식으로, 자식에서 손자로 몇 대에 걸쳐 대물림하며 일어나요. 유전자가 조금씩 변하고 오랜 기간 유지되면서 조상과는 생김새가 다른 자손이 생겨나지요.

② 원숭이와 사람의 조상은 동일하다

원숭이와 사람의 조상은 같아요. 다만 다른 방향으로 진화하여 지금은 완전히 별개

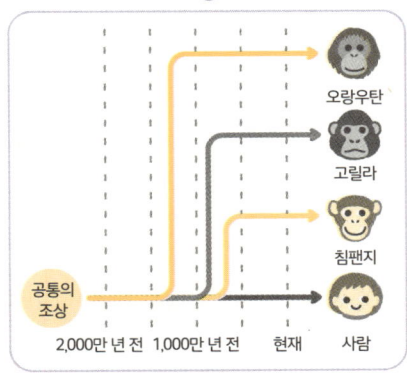

의 동물이 되었어요. 최근 연구에 따르면 약 600만 년 전쯤 침팬지와 사람으로 갈라진 것으로 여겨져요.

③ 돌이킬 수 없는 진화의 결과

원숭이와 사람처럼 진화의 방향이 한 번 다른 길로 갈라지면 각자 서로 다른 진화의 역사를 써 나가요. 아무리 오랜 시간이 흘러도 사람이 원숭이가 되거나 원숭이가 사람이 될 수 없어요.

 우주·지구

별이 여름보다 겨울에 더 잘 보이는 이유는?

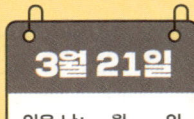
3월 21일
읽은 날: 월 일

? 퀴즈

❶ 겨울에 지구와 별이 더 가깝다.
❷ 겨울 밤하늘이 여름 밤하늘보다 어둡다.
❸ 겨울에 공기가 건조해서 시야가 선명하다.

정답 ❸ 겨울이 여름보다 습도가 낮고 건조해서 별이 선명하게 보인다.

> 천문대가 주로 높은 산꼭대기에 있는 이유예요.

🔍 찾았다, 비밀!

① 공기가 건조해지는 겨울

겨울철에는 시베리아와 중국 동북부 지역에서 발생하는 시베리아 기단이라는 차갑고 건조한 공기 덩어리가 한반도까지 내려와요.

> 높고 건조한 칠레의 아타카마 사막에는 여러 나라의 천문대가 모여 있어요.

② 습도가 낮아야 선명하게 보이는 별

공기가 건조하다는 말은 공기 중에 수증기가 적다는 의미예요. 습도가 높으면 수증기가 많아 빛을 가리고 시야를 뿌옇게 만들어요. 습도가 낮으면 빛을 가리는 수증기가 적어 별이 선명하게 보여요.

③ 겨울에 별이 잘 보이는 또 다른 이유

습도 이외에도 겨울이 별 보기 좋은 계절로 꼽히는 이유가 더 있어요. 겨울에는 다른 계절보다 일등성이라고 불리는 밝게 빛나는 별이 많아요.

혈액은 왜 빨간색일까?

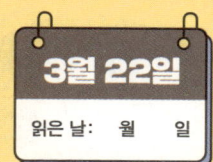

궁금증 해결!

적혈구라는 빨간 세포가 혈액을 붉게 보이도록 만든다.

적혈구가 운반하는 산소는 혈액의 색깔과 관련 있어요.

찾았다, 비밀!

① 혈액을 구성하는 요소

흔히 '피'라고 부르는 '혈액'은 혈장 55퍼센트와 혈구 45퍼센트로 이루어져 있어요. 혈장은 혈액의 액체 성분이에요. 혈구는 혈액의 고체 성분으로 혈장 속에 떠다니는 세포예요. 세균을 물리치는 백혈구, 상처에 흐르는 혈액을 굳게 만드는 혈소판, 산소와 이산화탄소를 운반하는 적혈구가 혈구예요.

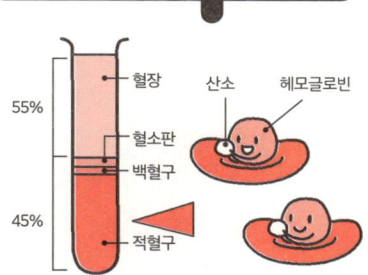

혈액의 55퍼센트는 혈장, 45퍼센트는 대부분이 적혈구인 혈구예요.

② 혈액의 색을 좌우하는 적혈구

적혈구는 가운데가 움푹 들어간 원반 모양의 혈액 세포예요. 적혈구가 함유하는 헤모글로빈이라는 성분은 철과 단백질의 화합물이에요. 혈액이 우리 눈에 붉게 보이는 이유는 헤모글로빈에 들어 있는 철 성분이 산소를 만나 붉게 변하기 때문이에요.

③ 색깔이 변하기도 하는 혈액

헤모글로빈은 산소와 결합하면 선명한 빨간색, 산소와 분리되면 어두운 빨간색으로 변해요. 심장에서 나온 동맥혈과 심장으로 돌아가는 정맥혈의 색이 다른 이유예요. 정맥혈이 동맥혈보다 어두워요.

비눗방울은 왜 무지갯빛으로 보일까?

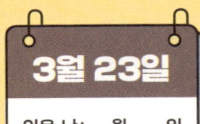

퀴즈

❶ 비눗방울이 다양한 빛을 만든다.
❷ 빛이 비눗방울에 흡수된다.
❸ 빛이 비눗방울에 굴절되거나 반사된다.

정답 ❸ 빛은 굴절되고 반사되면 다양한 색으로 나타난다.

> 빛은 휘거나 반사되는 성질이 있어요.

찾았다, 비밀!

> 비눗방울의 색은 빛이 반사되어 나타나는 거예요.

① 햇빛이 가진 다양한 색깔

햇빛을 프리즘에 통과시키면 다양한 색으로 보여요. 햇빛에는 빨간색, 노란색, 파란색을 포함한 다채로운 색이 섞여 있다는 의미예요. 다만 모든 색이 합쳐지면 우리 눈에는 색이 없는 것처럼 투명하게 보여요.

② 비눗방울 색의 원리

비눗방울은 얇은 비누 막으로 이루어져 있어요. 빛이 비눗방울을 만나면 일부는 비눗방울 겉면에 반사되고, 일부는 겉면을 통과해 안면에 반사되고, 나머지는 굴절하면서 통과해요. 빛이 비눗방울 표면에 굴절되고 반사되어 색이 나뉘면서 무지갯빛을 띠어요.

③ 보는 각도에 따라서 달라지는 색깔

빛이 굴절되고 반사되는 방향은 비눗방울 막의 온도나 성분에 따라 달라지고, 비눗방울을 보는 위치에 따라서도 달라져요. 따라서 사람마다 비눗방울의 색이 다르게 보이지요.

 일상과학

전구를 밝히면 왜 뜨거워질까?

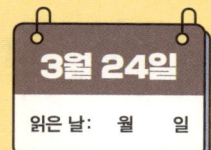
3월 24일
읽은 날: 월 일

 궁금증 해결!

전구는 빛과 함께 열을 내뿜어 뜨거워진다.

"전기 에너지를 모두 빛으로 바꿀 수는 없어요."

 찾았다, 비밀!

① 필라멘트에서 이동하는 전자

전구 속에는 텅스텐이라는 금속으로 만든 필라멘트가 들어 있어요. 전구를 켜면 전원에서 전구로 작은 전자(▸393쪽)가 이동해 필라멘트 속에서 돌아다니기 시작해요.

② 전자가 부딪치면 발생하는 빛

전자는 필라멘트 속을 움직이면서 텅스텐 원자(▸314쪽)와 부딪혀요. 충돌로 전자가 가진 힘 일부가 빛이나 열로 변하면서 필라멘트가 밝게 빛나요.

"필라멘트를 흐르는 전자가 서로 부딪치면서 빛과 열을 내요."

필라멘트 내부 / 열 발생 / 필라멘트 / 전자가 충돌 / 텅스텐 원자

③ 빛과 열로 뜨거워지는 전구

전구는 필라멘트에서 발생하는 빛을 이용한 도구예요. 필라멘트에서는 빛과 동시에 대량의 열이 발생해요. 전자가 텅스텐 원자와 충돌하면서 빛과 열을 동시에 발생시키기 때문이에요.

107

벤자민 프랭클린
(1706~1790)

발명

3월 25일
읽은 날: 월 일

? 어떤 사람일까?

번개가 전기라는 사실을 증명한 100달러 지폐의 주인공

프랭클린의 실험은 엄청나게 위험했어요.

👤 대단한 과학자!

① 일상을 바꾼 미국의 발명가

미국 보스턴에서 태어난 프랭클린은 다양한 물건을 발명한 과학자예요. 소방차를 만들고, 효율이 좋은 난로를 제작했어요.

② 번개가 전기라는 사실을 증명

번개 실험은 프랭클린의 대표 업적이에요. 1752년 6월 비오는 어느 날, 프랭클린은 철사를 부착한 연을 하늘에 날려 번개를 유도했어요. 연줄에는 번개를 모으는 용도로 발명된 라이덴병을 달았어요. 라이덴병에 담긴 번개를 살핀 프랭클린은 번개가 전기라는 사실을 증명했고, 번개의 피해를 줄이는 '피뢰침'을 발명했어요.

연에 떨어진 번개는 금속으로 만든 열쇠를 통해 라이덴병에 담겼어요.

철사를 붙인 연에 벼락이 떨어진다.
전기가 열쇠까지 닿는다.
전기가 라이덴병에 모인다.

③ 독립 전쟁이 벌어지자 정치가로 활약

프랭클린은 정치가로도 대단한 활약을 했어요. 1764년 영국으로 건너가 영국이 미국에 부과하던 세금을 철폐했고, 미국의 독립 선언문을 작성했으며, 미국 헌법의 토대를 만들었어요. 이러한 공로를 인정받아 그의 초상은 미국 100달러 도안으로 채택되었어요.

달콤하면서 칼로리가 낮은 음식이 있을까?

3월 26일
읽은 날: 월 일

❓ 퀴즈

❶ 달콤하면서 칼로리가 낮을 수 없다.
❷ 달콤하면 대체로 칼로리가 낮다.
❸ 인공 감미료는 달콤하지만 칼로리가 낮다.

정답 ❸ 인공 감미료는 몸에 흡수되지 않아 칼로리가 낮다.

에너지를 내는 음식은 따로 있어요.

🔍 찾았다, 비밀!

설탕보다 몇백 배나 달콤한 인공 감미료도 있어요!

① 에너지를 만드는 설탕

우리가 달게 느끼는 음식은 대부분 단맛이 나는 감미료를 넣어 만들어요. 설탕이 대표적인 감미료예요. 몸에 흡수된 설탕은 뇌와 몸을 움직이는 에너지를 만들어요.

② 단맛을 내는 감미료의 종류

단맛을 내는 감미료는 설탕처럼 사탕수수 같은 식물을 사용해서 만들기도 하고, 인공적으로 만들기도 해요. 인공적으로 만드는 감미료를 '인공 감미료'라고 불러요.

③ 몸에 흡수되지 않는 인공 감미료

인공 감미료는 대개 몸에 흡수되지 않아요. 따라서 인공 감미료를 먹어도 몸에서는 에너지를 만들 수 없어요. 음식이 갖고 있는 열에너지의 양은 '칼로리(cal)'라는 단위로 표시해요. 에너지를 만들지 못하는 인공 감미료의 칼로리는 0이에요.

새가 무리를 지으면 어떤 장점이 있을까?

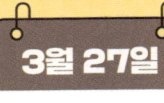

3월 27일
읽은 날: 월 일

? 퀴즈

❶ 생존 가능성이 높아진다.
❷ 비행기 흉내를 낼 수 있다.
❸ 사람을 놀라게 만든다.

정답 ❶ 새는 생존을 위해서 무리를 이룬다.

무리를 이루면 장점이 많아요.

🔍 찾았다, 비밀!

생존을 위해 선택한 방법이 무리 짓기였구나!

① 무리 지으면 적을 발견하기 쉽다

저녁 무렵이 되면 찌르레기 같은 새들이 무리 지어 나는 모습을 자주 볼 수 있어요. 무리를 이루면 천적이 가까이 다가왔을 때 한 마리만 눈치채도 무리 전체가 도망갈 수 있어요.

② 천적의 표적이 될 가능성이 적다

똘똘 뭉쳐서 날아다니면 사냥 목표가 되는 일이 줄어들어요. 이처럼 새가 무리를 지어 날아다니는 습성은 자기 몸을 지키려는 본능에서 나왔어요.

③ 비행에도 이로운 무리 생활

기러기나 백조처럼 큰 새 무리가 줄지어 나는 이유는 조금 달라요. 맨 앞에 있는 새가 날갯짓을 하면 대각선 뒤쪽에 공기의 소용돌이가 생겨요. 소용돌이는 날개 바깥쪽 공기의 흐름을 상승시키고, 뒤따르는 새들은 적은 날갯짓으로 공중에 쉽게 떠 있을 수 있어요.

우주·지구

땅을 계속 파면 지구 중심에 도착할까?

3월 28일
읽은 날: 월 일

궁금증 해결!

세계에서 가장 깊은 구멍은 12킬로미터가 겨우 넘는다.

더욱더 깊은 땅속은 엄청나게 뜨겁겠지요.

찾았다, 비밀!

① 가장 깊은 구멍은 약 12킬로미터

지구의 표면은 단단한 암반으로 뒤덮여 있어요. 구멍이 깊어질수록 온도와 압력이 높아져서 땅을 파기가 여간 어려운 게 아니에요. 사람이 뚫은 가장 깊은 구멍은 지금의 러시아가 소련연합이던 시절에 판 구멍으로 깊이는 12.262킬로미터예요.

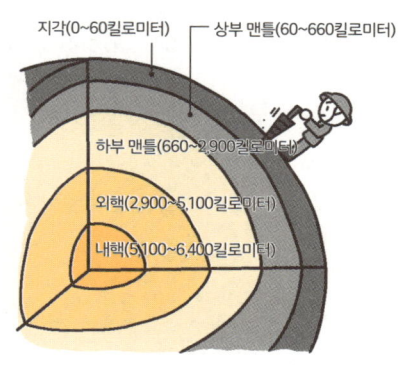
세계에서 가장 깊은 구멍도 지구의 표면을 아주 조금 팠을 뿐이에요.

지각(0~60킬로미터) / 상부 맨틀(60~660킬로미터) / 하부 맨틀(660~2,900킬로미터) / 외핵(2,900~5,100킬로미터) / 내핵(5,100~6,400킬로미터)

② 상상 이상으로 깊고 두터운 맨틀

지구 가장 바깥쪽의 암반을 '지각'이라고 불러요. 지각의 두께만 30~60킬로미터 정도예요. 지각 아래에는 '맨틀'이라는 암석층이 있는데, 맨틀은 천천히 움직여요.

③ 6,000도나 되는 뜨거운 지구의 중심

맨틀 안쪽에는 '핵'이 있어요. 핵은 '내핵'과 '외핵'으로 나뉘어요. 내핵의 온도는 약 6,000도로 무척 뜨거워요. 인간의 힘으로 내핵까지 직접 구멍을 파기에는 아직 역부족이에요.

한 끼만 굶어도 살이 빠질까?

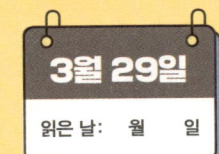

읽은 날: 월   일

❓ 퀴즈

❶ 몸무게 3분의 1이 줄어든다.
❷ 오히려 몸무게가 늘어난다.
❸ 한 끼를 굶어도 별다른 영향이 없다.

정답 ❸ 한 끼 굶어도 몸에 큰 변화는 일어나지 않는다.

몸무게는 단식이 아니라 계획을 세워서 관리해야 효과적이에요.

🔍 찾았다, 비밀!

식사 조절과 운동을 함께 해야 몸을 건강하게 만들 수 있어요.

① 몸 일부가 되거나 저장되는 영양소

음식에 포함된 영양소는 사람이 살아가는 데 필요한 에너지가 되거나 몸을 만드는 재료로 쓰여요. 사용하고 남은 영양소 일부는 몸속에 저장되지요.

② 오랫동안 먹지 않으면 빠지는 살

우리 몸은 에너지가 부족해지면 저장해 둔 영양소를 꺼내서 에너지를 만들어요. 식사를 계속 거르면 신체 일부를 분해해서 에너지를 만들면서 살이 빠져요.

③ 한 끼 굶어서는 변하지 않는 신체

한 끼 굶은 정도로는 몸에 큰 변화가 일어나지 않아요. 소변이나 대변으로 몸무게가 줄어들기도 하지만 급격하게 살이 빠지거나 체형이 변하지는 않아요.

철은 나무보다 얼마나 더 무거울까?

자연

3월 30일
읽은 날: 월 일

궁금증 해결!

같은 크기라면
철이 나무보다 10배 이상 무겁다.

스티로폼은 나무보다 확실히 더 가벼워요.

찾았다, 비밀!

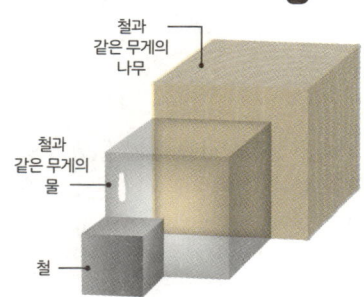

물체의 무게가 같으면, 밀도가 큰 물건은 부피가 작아요.

철과 같은 무게의 나무
철과 같은 무게의 물
철

① 나무보다 10배 이상 무거운 철

부피 1세제곱미터의 나무 무게는 약 0.5~0.6 킬로그램이에요. 같은 부피의 철은 약 7.9킬로그램이지요. 따라서 동일한 부피의 철과 나무를 비교하면 철은 나무보다 10배 이상 무거워요. 1세제곱미터는 1,000리터와 같아요.

② 물질마다 다른 무게

일정한 부피당 물체의 질량을 '밀도'라고 해요. 밀도는 물체에 따라 달라요. 물의 밀도는 1kg/㎥로 표기해요. 1세제곱미터당 1킬로그램의 질량을 지녔다는 의미예요. 나무의 밀도는 0.5~0.6kg/㎥, 철의 밀도는 7.9kg/㎥, 금의 밀도는 19.3kg/㎥예요.

③ 원자에 따라 결정되는 밀도

모든 물질은 원자(▶314쪽)라는 작은 입자로 이루어져 있어요. 원자는 종류에 따라 무게가 달라요. 금 원자는 철 원자보다 약 3.5배 무겁지요. 부피가 같아도 무게와 밀도가 다른 이유예요.

제균과 살균의 차이는?

일상과학

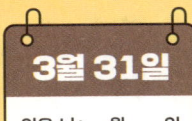

3월 31일
읽은 날: 월 일

? 퀴즈

❶ 세균을 죽이느냐 죽이지 않느냐의 차이
❷ 처리 후 남는 세균의 수 차이
❸ 차이가 없이 동일

정답 ❶ 세균을 제거하면 제균, 세균을 죽이면 살균이다.

'제거하다'와 '죽이다'의 차이는 무엇일까요?

🔍 찾았다, 비밀!

살균하지 않아도 세균의 활동이 멈추면 소독이 완료된 상태라고 할 수 있어요.

① 세균을 제거하는 제균

'제균'이란 감염증 등의 원인이 되는 세균을 제거해서 숫자를 줄이는 거예요. 제품에 따라서 세균을 죽이는 것도 있고, 죽이지 않는 것도 있어요. 손 씻기는 제균이에요.

② 세균을 죽이는 살균

세균을 죽이는 것은 '살균'이라고 해요. 살균으로 죽이는 세균의 수에는 기준이 없어요. 모든 균을 죽이면 '멸균'이라고 해요. 의약품에 표시된 '멸균 완료'는 세균이 전혀 없는 상태를 말해요.

③ 피해를 예방하는 소독

병원을 포함한 여러 곳에서 '소독'이라는 단어를 본 적이 있을 거예요. 소독은 몸에 해로운 세균을 죽이거나 제거하여 피해가 없도록 미리 예방하는 것을 말해요.

제임스 와트
(1736~1819)

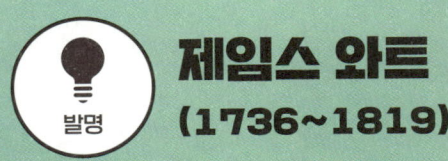
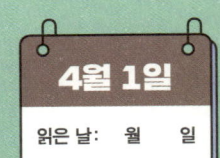

? 어떤 사람일까?

증기 기관을 개발해 산업 혁명의 토대를 닦은 발명가

> 증기 기관은 다음 세대에 등장한 여러 기계의 기초라고 할 수 있어요.

대단한 과학자!

① 효율 좋은 와트의 증기 기관

와트의 최대 업적은 증기 기관을 개량한 일이에요. 증기 기관은 1705년에 토마스 뉴커먼이 처음 발명했지만, 1765년에 와트는 증기 기관을 개량해 효율을 높였고, 널리 보급하는 데 기여했어요.

② 안주하지 않았던 제임스 와트

와트가 개량한 증기 기관은 효율이 높아서 다양한 기계에 활용되었어요. 와트는 증기 기관의 개량에 성공한 이후에도 효율성과 활용도를 높이도록 꾸준히 개조했어요.

> 기체를 물로 되돌리는 장치의 공간을 나눠서, 증기를 넣는 부분이 식지 않도록 개량했어요.

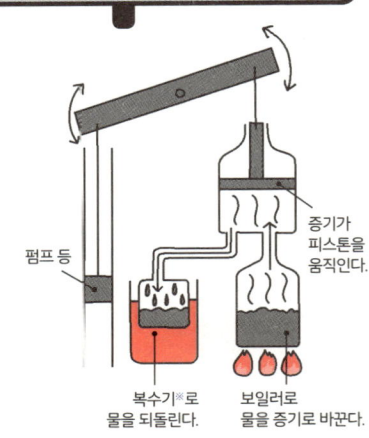

③ 산업 혁명에 공헌한 증기 기관

※복수기: 수증기를 냉각시켜 물로 되돌리는 장치.

증기 기관은 영국의 산업 혁명에 박차를 가하는 원동력이 되었어요. 시간당 이루어지는 일의 양을 측정하는 단위를 '와트(W)'라고 해요. 와트의 공헌을 기리려고 그의 이름을 따서 붙였어요.

우유를 마시면 정말 키가 클까?

4월 2일
읽은 날: 월 일

❓ 퀴즈

❶ 옛날에는 키가 컸지만 지금은 아니다.
❷ 반드시 키가 큰다.
❸ 반드시 키가 큰다고 할 수 없다.

정답 ❸ 우유만 먹으면 별로 효과가 없다.

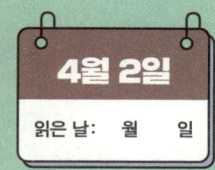

성장은 생활 습관과 밀접한 관련이 있어요.

🔍 찾았다, 비밀!

균형 잡힌 식단으로 골고루 영양소를 섭취하면 키가 쑥쑥 자라요!

① 우유만으로는 부족하다

우유에 들어 있는 칼슘은 뼈를 만드는 성분 가운데 하나예요. 하지만 성장하려면 칼슘 이외에도 다양한 영양소가 필요해요. 칼슘을 많이 섭취하더라도 다른 영양소가 부족하면 제대로 성장할 수 없어요.

② 키는 과연 유전일까?

연구마다 차이는 있지만 유전이 키 성장에 미치는 영향이 적지는 않다고 해요. 다만 유전이 키 성장을 결정짓는 유일한 요인은 아니에요.

③ 건강한 생활과 식사가 중요

부모의 키가 작다고 반드시 자식의 키가 작지 않고, 반대로 부모 키가 크다고 반드시 자식의 키도 크다는 보장은 없어요. 키 성장에는 규칙적인 생활 습관과 균형 잡힌 식단이 중요해요.

나무는 몇 살까지 살까?

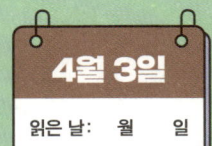

4월 3일
읽은 날: 월   일

? 퀴즈

❶ 사람보다 길게 산다.
❷ 사람보다 짧게 산다.
❸ 나무의 수명은 무한하다.

정답 ❶ 종류에 따라 다르지만 대부분 사람보다 오래 산다.

울릉도에는 2,500살에 가까운 향나무가 살고 있어요!

🔍 찾았다, 비밀!

① 1,000년 이상 살기도 하는 나무

식물은 종류에 따라 수명이 달라요. 나무는 짧으면 10년 정도 살지만, 길게는 수천 년이 넘도록 살기도 해요.

② 동물보다 오래 세포 분열을 하는 식물

생물은 몸을 이루는 세포가 분열하여 숫자가 늘어나면 부피가 커지면서 성장해요. 세포 분열이 끝나면 생물은 죽음을 맞이하지요. 식물은 동물보다 오랜 시간에 걸쳐 세포 분열해서 수명도 동물보다 길어요.

③ 몸 일부만으로도 살 수 있는 식물

대개 동물은 신체 일부만 다쳐도 생존에 치명적이에요. 반면 식물은 몸에 큰 상처가 나도 살 수 있어요. 식물이 동물보다 비교적 오래 사는 또 하나의 이유예요.

나무의 나이는 가로로 자른 면에 나타나는 나이테로 알 수 있어요. 나이테는 일 년마다 하나씩 생겨요.

달은 처음에 어떻게 생겨났을까?

4월 4일 읽은 날: 월 일

궁금증 해결!

지구에서 떨어져 나간 조각들이 뭉쳐서 달이 되었다.

> 지구와 달은 하나의 별이었다는 말인가?

찾았다, 비밀!

> 거대한 천체가 지구에 부딪히면서 파편들이 우주에 흩어졌어요.

① 가장 유력한 자이언트 임팩트 가설

달의 탄생에 대한 진실은 아직 밝혀지지 않았지만, 몇 가지 가설이 있어요. 그중에서 지구와 다른 천체가 충돌해서 달이 생겼다는 '자이언트 임팩트' 가설이 가장 많은 지지를 받고 있어요.

② 옛날 지구에 커다란 천체가 충돌

자이언트 임팩트 가설은 '거대 충돌설'이라고도 해요. 거대 충돌설에 따르면 지구는 화성과 비슷한 크기의 천체인 '테이아'와 충돌했고, 그 결과 엄청난 파편과 먼지가 발생해 우주로 퍼졌어요.

③ 먼지와 파편이 뭉치면서 달이 되었다

우주로 흩어진 먼지와 파편이 지구 주변을 돌면서 하나로 뭉쳐 달이 되었다는 것이 거대 충돌설의 주장이에요. 지구와 달 암석을 조사했더니 상당히 유사해 거대 충돌설은 설득력을 얻었어요.

① 지구와 천체가 충돌한다.

② 파편이 소용돌이를 그리면서 뭉친다.

③ 달이 생겨서 지구 주위를 맴돈다.

어른이 어린이보다 뼈의 개수가 적다?

4월 5일
읽은 날: 월 일

궁금증 해결!

자라면서 일부 뼈끼리 붙어서 어른이 어린이보다 뼈 개수가 적다.

> 연약했던 어린이의 뼈는 어른이 되면서 여러 개가 하나로 합쳐지며 튼튼한 뼈로 자라요.

찾았다, 비밀!

> 손뼈도 어린이에서 어른이 되면서 개수가 줄어들어요.

① 약 200개의 뼈로 이루어진 어른의 몸

뼈는 몸을 지탱하고, 내장을 지키고, 혈액을 만들어요. 어른의 뼈 개수는 200개가 조금 넘어요. 단, 사람마다 조금씩 차이가 있어서 모든 사람의 뼈 개수가 같지는 않아요.

② 아기의 뼈는 300개 이상?

갓난아기는 305개의 뼈를 가지고 태어나지만 점점 몸이 자라면서 떨어져 있던 뼈들이 서로 붙어요. 어른이 어린이보다 뼈 개수가 적은 이유예요.

③ 3개에서 1개로 변하는 볼기뼈

어른이 되면서 개수가 달라지는 뼈 중에 하나가 볼기뼈예요. 골반에 있는 볼기뼈는 아기 때는 엉덩뼈, 두덩뼈, 궁둥뼈로 분리되어 있지만 어른이 되면 하나로 붙어요.

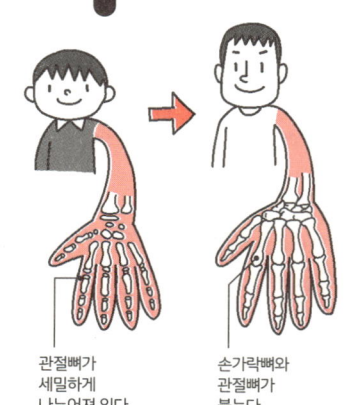

관절뼈가 세밀하게 나누어져 있다.

손가락뼈와 관절뼈가 붙는다.

이불을 햇볕에 말리면 무엇이 좋을까?

자연

4월 6일
읽은 날: 월   일

? 퀴즈

❶ 곰팡이와 진드기의 증식을 막는다.
❷ 이불이 광합성을 하도록 돕는다.
❸ 태양광 발전으로 전기를 만든다.

정답 ❶ 이불을 햇볕에 말리면 햇빛 속 자외선이 곰팡이와 진드기, 세균의 번식을 막는다.

> 햇볕 아래에서 바짝 마른 이불은 촉감이 정말 좋아요!

🔍 찾았다, 비밀!

> 자연서도 땀을 흘리는구나. 제대로 말려야 되겠는걸.

① 진드기와 곰팡이 번식 방지

사용한 이불에는 땀이 스며 있어요. 그대로 두면 습기를 좋아하는 곰팡이와 진드기가 득실득실해질 수 있어요. 하지만 햇볕 아래에서 말리면 번식을 막을 수 있어요.

② 자외선을 통한 살균 효과

햇볕에 이불을 말리면 살균 효과도 얻을 수 있어요. 햇빛 속 자외선이 이불에 있는 세균을 죽이기 때문이에요.

③ 뽀송뽀송한 이불의 감촉

햇볕에 잘 말린 이불을 만지면 무척 뽀송뽀송해요. 천이나 실 같은 섬유는 습기에 오래 닿으면 눅눅해져요. 섬유를 햇볕에 말려서 습기를 제거하면 눅눅함은 사라지고 섬유가 다시 부풀어 올라서 푹신하고 매끄러운 촉감이 살아나요.

 일상과학

세탁소에서는 옷을 어떻게 세탁할까?

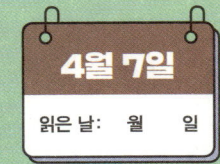
4월 7일
읽은 날: 월 일

? 퀴즈

❶ 전용 세제를 사용해 세탁한다.
❷ 지우개를 사용해 세탁한다.
❸ 더러움이 바람에 날아갈 때까지 기다린다.

정답 ❶ 기름과 지방을 녹이는 전용 세제로 세탁한다.

가정용 세제도 진화하고 있지만, 세탁소에 맡기면 한결 편리해요.

4월

🔍 찾았다, 비밀!

① 유기 용제를 활용한 드라이클리닝

세탁소에서 주로 사용하는 방법은 유기 용제라는 물질을 사용하는 드라이클리닝이에요. 유기 용제는 옷감은 상하지 않게 하면서 기름이나 지방을 비롯한 때를 녹이는 액체예요.

② 가정에서보다 깨끗하게 세탁되는 물빨래

튼튼한 천을 세탁할 때에는 가정에서처럼 물과 세제를 사용해서 세탁해요. 단, 전용 세제, 높은 온도, 다량의 물을 사용해서 가정에서 세탁할 때보다 깨끗해요.

③ 다림질로 깔끔한 마무리

어떤 세탁소에서는 얼룩을 하나하나 수작업으로 제거하기도 해요. 또 세탁소에서는 세탁한 옷을 다림질해서 보기 좋게 정돈해요.

세탁소는 세탁 세제가 아예 다르군요.

윌리엄 허셜(1738~1822)·캐롤라인 허셜(1750~1848)

발명

4월 8일
읽은 날: 월   일

? 어떤 사람일까?

직접 제작한 망원경으로 토성의 위성과 천왕성을 발견한 남매

> 윌리엄의 아들 존 허셜도 천문학자예요.

대단한 과학자!

> 천왕성이라는 새로운 행성의 발견은 대단한 사건이었어요.

① 천왕성을 발견한 남매

1781년 윌리엄과 캐롤라인은 직접 만든 망원경으로 천왕성을 발견했어요. 기원전에 발견한 수성, 금성, 화성, 목성, 토성 이후 인류가 발견한 태양계의 일곱 번째 행성이었어요.

천왕성 발견

② 외면 받은 캐롤라인의 공헌

윌리엄은 캐롤라인과 함께 천왕성을 발견했다고 밝혔지만 당시 여성에 대한 차별이 심해서 캐롤라인의 공헌은 묻혔어요. 과학 업적을 세운 사람에게 수여되는 영국 왕립 학회의 코플리 메달 역시 윌리엄 허셜에게만 수여됐어요.

토성, 목성, 화성, 지구, 금성, 수성

③ 거대 망원경으로 토성의 위성을 발견

1789년 윌리엄은 직접 제작한 거대한 망원경으로 토성의 위성을 발견했고, 은하계(▶215쪽)가 원반 모양임을 밝혔어요. 캐롤라인은 혜성을 발견해 1828년 영국 왕실 훈장을 받고 역사상 처음으로 왕실 천문학회 여성 회원이 되었어요.

낫토는 왜 끈적거릴까?

음식

※낫토: 삶은 콩을 발효시켜 만든 일본 전통 음식으로 청국장과 비슷하다.

4월 9일
읽은 날: 월   일

? 퀴즈

❶ 끈적거리는 성분을 넣어 만든다.
❷ 균이 콩을 분해하며 끈적한 성분을 만든다.
❸ 콩에서 끈적거리는 성분이 배어 나온다.

정답 ❷ 낫토의 균이 콩을 분해해서 끈적한 성분을 만든다.

섞으면 섞을수록 더 끈적거려요!

🔍 찾았다, 비밀!

양념을 넣기 전에 저으면 훨씬 끈적거려요!

① **낫토는 콩을 발효시켜 만드는 발효 식품**

낫토는 삶은 콩에 낫토균을 넣어서 만들어요. 낫토균이 콩을 분해해서 영양소와 맛을 만들고, 독특한 냄새를 풍겨요.

② **끈적이는 정체는 폴리글루타민산**

낫토균은 콩을 분해하면서 '폴리글루타민산'이라는 성분을 만들어요. 폴리글루타민산이 끈적함의 정체예요. 폴리글루타민산은 글루타민산이 사슬처럼 연결된 모양으로 낫토의 맛을 내는 원료이기도 해요.

③ **뜨거운 지푸라기에 콩을 감싸 만들었던 낫토**

옛날에는 삶은 콩을 뜨겁게 지진 지푸라기로 감싸서 낫토를 만들었어요. 지푸라기를 뜨겁게 지지면 열에 강한 낫토균 이외의 균이 죽어서 썩지 않고 맛있는 낫토가 완성되어요.

column 03
중요한 과학키워드

발효 식품

3 가지 핵심 포인트

① 미생물의 힘으로 음식 재료를 발효시킨 음식이다.
② 특정 미생물만 활동할 수 있는 환경을 만든다.
③ 발효 작용으로 독특한 풍미가 생기기도 한다.

아주 오래된 발효 식품 중 하나는 와인이에요. 약 8,000년 전부터 만들기 시작했어요!

된장, 간장, 가쓰오부시* 모두 발효 식품! 많은 음식 재료가 발효 식품이에요.

※가쓰오부시: 손질한 가다랑어를 발효시킨 가공식품.

된장
원료: 콩

가쓰오부시
원료: 가다랑어

요구르트
원료: 우유

간장
원료: 콩

낫토를 비롯한 발효 식품들은 몸에 좋은 비타민과 단백질을 많이 함유하고 있어요!

유산균이 많은 요구르트는 장내 세균의 활동을 활발하게 하는 효과가 있어요.

벚꽃이 언제 피는지 예측할 수 있을까?

4월 10일
읽은 날: 월 일

궁금증 해결!

꽃이 피는 데 필요한 조건을 알면 개화 시기를 예측할 수 있다.

식물마다 꽃을 피우는 시기가 달라요.

찾았다, 비밀!

① 기온 정보로 예측하는 개화 시기

식물이 꽃을 피우려면 따뜻한 온도에 일정 시간 이상 노출되어야 해요. 기온이 누적되어 개화에 필요한 기준 온도에 도달하면 꽃이 피어요. 식물이 꽃을 피우는 데 필요한 기온의 기준량을 '가온량'이라고 해요.

② 벚꽃의 가온량은 106.2도

벚꽃의 가온량은 106.2도 정도예요. 벚꽃과 함께 봄에 꽃을 피우는 진달래는 96.1도, 개나리는 84.2도예요. 따라서 가온량이 낮은 개나리, 진달래, 벚꽃 순으로 꽃을 피워요.

③ 개화의 목적은 가루받이

식물은 가루받이를 하려고 꽃을 피워요. 다른 나무의 꽃가루를 얻어 가루받이를 해야 씨앗을 만들고, 번식할 수 있어요. 서로 같은 시기에 꽃을 피워야 가루받이하기 쉬워요.

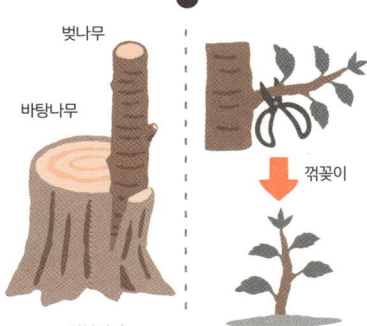

벚나무는 접붙이기* 또는 꺾꽂이** 방법으로 같은 나무의 숫자를 늘려요.

※접붙이기: 두 나무를 잘라서 연결하여 새로운 개체를 만드는 재배 기술.
※※꺾꽂이: 식물의 가지, 뿌리, 잎 등을 잘라 내어 흙 속에 꽂아 뿌리를 내리게 하는 번식 방법.

우주·지구

일식은 어떻게 일어날까?

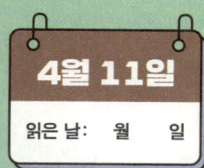

4월 11일

읽은 날: 월 일

? 퀴즈

❶ 태양이 별 뒤에 숨는다.
❷ 태양이 달 그림자에 숨는다.
❸ 태양이 화성 그림자에 숨는다.

정답 ❷ 태양과 지구 사이에 달이 들어와 태양을 가린다.

> 태양과 달 사이에 지구가 들어가면 '월식'이 일어나요. 이때 달이 빨갛게 보여요!

🔍 찾았다, 비밀!

① 태양을 가리는 달

지구는 365.2422일에 걸쳐 태양을 한 바퀴 돌고, 달은 27.3일에 걸쳐 지구를 한 바퀴 돌아요. 이 과정에서 태양과 달과 지구가 일직선으로 나란해지는 시기가 발생해요. 그러면 달이 태양의 전부 또는 일부를 가리는데, 이를 '일식'이라고 해요.

② 절묘한 거리의 예술

태양은 달이 가릴 수 있는 크기가 아니에요. 태양의 지름은 달 지름의 약 400배에 달하니까요. 하지만 지구에서 태양까지의 거리가 지구에서 달까지의 거리보다 약 400배만큼 멀어서 지구에서 눈에 보이는 태양과 달의 크기가 비슷하다 보니 신기하게도 달이 태양을 가릴 수 있어요.

③ 다양한 일식 현상

일식은 태양 전체를 가리는 개기 일식, 테두리가 반지처럼 보이는 금환 일식, 일부만 가려지는 부분 일식이 있어요. 지역에 따라 일식을 관측할 수 있는 날짜가 다른데, 우리나라에서는 2035년 9월 2일에 개기 일식을 관측할 수 있으리라 예상해요..

127

 **인체**

매운 음식을 잘 먹는 비결은 무엇일까?

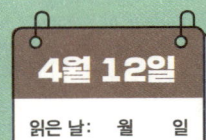
4월 12일
읽은 날: 월 일

궁금증 해결!

다양한 음식을 계속 먹다 보면 좋아하는 맛의 폭이 넓어진다.

맛의 세계는 정말 무궁무진해요.

찾았다, 비밀!

① 인간이 느끼는 여섯 가지 맛

사람은 혀에 있는 미각을 통해 단맛, 짠맛, 신맛, 쓴맛, 감칠맛, 지방맛까지 여섯 가지 맛을 느껴요. 고추의 매운맛이나 덜 익은 감에서 나는 떫은맛은 사실 맛이 아니라 통증이에요. 그래서 미각이 아니라 아픔을 느끼는 통각을 통해 느껴요.

② 신맛과 쓴맛은 위험한 맛?

여섯 종류의 맛은 우리 몸에 안전한 음식인지 판단하는 기준이 되기도 해요. 단맛·짠맛·감칠맛은 영양소가 있는 음식, 신맛이나 쓴맛은 썩거나 독이 들어 있는 음식을 구분하도록 도와요.

③ 익숙해지는 통각의 세계

고추냉이의 맵고 쓴맛은 통각이므로 몸은 위험한 음식으로 받아들이기도 해요. 하지만 계속 먹다 보면 매운맛과 쓴맛에 익숙해지고 그 매력을 알 수도 있어요.

자라면서 쓴맛이나 매운맛이 반드시 위험한 맛은 아니라고 알게 되지요.

맛으로 위험을 판단한다. / 경험으로 고추냉이라고 안다.

설탕은 어떻게 물에 녹을까?

자연

4월 13일
읽은 날: 월 일

❓ 퀴즈

❶ 설탕이 매우 작은 알갱이로 쪼개지면서 녹는다.
❷ 설탕이 액체로 변하면서 녹는다.
❸ 설탕이 물에 반응해 다른 물질로 변하면서 녹는다.

정답 ❶ 달라붙어 있던 설탕의 분자가 물에서 떨어진다.

설탕물에도 과학의 비밀이 담겨 있어요.

🔍 찾았다, 비밀!

물에 녹은 설탕의 양이 일정 수준을 넘으면 더 녹지 않고 가라앉아요.

① 원자로 이루어진 분자

모든 물질은 원자(▶314쪽)로 이루어져 있어요. 물질에 따라 몇 개의 원자가 결합해 분자가 되고, 분자가 모여 물질을 이루어요. 설탕은 설탕 분자가 서로 끌어당겨 결합한 상태예요.

② 물속에서 분리되는 설탕 분자

설탕을 물에 넣으면 물 분자가 설탕 분자를 끌어당겨 설탕 분자가 분리되면서 물 분자와 섞여요. 이렇게 어떤 물질이 액체 속에서 녹아 고르게 섞이는 현상을 '용해'라고 해요.

③ 물질마다 다른 용해의 조건

물질이 용해하는 조건은 저마다 달라요. 보통 분자가 작고, 액체의 온도가 높고 양이 많으면 쉽게 녹아요. 같은 양의 물이라면 설탕이 소금보다 더 쉽게 녹아요.

햇빛으로 전기를 만들 수 있을까?

일상과학

4월 14일
읽은 날: 월 일

궁금증 해결!

햇빛이 태양 전지에 닿으면
전자가 이동하고 전기가 발생한다.

> 햇빛이 곧바로 전기로 바뀌지는 않아요.

찾았다, 비밀!

① 두 종류의 반도체

태양광 발전에는 반도체(▶357쪽)로 만든 태양 전지를 사용해요. 반도체에는 전자(▶393쪽)가 많아서 음전기를 띠는 'N(엔)형'과 전자가 적어서 양전기를 띠는 'P(피)형'이 있어요.

> 햇빛의 자극으로 전자가 움직이고, 전선을 따라서 반대쪽까지 이동해요.

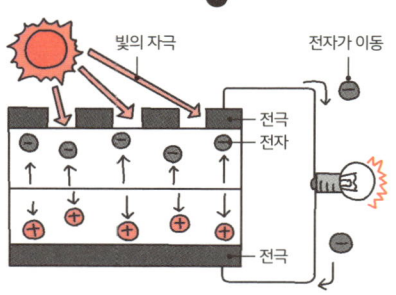

② 반도체로 이루어진 태양 전지

태양 전지는 N형과 P형의 반도체가 맞붙어 있어요. 보통 상태에서는 두 반도체의 경계에서 음전기와 양전기가 서로 끌어당기기 때문에 전기가 흐르지 않아요.

③ 빛의 자극으로 이동하는 전자

여기에 빛이 닿으면 전자가 N형 반도체의 표면으로 이동해요. 이때 두 개의 반도체가 전선으로 연결되어 있으면, 전자가 양전기에 끌려가면서 전기가 발생해요.

알레산드로 볼타
(1745~1827)

발명

4월 15일
읽은 날: 월 일

? 어떤 사람일까?

세계에서 처음으로 화학 전지를 만든 이탈리아 물리학자

> 레몬에 전극을 꽂아서 전기를 발생시킨 실험은 처음이었어요.

대단한 과학자!

① 죽은 개구리의 다리가 움직인다?

> 전기를 자유롭게 사용할 수 있게 되자, 전기를 사용하는 실험이 훨씬 쉬워졌어요.

이탈리아 북부의 코모에서 태어난 알레산드로 볼타는 전기 분야의 전문가였어요. 볼타는 서로 다른 두 금속을 죽은 개구리 다리에 접촉하자 개구리 다리가 움찔거리는 모습을 확인하고, 전기는 동물이 만들지 않고 두 금속이 만나 발생한다는 사실을 발견했어요.

② 두 종류의 금속과 식염수로 전기를 만들다

동물이 아니라 식염수에 적신 종이에도 전류가 흐른다는 사실을 확인한 볼타는 1794년 동물 없이 금속만 있어도 전류를 흐르게 할 수 있다고 주장했어요. 1800년 볼타는 자신의 주장을 근거로 세계 최초의 전지를 만들었어요.

③ 건전지의 원형이 된 볼타 전지

볼타가 만든 전지는 세계 최초의 화학 전지예요. 지금도 사용되는 건전지의 원형이지요. 1881년 볼타의 업적을 기려 전압을 나타내는 단위의 이름을 '볼트(V)'라고 정했어요.

사과를 깎으면 왜 갈색으로 변할까?

4월 16일
읽은 날: 월 일

궁금증 해결!

사과에 들어 있는 성분이 산소와 결합해 색이 변한다.

사과는 조금 다루기 어려운 음식 재료예요.

찾았다, 비밀!

① 산화하면 갈변하는 폴리페놀

사과에는 '폴리페놀'이라는 물질이 들어 있어요. 폴리페놀은 산소와 결합해서 산화하면 갈색으로 변해요. 이렇게 과일이나 채소가 갈색으로 변하는 현상을 '갈변'이라고 해요.

② 자르면 진행되는 폴리페놀의 산화

사과 세포에는 폴리페놀의 산화를 돕는 효소가 있어요. 사과를 자르면 세포가 부서져서 폴리페놀과 효소가 만나고, 사과 표면이 공기에 닿아 폴리페놀이 산화하지요.

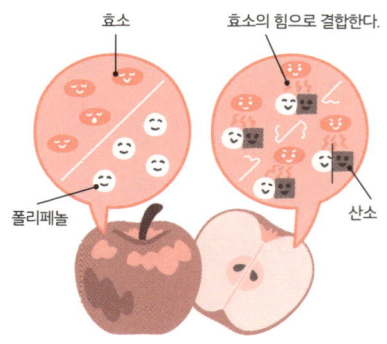

효소가 폴리페놀과 산소를 결합시켜서 사과가 갈색으로 변해요.

③ 갈변을 막는 소금물과 레몬즙

사과에 소금물과 레몬즙을 뿌려 갈변을 억제할 수 있어요. 소금물은 효소의 작용을 약화시키고, 레몬즙은 사과 표면과 산소의 접촉을 차단해요.

심해어는 왜 납작해지지 않을까?

4월 17일
읽은 날: 월 일

? 퀴즈

❶ 몸속의 압력이 수압만큼 크다.
❷ 피부가 튼튼하다.
❸ 뼈가 계속 재생한다.

정답 ❶ 심해어 몸속의 압력은 수압과 같다.

바다가 깊을수록 수압이 강해져요.

🔍 찾았다, 비밀!

① 육지보다 몇 배나 압력이 강한 심해

수심 200미터 이상의 깊은 바다를 '심해'라고 불러요. 바닷속에서는 물의 무게만큼 압력(수압)을 받아요. 심해에서의 압력은 땅 위에서 느끼는 공기의 압력(기압)보다 약 20배 이상 커요.

② 높은 압력을 버티기 어려운 인간의 신체

사람을 비롯한 육지 동물은 몸속에 공기가 있어요. 심해에서는 물속 압력이 몸속 공기의 압력보다 커지므로 사람의 내장은 버티지 못하고 수압에 의해 납작하게 눌려요.

③ 몸속이 액체로 가득한 심해어

깊은 바다에 사는 물고기를 '심해어'라고 해요. 심해어는 기름 등을 몸속에 가득 채워서 몸 안팎의 압력을 똑같이 맞추거나, 딱딱한 껍질로 무장해서 압력으로부터 몸을 보호해요. 그래서 심해어는 납작해지지 않고 깊은 바다에서 살 수 있어요.

혹독한 환경에서 생활하려면 독자적인 진화를 이뤄야 해요.

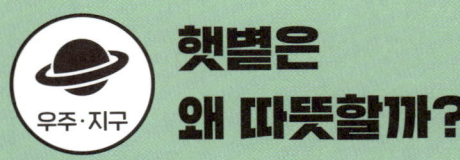

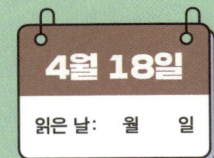

햇볕은 왜 따뜻할까?

우주·지구

? 퀴즈

❶ 태양광에 적외선이 들어 있다.
❷ 태양광에 자외선이 들어 있다.
❸ 태양광에 X선이 들어 있다.

정답 ❶ 적외선은 물체에 닿으면 열로 변한다.

텔레비전 리모컨도 적외선을 이용해요.

🔍 찾았다, 비밀!

적외선은 난방 기구에도 사용되고 있어요.

① 다양한 색깔을 가진 햇빛

햇빛에는 빨간색, 초록색, 노란색 등 여러 가지 색깔의 빛이 섞여 있어요. 다양한 빛이 서로 어우러지면서 우리 눈에 투명하게 보여요.

② 물체에 닿으면 열로 바뀌는 적외선

햇빛에는 눈에 보이는 빛뿐 아니라, 적외선이나 자외선처럼 눈에 보이지 않는 빛도 있어요. 적외선은 물체에 닿으면 열로 변해서, 햇볕을 쬐고 있으면 따뜻하게 느껴져요.

③ 적외선이 지구로 가져오는 태양열

보통 열은 물체를 타고 전해지므로 공기가 희박한 우주에서는 열이 잘 전달되지 않아요. 하지만 적외선은 열이 아니라 빛이라서 우주를 통과해 태양의 열을 지구까지 가져오지요.

혈액형을 구분하는 기준은 무엇일까?

4월 19일
읽은 날: 월   일

궁금증 해결!

적혈구가 가진 항원에 따라 혈액형을 구분한다.

사실은 ABO식 이외에도 다양한 혈액형 구분법이 있어요.

찾았다, 비밀!

① 혈액형은 항원의 차이

일반적인 'ABO(에이비오)식 혈액형' 구분에는 A형, B형, AB형, O형의 네 가지 혈액형이 있어요. 혈액형을 구분하는 기준은 혈액 속의 적혈구(▶105쪽)가 가진 항원의 종류예요. 항원은 세균, 바이러스, 꽃가루, 먼지 등 몸속에 항체를 만드는 원인 물질을 말해요.

적혈구가 가진 항원의 종류로 혈액형이 결정돼요.

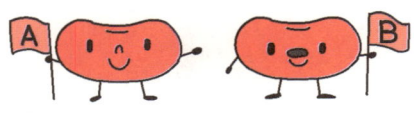

A항원을 가졌다. = A형   B항원을 가졌다. = B형

두 종류의 항원을 가졌다. = AB형   항원이 없다. = O형

② 수혈할 때 중요한 혈액형

우리 몸은 새로운 항원이 나타나면 면역 반응을 일으켜요. 서로 다른 혈액형의 피가 섞이면 혈액이 굳기도 해요. 부작용을 줄이려면 같은 혈액형의 혈액을 수혈받아야 해요.

③ 혈액형과 질병의 관계

혈액형이 여러 가지로 나뉜 이유는 아직 정확하게 밝혀지지 않았어요. 한 가설에 따르면 특정한 혈액형이 전염병에 노출되더라도 다른 혈액형은 안전하게 번식하려고 혈액형이 나뉘었다고 해요.

 자연

풍선은 어디까지 날아갈까?

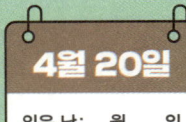
4월 20일
읽은 날: 월   일

? 퀴즈

❶ 높이 80미터
❷ 높이 800미터
❸ 높이 8,000미터

정답 ❸ 보통 풍선은 약 8,000미터 높이에서 터진다.

생각보다 높이 올라가네!

🔍 찾았다, 비밀!

① 둥실 떠오르는 헬륨 풍선

하늘로 떠오르는 풍선에는 '헬륨'이라는 기체가 들어 있어요. 헬륨은 공기보다 가벼워서 헬륨을 넣은 풍선은 공중에 둥실둥실 떠다녀요.

② 일반 풍선이 터지는 높이

하늘 높이 올라갈수록 공기가 옅어지고 기압이 낮아져요. 반대로 풍선이 올라가면 풍선 안쪽 압력은 기압보다 상대적으로 커져요. 또 높이 오를수록 온도가 낮아서 고무로 만든 풍선은 얼어서 딱딱해져요. 이러한 이유로 일반 풍선은 약 8,000미터 높이에서 터지고 말아요.

③ 어떤 풍선은 높이 53킬로미터까지 올라간다

특별하게 제작된 풍선은 더 높이 올라갈 수 있어요. 2013년 9월 일본의 우주항공연구개발기구(JAXA)가 만든 대형 풍선은 53.7킬로미터까지 올라갔어요.

높이 올라갈수록 풍선은 점점 부풀어요.

어떤 타이어가 빗길에서 안전할까?

일상과학

4월 21일
읽은 날: 월 일

 궁금증 해결!

홈이 많은 타이어를 사용하면 빗길에서 쉽게 미끄러지지 않는다.

타이어의 홈은 물이 이동하는 통로였군요.

 찾았다, 비밀!

① 빗길 운전이 위험한 이유

비가 내려서 젖은 길 위를 자동차가 지나가면 땅과 타이어 사이에 물이 스며서 얇은 막이 생겨요. 이를 '수막'이라고 해요. 수막이 생기면 땅과 타이어 사이의 마찰력(▶378쪽)을 낮춰 미끄러지기 쉬워요.

물을 홈으로 지나가게 해서 수막이 생기지 않아요.

수막 때문에 미끄러진다. | 물을 뒤쪽으로 보낸다.

② 미끄럼을 방지하는 타이어 홈

타이어에 수막이 생기면 빗길에 미끄러지기 십상이에요. 하지만 홈이 난 타이어를 사용하면 홈으로 빗물이 빠져나가 수막이 생기지 않고 빗길에서도 쉽사리 미끄러지지 않아요.

③ 홈 없는 타이어를 쓰기 좋은 날

마찰력은 접촉면의 성질을 말하는 마찰계수와 무게에 비례해 증가하는 수직항력을 곱한 값이에요. 고체의 마찰력은 마찰면의 크기와 무관하지만, 타이어는 탄성체로 고체와 달리 같은 무게에서 마찰면의 크기가 크게 증가해요. 따라서 맑은 날 홈 없는 타이어를 사용하면 마찰력이 늘어 미끄럼 걱정이 줄어들어요.

 발명

전지에서 전기가 생기는 원리는 뭘까?

4월 22일
읽은 날:　월　일

 궁금증 해결!

전자가 일정한 방향으로 흐르면 전기가 발생한다.

전지의 원리는 볼타(▶131쪽)가 고안했어요.

 찾았다, 비밀!

금속이 녹아서 생긴 전자가 반대쪽으로 이동해요.

① 금속마다 다른 이온화 경향

원자가 전자를 얻거나 잃은 상태를 '이온'이라고 해요. 전자를 얻으면 음이온, 전자를 잃으면 양이온이에요. 금속은 대개 전자를 잃고 양이온이 되려는 물질이에요. 다만, 금속마다 전자를 내놓으려는 정도가 달라요. 이를 '금속의 이온화 경향'이라고 말해요.

전자가 이동
전자와 금속 이온이 결합한다.
금속 이온이 녹기 시작한다.
전자가 남는다.

② 전해액과 전선을 통해 흐르는 전기

금속의 이온화 경향을 이용하면 금속 사이에 전기를 흐르게 만들 수 있어요. 금속과 반응하여 전자를 이동시키는 용액을 전해액이라고 불러요. 전해액에 서로 다른 두 종류의 금속을 넣고, 두 금속을 전선으로 연결하면 금속 사이에 전기가 흘러요.

③ 산화와 환원 반응을 이용한 화학 전지

전자를 잃고 양이온이 되는 작용을 '산화'라고 하고, 음이온이 전자를 받는 작용을 '환원 반응'이라고 해요. 전기는 전자가 많은 음이온에서 전자가 적은 양이온으로 흘러요. 화학 전지는 이러한 원리를 이용해 전류를 흐르게 만드는 장치예요.

유기농 채소를 재배하는 방법은?

4월 23일
읽은 날: 월   일

퀴즈

❶ 흙을 사용하지 않고 물로만 키운다.
❷ 비료와 농약을 사용하지 않고 키운다.
❸ 화학 비료와 금지된 농약을 사용하지 않고 키운다.

정답 ❸ 안전 기준에 따라 비료나 천연 농약을 사용해 재배한 채소를 유기농 채소라고 한다.

무농약과 유기농은 조금 달라요.

찾았다, 비밀!

① 화학 비료와 농약을 사용한 일반 농업

일반 농업은 광물 등으로 만든 화학 비료와 농약을 사용해서 농작물을 재배해요. 화학 비료를 많이 사용하면 토양이 약해지고, 농약을 지나치게 많이 뿌리면 우리 몸에 나쁜 영향을 미칠 수 있어요.

② 화학 비료와 금지된 농약을 사용하지 않는 유기농 농업

유기농 농업은 환경에 끼치는 해로운 영향을 줄이려고 화학 비료와 금지된 농약을 사용하지 않아요. 3년이 넘는 시간 동안 합성 농약이나 화학 비료를 사용하지 않은 토지에서 농작물을 재배해야 유기농 인증을 받을 수 있어요.

③ 천연 비료와 천연 소재가 원료인 농약을 사용한다

유기농 채소는 썩은 풀이나 짚, 동물의 배설물로 만든 퇴비를 사용해 재배해요. 또, 화학 비료는 사용하지 않지만 천연 소재가 원료인 농약은 사용할 수 있어요.

화학 비료와 농약도 적절하게 사용하면 괜찮아요.

뱀은 다리가 없는데 어떻게 이동할까?

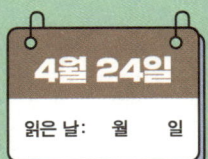

궁금증 해결!

뱀은 비늘을 세워서 갈고리처럼 사용해 앞으로 나아간다.

괜히 꿈틀거리는 게 아니었나 봐….

뱀의 배에 있는 특별한 비늘이 움직이는 역할을 해요.

찾았다, 비밀!

① 비밀은 바로 몸에 붙은 비늘

뱀의 몸은 작은 비늘로 뒤덮여 있어요. 그중에서 배에는 폭넓은 비늘이 줄지어 붙어 있지요. 뱀은 배에 붙은 비늘로 움직여요.

가지런한 배 비늘

몸을 구불거리면서 배 비늘을 땅에 갈고리처럼 걸어요.

② 배 비늘을 활용한 뱀의 이동 방법

배 비늘은 앞쪽 비늘이 뒤쪽 비늘 위에 겹쳐져 있어요. 배 비늘을 머리 쪽에서 꼬리 쪽으로 쓰다듬으면 매끈하지만, 반대로 쓰다듬으면 까슬까슬해요. 뱀은 배 비늘을 땅에 걸고 끌어당기며 빠르게 앞으로 이동해요.

③ 뱀마다 다른 이동 방법

배 비늘을 사용하는 방법은 뱀마다 조금씩 차이가 있어요. 우리나라에 서식하는 살모사는 몸을 늘였다 줄였다 반복하면서 배 비늘을 걷는다면, 일본에 서식하는 줄무늬뱀은 몸을 S(에스)자 모양으로 구불거리면서 배 비늘을 걸어요.

우주에서도 소리가 들릴까?

우주·지구

4월 25일
읽은 날: 월 일

❓ 퀴즈

❶ 장소에 따라서 들리거나 들리지 않는다.
❷ 우주에서도 소리는 들린다.
❸ 우주에서는 소리가 들리지 않는다.

정답 ❸ 소리는 공기를 통해 전달되므로 공기가 없는 우주에서는 소리가 전달되지 않는다.

> 우주선 안에는 공기가 있어서 소리를 들을 수 있어요.

🔍 찾았다, 비밀!

① 소리를 전달하는 공기의 진동

소리는 공기의 진동을 통해 전달되는 파동이에요. 귓속 고막이 감지한 파동의 떨림을 신호로 바꿔 뇌로 보내면, 뇌가 신호로 소리를 인식해요.

② 진동이 없어 소리가 들리지 않는 우주

> 영화에 나오는 요란한 우주 전투 장면은 사실 고요해야겠네….

우주는 공기가 거의 없는 진공 상태에 가까워요. 소리는 공기의 진동을 통해 전달되는데, 공기가 없는 우주에서는 소리를 전달하거나 듣기 어려워요.

③ 몸짓과 무전으로 대화하는 우주 비행사

우주선 안에는 공기가 있어 소리를 들을 수 있지만, 우주선 밖에서는 소리를 듣기 어려워요. 우주 비행사들은 우주선 밖에서 무전으로 이야기하거나 몸짓으로 소통해요.

141

사람은 왜 밤만 되면 졸릴까?

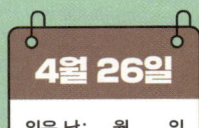

읽은 날: 월 일

? 퀴즈

> 아침에 일어나고 밤이 되면 잠이 드는 생체 리듬의 정체는 무엇일까요?

❶ 밤이 되면 공기 중에 졸음 물질이 많아진다.
❷ 밤에 졸음을 유발하는 호르몬이 나온다.
❸ 밤이 되면 밖이 조용해져서 졸리다.

정답 ❷ 생물 시계의 원리로 밤이 되면 멜라토닌이라는 호르몬이 분비되어 졸음을 느낀다.

🔍 찾았다, 비밀!

> 밤에 활동하는 데 적합한 생물 시계를 가진 동물도 있어요.

① 생활의 리듬을 만드는 생물 시계

우리 몸은 낮과 밤의 변화에 적응하려고 하루를 주기로 반복할 수 있도록 호르몬을 분비해요. 이를 '생물 시계'라고 불러요. 생물 시계 덕분에 생활 리듬을 유지할 수 있지요.

② 밤이 되면 나오는 졸음 물질

우리 몸은 생물 시계에 따라 '코르티솔'과 '멜라토닌'이라는 호르몬을 분비해요. 낮에는 코르티솔을 분비해 스트레스를 이길 에너지를 공급하고, 밤에는 멜라토닌을 분비해 에너지 이용을 줄이고 잠들기 적당한 상태로 만들어요.

③ 생물 시계가 망가지면 고장 나는 몸

밤늦은 시간까지 깨어 있거나 늦잠을 자면 생물 시계는 고장 나요. 생활 리듬이 깨지면 호르몬이 제때 분비되지 않고 그 영향으로 뇌와 몸이 약해지고 말아요.

 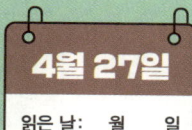

달리는 자전거는 왜 쓰러지지 않을까?

궁금증 해결!

회전하는 바퀴에는 쓰러지지 않는 힘이 작용한다.

자전거는 페달을 힘껏 밟으면 장시간 안정적으로 바퀴가 돌아가요.

찾았다, 비밀!

① 회전하는 물체에 작용하는 자이로 효과

회전하는 물체에는 회전을 유지하려는 힘이 작용해요. 이러한 작용을 '자이로 효과'라고 해요. 돌고 있는 팽이가 쓰러지지 않는 것도 자이로 효과 때문이에요.

② 자전거 바퀴에 작용하는 자이로 효과

자전거는 바퀴가 회전하면서 앞으로 나아가요. 이때 바퀴에 자이로 효과가 작용해서 바퀴를 멈추고 가만히 서 있을 때보다 더 안정적인 상태를 유지해요.

바퀴가 돌아가기 시작하면 자세가 잘 흐트러지지 않아요.

페달을 밟아서 바퀴를 굴린다.

회전의 힘이 실린 바퀴는 쓰러지지 않는다.

③ 무의식적으로 균형을 잡는다

자전거를 운전하는 사람의 균형도 중요해요. 우리는 자전거가 오른쪽으로 쓰러지려고 하면 무의식적으로 핸들을 왼쪽으로 꺾으면서 균형을 잡아요. 자전거 운전자의 반사적인 행동 덕분에 자전거는 쉽게 넘어지지 않아요.

 일상과학

지우개는 어떻게 연필 자국을 지울까?

4월 28일
읽은 날: 월 일

 **궁금증 해결!**

연필심에 들어 있는 흑연 가루가 고무에 달라붙어 떨어진다.

흑연과 함께 뭉개져 떨어진 고무 가루가 지우개 똥이에요.

 찾았다, 비밀!

① 연필로 글자를 쓰는 원리

연필심은 흑연이라는 물질과 점토를 섞은 반죽을 구워서 만들어요. 심을 종이에 대고 그으면 종이 표면의 미세한 돌기에 흑연 가루가 달라붙으며 글자가 써져요.

② 흑연 가루를 잡아떼는 지우개

종이 표면에 묻은 흑연 가루를 지우개가 강하게 잡아당겨요.

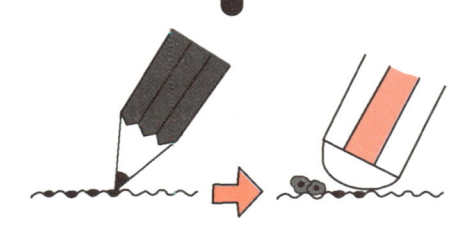

흑연 가루가 종이 표면에 묻는다.   고무가 흑연을 잡아당긴다.

흑연 가루는 지우개를 만드는 고무에 잘 달라붙는 성질이 있어요. 연필로 쓴 글자를 지우개로 문지르면 종이에 붙어 있던 흑연 가루가 고무에 달라붙으면서 글자가 지워져요.

③ 지우개로 색연필을 지우기 어려운 이유

한편 색연필 심에는 색을 내는 원료인 안료와 왁스라는 물질이 들어 있어요. 색연필로 글자를 쓰면 안료와 왁스가 함께 종이를 물들여요. 따라서 지우개로 열심히 문질러도 지우기 어려워요.

발명

에드워드 제너
(1749~1823)

4월 29일
읽은 날: 월 일

❓ 어떤 사람일까?

천연두를 예방하는
종두법을 개발한 백신의 선구자

> 천연두는 한번 걸렸다 하면 대부분 죽음에 이르는 위험한 병이었어요.

👤 대단한 과학자!

① 목숨을 위협했던 천연두

제너는 영국 버클리에서 태어났어요. 당시에는 천연두라는 치명적인 전염병이 유행했어요. 마땅한 예방법이 없어서 면역력이 약하면 목숨을 잃기 십상이었어요.

> 처음에는 종두법으로 사람이 소가 될지도 모른다고 걱정하며 반대하는 사람도 많았어요.

② 우두에 걸리면 천연두에 걸리지 않는다?

당시 천연두와 매우 비슷한 우두라는 소의 전염병이 있었어요. 제너는 우두에 걸렸던 사람은 천연두에 끄떡없다는 사실을 확인하고, 우두를 활용한 천연두 예방법을 개발했어요.

③ 우두를 주사하는 종두법을 개발

1796년 제너는 정원사의 여덟 살 아들에게 우두 고름을 주사하고 천연두에 걸리지 않는다는 사실을 확인했어요. 이렇게 우두를 사람에게 접종해 천연두를 예방하는 방법을 '종두법'이라고 해요. 종두법은 안전한 천연두 예방법이자 최초의 백신이었어요.

읽은 날: 월 일

궁금증 해결!

수확한 잎의 발효 상태에 따라 홍차와 녹차를 구분한다.

홍차와 녹차는 차나무라는 식물의 잎이에요!

찾았다, 비밀!

① 가공 방법에 따라 달라지는 종류

홍차, 녹차, 우롱차는 맛과 색은 다르지만 모두 차나무의 잎이에요. 찻잎을 가공하는 방법에 따라 각기 다른 종류의 차가 만들어져요.

② 발효시켜서 만드는 홍차

홍차는 수확한 차나무의 잎을 햇볕이나 그늘에 말려서 만들어요. 잎 속 효소가 산소와 결합하면서 잎이 발효되고 갈색으로 변해 독특한 풍미를 가져요.

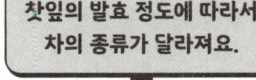

찻잎의 발효 정도에 따라서 차의 종류가 달라져요.

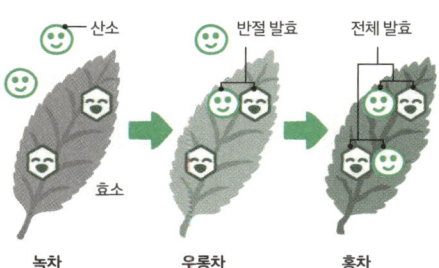

③ 발효시키지 않는 녹차

녹차는 수확한 잎을 바로 덖어서 만들어요. 이러면 효소가 파괴되어 발효가 멈추므로 찻잎 본연의 맛과 향을 즐길 수 있어요. 우롱차는 홍차와 녹차의 중간 단계로, 찻잎을 조금만 발효시켜 만들어요.

잡초는 저절로 자랄까?

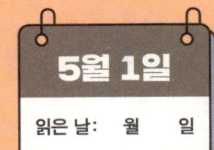

5월 1일
읽은 날: 월   일

❓ 퀴즈

❶ 흙 속에 씨와 뿌리가 섞여 있다가 잡초로 자란다.
❷ 흙이 식물로 변해서 잡초로 자란다.
❸ 눈에 보이지 않는 씨앗이 하늘에서 떨어져 자란다.

정답 ❶ 흙에는 다양한 식물의 씨앗이 섞여 있다.

> 사실 '잡초'라는 이름을 가진 식물은 없어요. 모든 식물에는 각기 이름이 있어요.

🔍 찾았다, 비밀!

① 흙에 섞여 있는 잡초 씨와 뿌리

흙 속에는 잡초 씨가 많아요. 잡초의 뿌리는 튼튼해서 줄기가 잘려도 쉽게 죽지 않아요. 잡초를 뽑거나 잘라도 씨앗이나 뿌리가 땅속에 남아 있으면 다시 자라요.

② 동물과 바람이 옮기는 잡초

어떤 잡초의 씨는 동물의 몸에 달라붙거나 바람에 날려 멀리까지 이동해 싹을 틔워요.

③ 잡초의 강한 생명력

대개 잡초는 곡식이나 열매를 수확하려고 인간이 가꾸는 재배 식물보다 생명력이 강해요. 물이 적거나 그늘진 곳에서도 무럭무럭 자라요. 강한 생명력은 잡초가 끈질기게 살아남는 이유예요.

> 어디에서나 잘 자란다는 것은 생명력이 매우 강하다는 뜻이 아닐까요?

밀물과 썰물이 나타나는 이유는?

우주·지구

5월 2일
읽은 날: 월 일

궁금증 해결!

달의 인력이 지구에 작용해 밀물과 썰물이 발생한다.

> 태양의 인력도 조금은 밀물과 썰물에 영향을 미치고 있어요.

찾았다, 비밀!

> 달의 힘에 강하게 끌려서 밀물과 썰물이 일어나요.

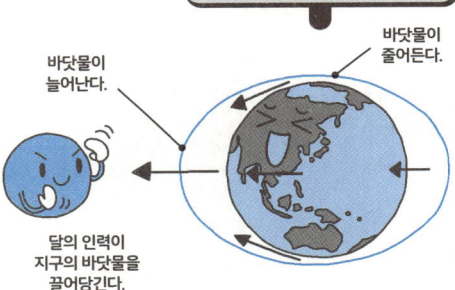

바닷물이 늘어난다.
바닷물이 줄어든다.
달의 인력이 지구의 바닷물을 끌어당긴다.

① **모든 물질에 작용하는 인력**

질량을 가진 모든 물체에는 서로 끌어당기는 '인력'(▶87쪽)이 작용해요. 특히 달의 강한 인력은 지구의 바다에 영향을 미쳐 밀물과 썰물을 만들어요.

② **달에 가까운 쪽과 먼 쪽이 밀물**

달과 가까운 바다는 달의 강한 인력으로 당겨지고 부풀어 올라 밀물이 돼요. 달에서 먼 바다는 지구가 공전하며 생기는 '원심력'(▶165쪽)과 인력의 작용으로 수위가 높아져 밀물이 돼요. 예를 들어 우리나라가 밀물일 때 지구 반대편인 우루과이도 밀물이에요.

③ **바닷물이 다른 장소로 끌어당겨지면 썰물**

한편 밀물이 차오르고 나면 다음 밀물이 찾아오기 전까지 바닷물이 다시 빠져나가면서 수위가 낮아지는 썰물이 되어요.

시력이 나쁜 사람과 좋은 사람의 차이는?

5월 3일

읽은 날: 월 일

궁금증 해결!

시력이 나쁘면 망막에 맺히는 모습이 뚜렷하지 않다.

안경은 빛의 굴절을 보정해서 망막의 제 위치에 상이 맺히도록 해요.

찾았다, 비밀!

① 망막에 상이 맺히게 만드는 수정체

눈동자에는 수정체라는 렌즈가 있어요. 이 수정체가 눈에 들어온 빛을 굴절시켜 안구 속 망막에 물체의 상을 비춰서 세상을 볼 수 있게 해요.

근시는 멀리 있는 것을 보면 망막보다 앞쪽에 상이 맺혀요.

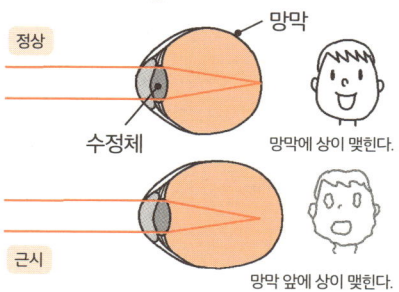

② 시력이 나쁘면 시야가 흐리게 보인다

그런데 안구의 안쪽이 길어지거나 짧아지면 상이 망막 위에 맺히지 않아 뿌옇게 보여요. 망막 앞에 상이 맺혀 멀리 있는 물체를 선명하게 보지 못하는 시력을 '근시', 망막보다 뒤에 상이 맺혀 가까이 있는 물체를 선명하게 보지 못하는 시력을 '원시'라고 해요.

③ 수정체가 약해져서 생기는 노안

나이를 먹으면서 빛을 굴절시키는 수정체의 힘이 약해지기도 해요. 이것을 노안이라고 불러요. 주로 가까이에 있는 물체가 뿌옇게 보여요.

자연

바람은 왜 부는 걸까?

5월 4일
읽은 날: 월 일

❓ 퀴즈

> 파도가 물의 움직임이라면 바람은 공기의 움직임이에요.

❶ 기압 차이에 의해 공기가 움직여서 바람이 분다.
❷ 사람의 숨이 모여 흐름을 만들어서 바람이 분다.
❸ 태양에서 바람이 불어와서 분다.

정답 ❶ 공기는 기압이 높은 곳에서 낮은 곳으로 이동한다.

🔍 찾았다, 비밀!

> 기압 차이가 클수록 강한 바람이 불어요.

① 고기압과 저기압의 차이

지구에는 기압이 낮은 저기압 장소와 기압이 높은 고기압 장소가 있어요. 공기는 고기압에서 저기압으로 이동해요. 이 공기의 움직임이 바로 '바람'이에요.

② 저기압을 향해 부는 바람

공기는 따뜻해지면 가벼워져서 위로 올라가 고기압을 형성하고, 공기가 하늘로 올라가면 지면에는 공기가 적어 기압이 내려가 저기압이 형성되어요.

③ 낮에 부는 해풍, 밤에 부는 육풍

바다와 산 근처는 기압이 변화무쌍해서 바람이 잘 불어요. 예를 들면 해안가에서는 바다보다 육지의 온도가 변덕이 심해요. 그래서 낮에는 상대적으로 차가운 바다에서 따뜻한 육지로 '해풍'이 불고, 밤이면 차가워진 육지에서 바다 쪽으로 '육풍'이 불지요.

일상과학: 어떤 풍선이 하늘 위로 떠오를까?

5월 5일
읽은 날: 월 일

궁금증 해결!

떠오르는 풍선에는 헬륨이 들어 있다.

> 헬륨보다 가벼운 기체는 수소밖에 없어요.

찾았다, 비밀!

① 입으로 불면 떠오르지 않는 풍선

놀이공원에서 산 풍선은 둥실둥실 떠올라 손에서 놓치면 순식간에 하늘 높이 날아가요. 반면 입으로 바람을 불어넣은 풍선은 아무리 빵빵해도 공중에 떠오르지 않아요. 이는 풍선 속을 채우는 기체의 종류가 달라서 생기는 현상이에요.

> 헬륨이 공기보다 가벼워서 헬륨 풍선은 공기보다 위로 올라가려고 해요.

헬륨은 가볍다. 풍선이 떠오른다.

공기는 무겁다. 풍선이 떠오르지 않는다.

② 날아가는 풍선에 들어 있는 헬륨

공중에 둥실둥실 뜨는 풍선 안에는 '헬륨'이라는 기체가 가득해요. 헬륨은 공기를 비롯해 거의 모든 기체보다 가벼워서 풍선에 헬륨을 넣으면 둥둥 떠올라요.

③ 입으로 열심히 불어도 풍선이 뜨지 않는 이유

우리가 입으로 풍선을 불면 풍선 안에 공기가 들어가요. 그러견 풍선 안과 밖은 동일한 공기로 무게가 다르지 않아 풍선이 하늘로 떠오르지 않아요. 다만 공기는 따뜻해지면 가벼워지므로 풍선 속 공기를 따뜻하게 만들면 풍선이 하늘로 떠오를 수 있어요.

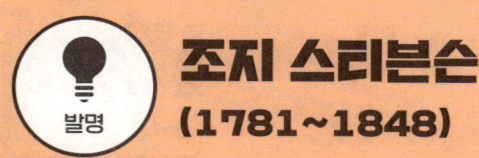
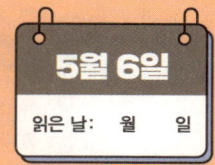

발명 / 조지 스티븐슨 (1781~1848) / 5월 6일 / 읽은 날: 월 일

? 어떤 사람일까?

세계에서 가장 먼저 실용적인 증기 기관차를 만든 발명가

> 가난한 어린 시절을 보낸 그는 18세가 될 때까지 아무런 교육을 받지 못했어요.

대단한 과학자!

> 안전 램프가 발명되기 전 광산에서는 횃불을 사용했어요. 횃불은 탄광에서 발생하는 가스와 섞여 폭발하기도 했어요.

① 광부를 위한 안전한 램프 발명

스티븐슨은 영국의 와이램이라는 탄광촌에서 태어났어요. 형편이 넉넉하지 않아서 아버지를 따라 탄광에서 일하며 공부했고, 탄광에서 일하는 광부들을 위해 안전한 램프를 발명했어요.

② 실용적인 증기 기관차를 개발

그는 동시에 증기 기관차 개발에도 큰 흥미를 가졌어요. 당시 증기 기관차는 고장이 잦아 불편했어요. 스티븐슨은 증기 기관(▶116쪽)과 바퀴를 개량해서 실용적인 증기 기관차를 개발하는 데 성공했어요.

③ 세계 최초의 근대적인 철도 노선 개통

1825년 스티븐슨은 세계에서 처음으로 승객을 태운 증기 기관차가 지나는 철도를 설치했어요. 이어서 1830년에 스티븐슨이 두 번째로 설치한 리버풀-맨체스터 노선은 최초의 근대적인 철도 노선이라고 불려요.

바나나 껍질에 생긴 검은 반점의 정체는?

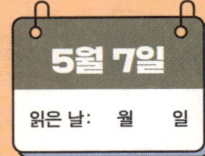

5월 7일

읽은 날: 월   일

❓ 퀴즈

❶ 껍질의 성분이 변하면 생긴다.
❷ 껍질에 곰팡이가 피면 생긴다.
❸ 바나나 씨로 심으면 자란다.

정답 ❶ 바나나 껍질 속 폴리페놀 성분이 변해서 검은 반점이 생긴다.

검은 반점은 바나나가 맛있게 익었다는 증거예요!

🔍 찾았다, 비밀!

초록색 바나나는 아직 덜 익은 상태예요. 검은 반점이 생겨야 바나나가 맛있다는 사실을 기억하세요!

① 산화하는 바나나 껍질 속 성분

바나나 껍질에는 '폴리페놀'이라는 물질이 들어 있어요. 폴리페놀은 공기 중에 있는 산소와 만나면 갈색으로 변해요. 이처럼 어떤 물질이 산소와 만나 변하는 현상을 '산화'라고 해요.

② 시간이 흐르면 계속 산화하는 폴리페놀

바나나는 시간이 흐르면서 계속 산화해요. 즉 바나나 껍질 표면의 검은 반점은 바나나가 익을수록 많아지고 진해져요.

③ 잘 익은 바나나에 생기는 검은 반점

바나나가 숙성되면 과육의 녹말 성분은 당으로 바뀌면서 달콤하고 부드러워져요. 바나나의 검은 반점은 바나나의 단맛을 알려 주는 점이라는 뜻으로 '슈거 스폿(sugar spot, 설탕점)'이라고도 불려요.

식물의 잎은 왜 초록색일까?

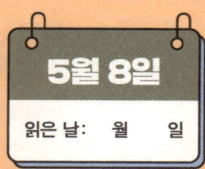

5월 8일
읽은 날: 　월　　일

궁금증 해결!

식물의 잎에는 광합성을 하기 위한 초록색 색소가 많다.

> 녹색 색소는 광합성에 꼭 필요해요.

찾았다, 비밀!

① 광합성과 초록색 나뭇잎

식물은 나뭇잎 속 엽록체에서 광합성을 통해 빛 에너지를 영양소로 만들어요. 엽록체에는 '엽록소'라는 빛을 흡수하는 초록색 색소가 있어요. 엽록소가 나뭇잎을 녹색으로 보이게 만들지요.

② 나뭇잎을 노랗게 물들이는 색소

가을이 되면 초록색이었던 은행나무 나뭇잎은 노란색을 띠어요. 이는 엽록소가 분해되면서 나뭇잎에 있던 '크산토필'이라는 노란색 색소가 두드러지게 나타난 결과예요.

③ 나뭇잎을 빨갛게 물들이는 색소

한편 가을이 되면 어떤 나뭇잎은 빨갛게 물들기도 해요. 이는 엽록소가 분해되면서 새롭게 '안토시아닌'이라는 빨간색 색소가 만들어져서 우리 눈에 붉게 보여요.

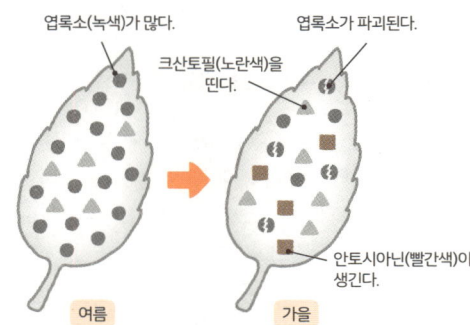

> 나뭇잎은 계절마다 달라지는 색소의 영향으로 다른 색을 띠어요.

우주·지구
나침반의 바늘은 왜 북쪽을 가리킬까?

5월 9일
읽은 날: 월 일

? 퀴즈

나침반에는 자석이 들어 있어요.

❶ 북쪽을 향하는 기계가 설치되어 있다.
❷ 바늘이 북극성의 힘에 이끌린다.
❸ 지구가 자석이라서 바늘을 끌어당긴다.

정답 ❸ 지구 역시 하나의 거대한 자석이라서 자석으로 만든 나침반의 바늘을 끌어당긴다.

🔍 찾았다, 비밀!

자석의 N극은 북쪽(North), S극은 남쪽(South)을 가리켜요.

① 지구는 하나의 거대한 자석

우리가 사는 지구는 하나의 커다란 자석으로 북극은 S(에스)극, 남극은 N(엔)극이에요. 지구 내부를 구성하는 외핵(▶111쪽)에는 철을 비롯해 전기가 잘 흐르는 광물이 액체 상태로 소용돌이를 그리며 흘러요. 이 움직임으로 지구는 전기와 자기장을 가진 자석이 되는 거예요.

② 자석의 성질을 이용한 나침반

나침반 바늘도 자석이에요. 자석의 N극과 S극은 서로 다른 극을 끌어당기는 성질이 있어요. 따라서 N극의 나침반 바늘은 S극의 지구 북극을 가리키지요.

③ 계속 움직이는 지구의 N극과 S극

지구의 N극과 S극은 북극점과 남극점 바로 위에 있지 않아요. 예를 들면 북극의 S극은 북극점에서 수백 킬로미터 떨어져 있으며, 그 위치는 계속 이동해요.

부러진 뼈는 다시 붙을 수 있을까?

인체

5월 10일
읽은 날: 월 일

💡 궁금증 해결!

오래된 뼈가 부러지면 새로운 뼈가 만들어진다.

뼈세포가 작용해 골절을 치료해요.

🔍 찾았다, 비밀!

① 골절 부위에 피가 고이는 이유

몸의 다른 부분과 마찬가지로 뼛속에도 혈관이 지나가며 혈액이 흘러요. 뼈가 부러지면 혈관도 함께 끊어져 뼈가 부러진 주변이 부어요.

② 부러진 뼈가 다시 붙는 원리

부러진 부위를 움직이지 않도록 고정시키면 시간이 지나면서 새로운 혈관이 만들어져요. 혈관을 통해 운반되는 영양소로 연골이 생성되고, 부러진 뼈가 다시 연결되어요.

혈액은 영양소를 운반하고, 세포는 영양소를 사용해서 새로운 뼈를 만들어요.

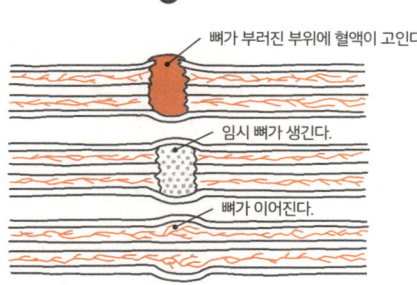

뼈가 부러진 부위에 혈액이 고인다.
임시 뼈가 생긴다.
뼈가 이어진다.

③ 골절 부위에 새로운 뼈가 만들어진다

새로 만들어진 연골은 점차 단단해져요. 파골세포※가 오래된 뼈를 부수고, 골아세포※※가 새로운 뼈를 만들면서 골절이 치료돼요. 골절이 나을 때까지 대체로 1~3개월이 걸려요.

※파골세포: 뼈가 새로 생기거나 회복될 때 불필요한 뼈 조직을 파괴, 흡수하는 세포.
※※골아세포: 뼈를 만들고, 두껍게 만드는 세포.

157

산에서 메아리가 울리는 이유는?

자연

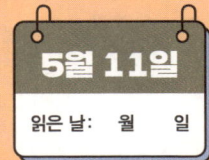

5월 11일
읽은 날: 월 일

 궁금증 해결!

메아리는 여러 산에 부딪힌 소리가 엇박자로 되돌아오는 현상이다.

옛날에는 도깨비의 장난이라고 생각했어요.

찾았다, 비밀!

① 메아리는 목소리가 되돌아오는 현상

산꼭대기에 올라 "야호~"하고 크게 외치면 목소리가 몇 번씩 울려요. 우리가 '메아리'라고 부르는 현상으로, 소리가 물체에 부딪히면 튕겨서 돌아오면서 발생해요.

② 돌아오는 시간이 다른 소리

산으로 둘러싸인 곳에서 소리를 지르면 목소리가 여기저기에 부딪힌 다음 되돌아와요. 이때 각각의 산이 얼마나 멀리 있는지에 따라서 소리가 돌아오는 시간이 달라져요.

③ 가까우면 빠르게, 멀면 느리게 도착하는 소리

1초에 약 340미터씩 이동하는 소리의 속도는 대체로 일정해요. 따라서 소리가 가까운 산에 부딪히면 금세 돌아오고, 먼 산에 닿으면 시간이 꽤 흐른 다음에 돌아와요. 이렇게 사방에서 튕겨 돌아오기 때문에 메아리가 여러 번 들려요.

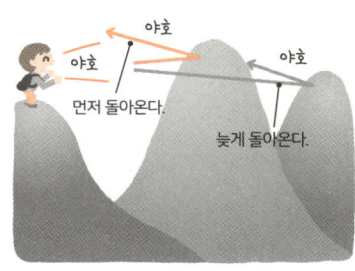

소리가 위치가 제각각인 여러 산에 부딪혀 되돌아와요.

일상과학 — 도로에서 차가 막히는 이유는 무엇일까?

5월 12일
읽은 날: 월   일

퀴즈

❶ 특정 장소에서 차 속도가 빨라져서 막힌다.
❷ 특정 장소에서 차 속도가 느려져서 막힌다.
❸ 사고를 예방하는 장치가 교통 체증을 일으킨다.

정답 ❷ 오르막이나 굽은 길 등에서 속도를 늦추면 정체의 원인이 된다.

지금으로서는 교통 체증이 사라지지 않을 것 같아요.

찾았다, 비밀!

차가 막히면 배기가스 배출량이 늘어 심각한 기후 문제를 만들어요. 도로 정체를 가능한 줄이는 기후 위기 대책이 마련되고 있어요.

① 오르막에서 생기는 교통 체증

차는 오르막에 접어들면 속도가 약간 떨어져요. 대개 운전자는 느려진 속도를 별로 신경 쓰지 않지만 이로 인해 교통의 흐름이 늦어지고 차가 막히게 되어요.

② 차의 속도를 반드시 늦춰야 하는 장소

급격하게 굽은 길이나 터널 입구, 공사로 인해 폭이 좁아진 도로에서도 차가 막히기 쉬워요. 사고의 위험을 줄이려면 차의 속도를 반드시 늦춰야 하는 장소이기 때문이에요.

③ 차선을 바꾸면 교통 체증은 더 심해진다

도로에서 차가 막히면 운전자는 옆으로 차선을 옮기려고 해요. 하지만 동시에 많은 차량이 차선을 변경하면 그때마다 뒤차가 멈추게 되면서 도로 정체는 더욱 심해져요.

마이클 패러데이
(1791~1867)

발명

5월 13일
읽은 날: 월 일

? 어떤 사람일까?

전기와 자기의 관계를 밝힌 노력파 물리학자

> 학교에 다니지 못했지만, 과학에 대한 열의가 대단했어요.

대단한 과학자!

① 노력해서 직접 기회를 만들다

영국 런던에서 대장장이의 아들로 태어난 패러데이는 집안이 가난했던 탓에 학교를 거의 다니지 못했어요. 하지만 강연을 찾아다니며 열심히 공부했고, 그의 재능을 알아본 화학자 험프리 데이비에 의해 실험 조수로서 왕립 연구소에서 일하게 되었어요.

> 패러데이는 왕립 연구소에서 스타 강사로 유명했어요. 특히 형편이 어려운 어린이를 대상으로 진행한 크리스마스 과학 강연은 무척 좋은 평가를 받았어요.

② 처음으로 밝힌 전기와 자기의 관계

왕립 연구소의 정식 회원이 된 패러데이는 전선 근처에서 자석으로 전류의 흐름을 유도할 수 있다는 사실을 발견했어요. 이 현상을 '전자기 유도'라고 하며 물리학 분야에서 패러데이가 남긴 커다란 업적으로 꼽혀요.

③ 전자 기기 제작에 꼭 필요한 전자기 유도

전자기 유도는 전기를 사용하는 기계에 꼭 필요한 원리예요. 스피커나 발전기 등 많은 전자 기기를 제작할 때 전자기 유도 원리를 사용해요. 패러데이의 업적을 기리고자 전기 용량을 나타내는 단위를 '패럿(F)'이라고 이름 붙였어요.

냉장고 속 음식은 안 썩을까?

5월 14일
읽은 날: 월 일

궁금증 해결!

쉽게 썩지 않을 뿐 썩지 않는 것은 아니다.

냉장고에서 보관하는 음식도 최대한 빨리 먹어야 좋아요.

찾았다, 비밀!

① 온도가 낮을수록 둔해지는 미생물

음식물을 상하게 하는 건 미생물의 활동이에요. 다만 미생물은 온도가 낮을수록 둔해져요. 영하 12도 이하에서는 미생물이 거의 활동하지 않아 음식물이 쉽게 상하지 않아요.

② 냉장실에서는 활동하는 미생물

냉장고의 냉장실 온도는 3~7도 정도예요. 냉장실에서는 미생물이 느리게 움직이므로, 음식물은 실온에서보다 천천히 상해요.

③ 미생물은 냉동실에서 활동할 수 없다

냉동실 온도는 영하 18도 정도예요. 미생물이 제대로 활동할 수 없지요. 얼려도 맛이 변하지 않는 음식물이라면 냉장실보다 냉동실에서 더 오래 보관할 수 있어요.

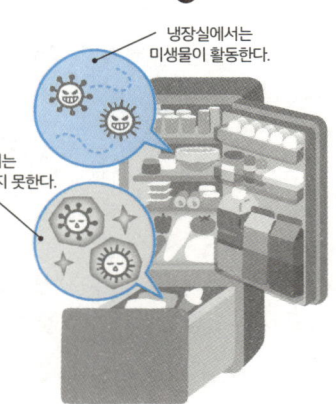

냉장실에서는 미생물이 활동하므로 음식이 썩어요.

냉장실에서는 미생물이 활동한다.

냉동실에서는 미생물이 활동하지 못한다.

소는 풀만 먹어도 건강할까?

5월 15일
읽은 날: 월 일

궁금증 해결!

몸속 미생물 덕분에 풀만 먹어도 영양소를 충분히 섭취할 수 있다.

모두 알고 있었나요?
풀은 고기보다 질기다는 사실!

찾았다, 비밀!

① 다양하게 영양소를 섭취하는 사람

사람은 식물만 섭취해서는 충분한 영양소를 얻지 못할 수 있어요. 밥과 고기처럼 다양한 음식을 함께 먹어서 필요한 영양소를 흡수해요.

② 초식 동물에게 있는 특별한 미생물

소를 비롯한 초식 동물의 위장에는 식물을 분해해서 영양소를 만드는 미생물이 살아요. 소는 풀만 먹어도 미생물의 작용으로 영양소를 충분히 흡수할 수 있어요.

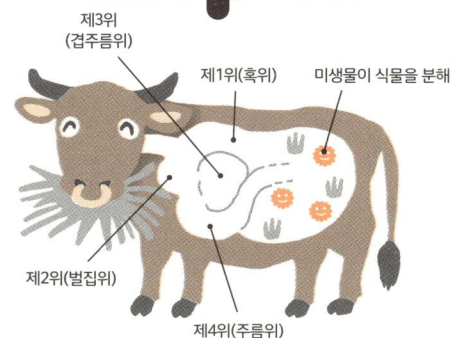

소는 네 개의 위로 식물을 오랫동안 소화시켜요.

제3위 (겹주름위)
제1위 (혹위)
미생물이 식물을 분해
제2위 (벌집위)
제4위 (주름위)

③ 식물과 미생물을 함께 흡수하는 초식 동물

미생물이 작용하더라도 식물을 완전히 소화하려면 많은 시간이 필요해요. 오랜 시간 소화해야 하는 초식 동물의 위장은 육식 동물보다 훨씬 길어요. 초식 동물은 소화한 식물을 미생물과 함께 통째로 흡수해서 영양소를 얻어요.

우주·지구
별은 낮 동안 어디에 숨어 있을까?

5월 16일
읽은 날: 월 일

? 퀴즈

❶ 지구의 뒤쪽으로 이동한다.
❷ 볼 수 없는 장소로 사라진다.
❸ 보이지 않을 뿐 항상 하늘에 떠 있다.

정답 ❸ 별은 낮에도 떠 있지만 하늘이 밝아서 잘 보이지 않는다.

달은 낮에도 어렴풋이 보이던데….

🔍 찾았다, 비밀!

별은 낮에도 우리 머리 위에서 빛나고 있구나.

① 변하지 않는 별의 위치

지구가 팽이처럼 자전하기 때문에 밤하늘의 별은 동쪽에서 서쪽으로 움직이는 듯이 보여요. 하지만 실제로 별의 위치가 달라지지 않아요.

② 낮에도 하늘에 떠 있는 별

별은 낮에도 밤에도 항상 같은 자리에 있어요. 까만 밤하늘에서는 별이 선명하게 보이고, 낮에는 해가 눈부시게 밝아서 별이 잘 보이지 않을 뿐이에요.

③ 계절에 따라 달리 보이는 별자리

같은 시각, 같은 각도에서 보더라도 계절마다 보이는 별자리가 달라져요. 지구가 태양 주위를 공전하기 때문이에요. 오늘은 낮에 떠 있어서 보이지 않는 별이라도 몇 개월이 지나면 밤하늘에서 볼 수도 있지요.

인체 | 눈물은 왜 나올까?

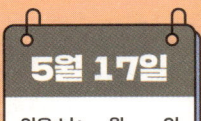

5월 17일
읽은 날:　　월　　일

❓ 퀴즈

❶ 눈의 표면을 닦으려고 눈물이 나온다.
❷ 눈을 빛내려고 눈물이 나온다.
❸ 먼 곳을 잘 보려고 눈물이 나온다.

정답 ❶ 눈물은 눈에 달라붙은 먼지와 이물질을 씻어 낸다.

> 눈 표면은 항상 눈물로 덮여 있어요.

🔍 찾았다, 비밀!

> 눈물의 양이 줄어들면 안구 건조증이 생기고 눈에 상처가 나기도 해요.

① 눈을 보호하는 눈물

눈물은 눈꺼풀 안쪽에 있는 눈물샘에서 만들어요. 눈물샘은 쉬지 않고 눈물을 만들어 눈 표면으로 조금씩 흘려보내요. 눈물은 눈 표면을 흐르면서 표면에 붙은 작은 먼지를 씻어 내고 눈이 건조해지지 않도록 만들어요.

② 눈물을 퍼뜨리는 눈 깜빡임

눈을 깜빡이면 눈물이 눈 표면 전체에 퍼져요. 1분에 약 20회 눈을 깜빡이면 눈을 건조하지 않고 촉촉하게 보호할 수 있어요.

③ 감정에 따라 눈물이 나오기도 한다

눈물샘은 신경 작용에 매우 민감해요. 화가 나거나 슬픈 감정을 느껴서 신경 작용이 활발해지면 눈물이 나오기도 해요.

롤러코스터를 타도 떨어지지 않는 이유는?

5월 18일
읽은 날: 　월　　일

궁금증 해결!

원심력이 작용해서 사람이 떨어지지 않는다.

> 물이 들어 있는 양동이를 휘휘 돌리면 원심력을 확인할 수 있어요.

찾았다, 비밀!

① 이유는 바로 원심력

지구의 모든 물체에는 항상 중력(▶36쪽)이 작용해요. 하지만 롤러코스터가 360도 회전해도 타고 있는 사람은 떨어지지 않지요. 바로 원심력이 작용하고 있기 때문이에요.

② 원심력과 중력이 만드는 힘의 균형

원을 그리는 원운동을 하는 물체에는 원의 바깥으로 나가려는 원심력이라는 힘이 작용해요. 회전하는 롤러코스터에 작용하는 원심력과 물체를 지구 중심으로 끌어당기는 중력이 균형을 이루어서 사람이 아래로 떨어지지 않아요.

> 거꾸로 뒤집혀도 레일 방향에 원심력이 작용해요.

앞으로 나아가는 힘 / 원심력 / 맞물려 균형 / 중력

③ 속도가 느릴수록 약해지는 원심력

원심력의 크기는 물건이 움직이는 속도에 따라 변해요. 만약 롤러코스터의 속도가 느려져 원심력과 중력 사이의 균형이 깨지면 사람은 중력에 의해 아래로 떨어지고 말아요.

물티슈 액체의 주요 성분은?

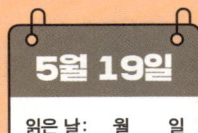

5월 19일

읽은 날: 월   일

❓ 퀴즈

❶ 물
❷ 녹차
❸ 세제

> 손 씻기와 마찬가지라고 생각하면 좋을 것 같아요.

정답 ❶ 물 이외에 알코올이나 방부제도 들어간다.

🔍 찾았다, 비밀!

> 액체를 머금고 있는 물티슈는 일반 티슈보다 튼튼한 소재로 만들어요.

① 액체를 머금은 물티슈

물티슈는 우리 몸이나 주변 물건에 묻은 오염물을 닦을 때 사용해요. 물을 주요 성분으로 만든 물티슈는 항상 촉촉하게 젖어 있어요.

② 물티슈에 있는 또 다른 성분

물티슈에는 물 이외에도 다양한 성분이 들어가요. 기름기를 제거하는 알코올, 곰팡이와 세균의 번식을 막는 방부제, 피부가 거칠어지는 것을 막는 보습제를 넣어 물티슈를 만들어요. 제품에 따라서는 오염물을 깨끗하게 닦아 내는 특별한 성분을 첨가하기도 해요.

③ 물티슈를 오래 사용하는 방법

물티슈는 시간이 지나면 말라서 사용하기 어려워요. 수분이 증발하기 때문이에요. 밀폐력이 뛰어난 용기에 보관해야 수분을 오래 유지한 채로 사용할 수 있어요.

발명

전동기는 어떤 원리로 작동할까?

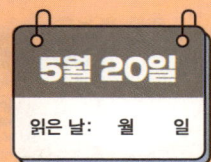

5월 20일

읽은 날: 월 일

궁금증 해결!

전선에 전류가 흐르면 생기는 전자기력을 사용한다.

전동기를 처음으로 만든 사람은 패러데이(▶160쪽)예요.

찾았다, 비밀!

① 자석 주변에 전류가 흐르면 생기는 힘

자석 근처 전선에 전류를 흘리면 자력과 직각 방향으로 새로운 힘이 작용해요. 이때 작용하는 힘을 '전자기력'이라고 불러요. 전류 방향을 거꾸로 돌리면 전자기력 방향도 반대로 바뀌어요.

② 코일과 자석으로 만드는 전동기

전동기 속에는 코일※이 들어 있고, 바깥쪽에 자석이 붙어 있어요. 코일에 전류가 흐르면 코일 오른쪽과 왼쪽에 각각 전류의 반대 방향으로 전자기력이 생겨서 코일이 회전해요.

전동기가 돌아갈 수 있게 전류 방향을 바꿔서 전자기력을 만들어요.

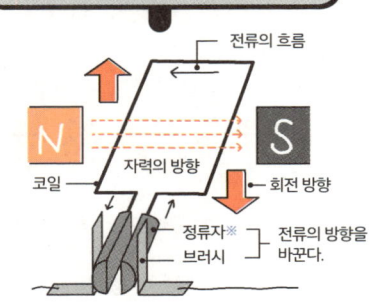

※정류자: 코일에 흐르는 전류의 방향을 유지하는 장치.

※코일 : 나사 모양이나 원통 꼴로 여러 번 감은 도선.

③ 코일이 같은 방향으로 계속 돈다

코일은 반절 지점에서 회전 방향을 바꾸므로 전동기는 반절 회전할 때마다 코일에 흐르는 전류의 방향을 바꾸도록 설정되어 있어요. 이에 따라 항상 같은 방향으로 전자기력이 발생하면서 전동기가 작동해요.

우유를 마시면 배탈이 나기 쉽다?

음식

5월 21일
읽은 날: 월 일

🔍 궁금증 해결!

소화 효소가 적으면
우유를 마시고 쉽게 배탈이 난다.

어릴 때부터 계속 마시면 배탈이 잘 안 나기도 해요.

찾았다, 비밀!

① 우유를 소화시키는 락타아제

'락타아제'는 소장의 소화 효소로 우유에 들어 있는 락토스를 포도당과 갈락토스로 분해하여 소화를 도와요. '락토스'는 유당 또는 젖당이라고도 불려요.

② 락타아제가 줄어드는 사람

어릴 때는 락타아제가 충분해서 우유를 많이 마셔도 잘 소화해요. 하지만 성장하면서 락타아제의 양이 줄어들면 우유를 제대로 소화하지 못해 배탈이 나기도 해요.

어른이 되면서 유당을 분해하는 능력이 떨어지면, 우유를 먹고 배탈이 나기 쉬워요.

락토스
락타아제가 많다. 어린이
락타아제가 적다. 어른

③ 네 명 중 세 명 이상이 겪는 유당불내증

락타아제가 부족하여 우유를 제대로 소화하지 못하는 증상을 유당불내증이라고 해요. 미국 국립 보건원(NIH)에 따르면 전 세계 인구의 70퍼센트 이상이 유당불내증을 겪고 있어요.

벌은 누구를 위해 벌꿀을 만들까?

5월 22일
읽은 날: 월 일

? 퀴즈

❶ 먹이로 먹으려고 만든다.
❷ 사람에게 주려고 만든다.
❸ 곰에게 주려고 만든다.

정답 ❶ 벌은 꽃꿀로 벌꿀을 만들어 먹는다.

꿀을 채취한 꽃의 종류에 따라 벌꿀의 맛도 달라져요.

🔍 찾았다, 비밀!

① 꽃꿀로 만드는 벌꿀

꿀벌은 꽃의 꿀샘에서 분비하는 꽃꿀을 모아서 벌꿀을 만들어요. 모든 꽃꿀이 벌꿀이 되지는 않아요. 꽃꿀이 꿀벌의 타액 속 효소와 섞이면서 벌꿀로 변해요.

② 몸에 흡수되기 쉬운 벌꿀

꽃꿀의 주요 성분은 당분이에요. 벌꿀은 당분이 잘게 분해된 포도당과 과당을 많이 포함하고 있어서 몸에 흡수되기 쉬워요.

③ 영양 만점 벌꿀로 기르는 애벌레

벌꿀에는 당분뿐 아니라 비타민을 비롯해 다양한 성분도 들어 있어요. 꿀벌이 열심히 일해서 만든 영양 가득한 벌꿀은 벌들의 먹이가 되고, 애벌레를 키우는 데에도 쓰여요.

여왕벌이 될 애벌레만 '로열 젤리'라는 특별한 꿀로 기른다고 해요.

별은 정말 반짝반짝 빛날까?

우주·지구

5월 23일
읽은 날: 월 일

? 퀴즈

> 별이 반짝이는 현상을 '신틸레이션'이라고 해요.

❶ 별빛이 깜빡여서 빛난다.
❷ 공기가 움직여서 빛나는 것처럼 보인다.
❸ 달이 별을 반짝이게 조종한다.

정답 ❷ 습도나 밀도가 다른 공기가 움직여 별이 반짝이는 듯이 보인다.

🔍 찾았다, 비밀!

> 태양이 항상 일정하게 빛나는 것처럼 실제로 별빛은 변하지 않아요.

① 공기의 움직임이 만드는 착시 효과

빛은 공기에 닿으면 굴절하는데, 공기의 습도나 밀도에 따라 굴절각이 변해요. 지구는 더운 공기층으로 뒤덮여서 공기의 흔들림에 따라 빛의 굴절이 달라지고, 이 때문에 별이 반짝이는 듯이 보여요.

② 편서풍이 만드는 별의 반짝임

우리나라에서는 강한 편서풍의 영향으로 공기의 흐름이 크게 변해요. 이 때문에 별이 반짝이는 것처럼 보일 때가 많아요.

③ 천문대가 산 정상에 많이 있는 이유

많은 천문대가 공기의 영향을 최대한 덜 받으려고 산꼭대기에 자리를 잡아요. 고도가 낮으면 별들이 공기의 영향을 크게 받아 하늘을 정확하게 관측하기 어려워요.

똥에서는 왜 지독한 냄새가 날까?

5월 24일
읽은 날: 월 일

? 퀴즈

❶ 지독한 냄새의 가스가 음식물에 들어 있다.
❷ 세균이 지독한 가스를 만든다.
❸ 위와 장이 지독한 냄새의 가스를 뿜어낸다.

정답 ❷ 세균이 만든 가스가 똥을 냄새나게 한다.

장 속에는 세균이 많이 살고 있어요.

🔍 찾았다, 비밀!

① 음식물 찌꺼기를 분해하는 세균

우리 몸은 음식을 위와 장에서 소화하면서 영양소를 흡수해요. 흡수되지 않고 남은 음식물 찌꺼기는 장내 세균에 의해 분해되어 똥이 되어요.

② 똥의 약 80퍼센트는 수분

소화되고 남은 음식물 찌꺼기가 똥의 전부는 아니에요. 똥의 약 80퍼센트는 수분이고 남은 20퍼센트는 음식물 찌꺼기, 세균, 벗겨진 장의 세포예요.

③ 장내 세균이 만드는 지독한 가스

장내 세균이 음식물 찌꺼기를 분해하면서 인돌, 스카톨, 유화수소라는 고약한 냄새가 나는 가스가 발생해요. 똥 냄새가 구린 이유는 바로 이 가스들의 영향이에요.

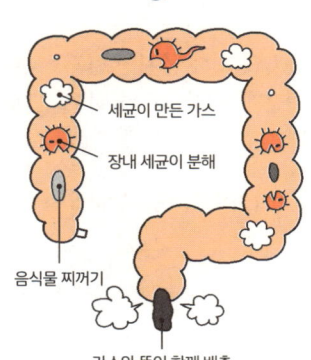

세균이 음식물을 분해할 때 가스가 발생해요.

- 세균이 만든 가스
- 장내 세균이 분해
- 음식물 찌꺼기
- 가스와 똥이 함께 배출

물에서도 전기가 통할까?

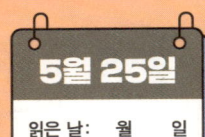
읽은 날:　월　일

❓ 퀴즈

❶ 전기가 통하는 물과 통하지 않는 물이 있다.
❷ 전기는 물에서도 통한다.
❸ 전기는 물에서 통하지 않는다.

> 번개가 바다에 떨어지면 물고기들은 어떻게 될까요?

정답 ❶ 순수한 물에서는 전기가 통하지 않지만, 소금물에서는 전기가 통한다.

🔍 찾았다, 비밀!

> 수돗물은 여러 가지 성분이 섞여 있으므로 전기가 통해요.

① 평소에 전기를 띠지 않는 대부분의 물질

물질의 기본 단위인 원자(▶314쪽)는 양전기를 띤 원자핵과 음전기를 띤 전자로 이루어져요. 대부분의 물질은 양전기와 음전기가 균형을 이루어 전기 성질을 띠지 않아요.

② 이온이 있는 액체에 통하는 전기

만약 액체에 물질이 녹으면 음전기를 띤 입자(음이온)와 양전기를 띤 입자(양이온)로 나뉘기도 해요. 전기는 이온을 통해 이동하므로 이온이 있는 액체에는 전기가 통해요.

③ 소금물에서 통하는 전기

아무것도 섞이지 않은 순수한 물에는 이온이 없으므로 전기가 통하지 않아요. 반면 소금이 녹아 있는 소금물은 이온화되어서 전기가 통해요.

일상과학
다리미는 어떻게 주름을 펼까?

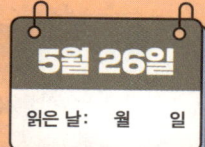

5월 26일
읽은 날: 월 일

궁금증 해결!

다림질하면 옷 섬유가 나란히 늘어선 상태가 된다.

아무리 중요해도 매일 다리미질하기는 힘들어요.

찾았다, 비밀!

① 길고 얇은 섬유로 만들어지는 옷

옷을 구성하는 섬유 속에는 분자(▶129쪽)가 규칙적으로 나란히 붙어 있어요. 하지만 옷을 세탁하면 분자의 결합이 흐트러지면서 천이 늘어나게 되지요.

② 분자가 흐트러지면서 생기는 주름

분자가 풀어진 옷을 그대로 말리면 분자가 규칙적으로 정리되지 않은 채로 굳어 버려요. 이것이 바로 옷에 생기는 주름이에요.

③ 분자를 재배열하는 다림질

다림질을 하면 헝클어진 섬유가 정리되어요.

뒤죽박죽 뒤섞인 섬유 　　　 단정하게 정리된 섬유

분자는 뜨거운 환경에서 불안정해져요. 뜨거운 열로 다림질을 하면 위에서 누르는 압력이 가해져 불안정한 분자를 규칙적으로 재배열할 수 있어요. 그래서 다림질을 하면 주름이 펴져요.

발명

발전기가 전기를 만드는 원리는?

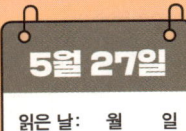

5월 27일
읽은 날: 월 일

? 퀴즈

❶ 전자기 유도 현상이 일어나서 발전한다.
❷ 공명 현상이 일어나서 발전한다.
❸ 결정화 현상이 일어나서 발전한다.

> 발전기의 구조는 전동기와 아주 비슷해요.

정답 ❶ 발전기가 회전하면 전자기 유도가 일어나 전기가 발생한다.

🔍 찾았다, 비밀!

> 코일을 돌려서 전기를 만드는 원리는 옛날부터 변함없이 사용되고 있어요.

① 전동기는 전자기력으로 움직인다

자석에 가까운 곳에서 전선이나 전선을 감은 코일에 전류를 흐르게 하면 전자기력이라는 힘이 생겨 코일을 움직여요. 전동기는 이 전자기력을 이용해서 회전하지요.

② 전동기와 반대로 움직여서 전기를 만드는 발전기

전동기와는 반대로 자석 주변에서 코일을 돌리면 전류가 생겨요. 자석 근처에서 전선을 움직이면 전류가 흐르는 현상을 '전자기 유도'라고 부르는데, 패러데이(▶160쪽)가 발견했어요. 발전기는 이 전자기 유도를 이용해서 전기를 만들어요.

③ 전동기로도 전기를 만들 수 있다?

전동기와 발전기는 원리가 정반대지만 내부 생김새는 거의 같아요. 그래서 장난감용 작은 전동기도 전동기의 축을 돌리면 약간의 전기가 발생해요.

통조림 속 음식은 썩지 않을까?

5월 28일
읽은 날: 월 일

궁금증 해결!

열처리 과정으로 곰팡이와 세균을 죽여서 내용물을 오래 보존할 수 있다.

단순히 음식을 캔에 보관한 것이 아니에요.

찾았다, 비밀!

① 음식을 썩게 만드는 곰팡이와 세균

음식이 썩는 이유는 공기 중에 떠도는 곰팡이나 세균이 붙어서 음식물이 분해되기 때문이에요. 또한 공기 중 산소와 결합해서 산화하면 맛도 떨어져요.

② 가열해서 곰팡이와 세균을 죽인다

먼저 고기나 과일 등의 식료품을 넣은 양철통에 뜨거운 열을 가해 세균을 죽여요. 그런 다음 전용 기계를 사용해 공기가 들어가지 않도록 뚜껑을 꽉 닫아요. 이렇게 하면 썩지도 않고 산화되는 일도 없이 오래 보관할 수 있지요.

밀폐해서 공기 중에 떠다니는 미생물의 영향을 피해요.

미생물 때문에 썩는다.

미생물이 들어갈 수 없다.

③ 주의가 필요한 상처나 구멍이 난 통조림

통조림을 따기 전에는 겉에 상처나 구멍이 있는지 꼼꼼하게 확인해야 해요. 만약 미세한 구멍이 있다면 미생물이 들어가서 음식물이 상했을지도 모르기 때문이에요.

공작새가 아름다운 깃털을 지닌 이유는?

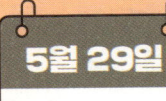

궁금증 해결!

수컷은 아름다운 깃털을 활짝 펴서 암컷에게 마음을 고백한다.

> 눈알이 줄지어 박힌 것처럼 보여서 조금 무섭지 않아요?

찾았다, 비밀!

> 수컷 공작의 위꼬리덮깃이 아름다울수록 암컷에게 인기가 많아요.

위꼬리덮깃을 펼쳐서 매력 발산

수컷 공작새

암컷 공작새

① 암컷의 마음을 두드리는 화려한 깃털

흔히 꼬리털로 알고 있는 공작새의 화려한 깃털은 공작새의 허리에 난 '위꼬리덮깃'이에요. 위꼬리덮깃은 수컷에게만 있고, 암컷에는 없어요. 수컷은 암컷의 마음을 쟁취하는 사랑의 무기로 위꼬리덮깃을 활용하지요.

② 깃털을 활짝 펼쳐 고백하는 수컷 공작

수컷 공작은 평소에는 위꼬리덮깃을 접어두었다가 마음에 드는 암컷을 만나면 힘껏 펼쳐서 마음을 고백해요. 암컷이 수컷의 고백을 받아들이면 짝이 맺어져요.

③ 번식기에만 볼 수 있는 깃털의 아름다움

다만 수컷 공작의 아름다운 위꼬리덮깃은 번식기인 봄부터 초여름까지만 볼 수 있어요. 번식기가 끝나면 위꼬리덮깃은 빠져 버려서 볼 수 없지요.

우주·지구

비행기로 우주까지 갈 수 있을까?

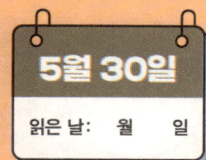
5월 30일
읽은 날: 월   일

❓ 퀴즈

비행기는 공기를 이용해서 날아요.

❶ 달까지 갈 수 있다.
❷ 우주 정거장까지 갈 수 있다.
❸ 우주까지 갈 수 없다.

정답 ❸ 비행기는 공기가 없는 우주에서는 날 수 없다.

🔍 찾았다, 비밀!

공기가 없는 우주에서 날려면 지구에서 날 때와는 다른 엔진이 필요하구나.

① 공기 없이도 날 수 있는 로켓

로켓은 로켓 엔진으로 연료를 태우면 발생하는 가스를 내뿜으면서 날아 올라요. 로켓에는 연료 이외에 산소와 산소를 만드는 장치가 실려 있어요.

② 공기 없이 날 수 없는 비행기

비행기는 주로 제트 엔진을 사용해서 앞으로 나아가요. 제트 엔진은 앞으로 공기를 빨아들여 연료와 함께 태우고, 뒤로 가스를 내뿜으며 추진력을 얻어요. 만약 빨아들일 공기가 없다면 비행기는 하늘을 날 수 없어요.

③ 공기의 압력을 이용하는 비행기 날개

곡면으로 된 비행기의 날개 위쪽은 공기의 흐름이 빨라서 공기 압력이 작아요. 반면 날개 아래쪽은 공기의 흐름이 느려서 공기 압력이 크지요. 비행기는 공기 압력이 큰 아래쪽에서 공기 압력이 작은 위쪽으로 밀어 올리는 힘인 '양력'에 의해 하늘을 날아요.

오줌이 노랗게 보이는 이유는?

5월 31일
읽은 날: 월 일

퀴즈

❶ 빛 때문에 노랗게 보인다.
❷ 오줌 속 특정 성분이 노랗게 보이게 만든다.
❸ 녹차나 오렌지 주스가 섞여서 그렇다.

정답 ❷ 오줌에 들어 있는 빌리루빈이라는 성분이 오줌을 노랗게 보이게 만든다.

사람 오줌은 약 98퍼센트가 물로 이루어져 있어요.

찾았다, 비밀!

색이 진해진 정도라면 수분 조절의 결과예요. 걱정하지 않아도 돼요.

① 몸에서 배출하는 오줌의 정체

몸속 다양한 기관이 활동하면서 필요하지 않은 물질도 생겨요. 불필요한 물질은 혈액을 통해 운반되어 신장에서 여과되고 수분과 함께 몸 밖으로 배출돼요. 이게 바로 오줌, 다른 말로 소변이에요.

② 오줌 색을 결정하는 빌리루빈

오줌은 대개 연한 노란색이에요. 오줌에 들어 있는 '빌리루빈'이라는 성분은 오래된 혈액이 파괴되면서 생긴 물질로 오줌을 노랗게 보이도록 만들어요.

③ 수분이 적으면 진해지는 오줌

몸속에 수분이 부족하면 오줌으로 배출되는 수분도 적어져요. 수분이 적어지면 오줌 속 빌리루빈의 비율이 높아지면서 노란색이 진해져요.

장마가 되면 왜 비가 계속 내릴까?

자연

6월 1일
읽은 날: 월 일

❓ 퀴즈

① 차가운 공기로 뒤덮여서 비가 내린다.
② 따뜻한 공기로 뒤덮여서 비가 내린다.
③ 차가운 공기와 따뜻한 공기가 부딪쳐서 비가 내린다.

정답 ③ 두 공기의 경계에서는 비가 자주 내린다.

> 공기의 움직임에 따라서 장마가 없는 해도 있어요.

🔍 찾았다, 비밀!

> 가을에도 두 공기의 경계가 생기는데, 이때 내리는 비를 '가을장마'라고 해요.

① 두 공기가 만나서 생기는 장마 전선

여름철에 여러 날 동안 계속해서 비가 내리는 날씨를 '장마'라고 해요. 이 무렵에는 남쪽에서 덥고 습한 공기가 세력을 키우며 올라와 북쪽의 차갑고 건조한 공기와 만나 경계를 이루어요. 두 공기가 만나는 경계를 '장마 전선'이라고 해요.

② 장마 전선이 만드는 비와 강풍

덥고 습한 공기와 차갑고 건조한 공기의 성질 차이가 클수록 많은 비와 강풍을 만들어요. 장마 전선이 한반도 위에 머물러 있으면 오랜 기간 지속적으로 비가 내리지요.

③ 장마가 끝나고 시작되는 여름

장마가 끝날 무렵이면 따뜻한 공기의 세력이 한층 강력해져서 차가운 공기를 북쪽으로 밀어내요. 따뜻한 공기가 한반도 하늘을 뒤덮으면 장마는 종료되고 본격적인 여름이 시작돼요.

 일상과학

바코드 안에는 어떤 정보가 있을까?

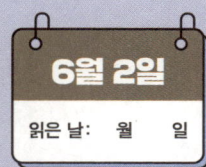
6월 2일
읽은 날: 　월　 　일

🔍 궁금증 해결!

상품에 부착된 바코드에는 상품 정보가 입력되어 있다.

> 문자와 숫자를 기계가 읽을 수 있는 기호로 변환해서 바코드를 만들었어요.

찾았다, 비밀!

① 줄무늬 기호의 정체

가게에서 파는 대다수 상품은 검고 흰 줄무늬 기호가 붙어 있어요. 줄무늬 기호에 광학 스캐너를 갖다 대면 삑 소리를 내며 상품의 정보를 읽어요. 상품에 부착된 줄무늬 기호를 '바코드'라고 해요.

② 상품 정보를 저장하는 바코드

상품의 가격이나 브랜드 정보는 13개의 숫자로 표현해요. 이를 스캐너가 읽기 편리하도록 얇거나 굵은 검은색 세로줄로 만든 것이 바로 바코드예요.

③ 바코드로 상품의 판매량을 파악한다

바코드를 사용하면 수입과 지출 상황을 간단히 파악할 수 있어요. 상품을 관리하기도 쉽고, 언제 어디에서 어떤 상품이 잘 팔렸는지 판매 정보를 통계 내기에도 좋아요.

> 광학 스캐너로 읽을 수 있는 줄무늬 기호로 숫자를 나타내요.

9 791190 846295

서적용 바코드라는 것을 나타낸다.

나라와 출판사 등을 나타내는 ISBN(아이에스비엔)

이 책의 바코드

이태규
(1902~1992)

6월 3일
읽은 날: 월 일

? 어떤 사람일까?

국립 현충원에 안장된
우리나라 최초의 화학자

> 한국 최초의 화학박사이자 세계적인 화학 연구자였어요.

대단한 과학자!

① 일본 교토제국대 유학생에서 교수까지

충청남도 예산에서 태어난 이태규는 1931년 교토제국대학에서 이학박사 학위를 받았어요. 이후 미국에서 연구를 하다가 1943년 교토제국대학 교수로 임용됐어요.

> 과학자 가운데 처음으로 국립 현충원에 안장되었으며 '대한민국 과학기술 유공자'로도 선정되었어요.

② 서울대 문리과대학 초대학장 역임

1945년 해방 직후 귀국한 이태규는 서울대 문리과대학 초대학장으로 임명됐어요. 1946년 조선화학회를 설립하며 화학을 연구하던 그는 1948년 학내 갈등을 이유로 미국으로 건너가 연구를 계속했어요.

③ 후학을 양성하며 화학 연구에 힘쓰다

1973년 한국과학기술원 석좌교수로 초빙되어 한국으로 복귀했어요. 이후 1992년까지 교수로 재직하며 후학을 양성하고 화학 연구에 몰두했어요.

온천 달걀과 반숙 달걀은 똑같다?

음식 | 6월 4일 | 읽은 날: 월 일

❓ 퀴즈

❶ 두 달걀은 똑같다.
❷ 사용되는 달걀의 종류가 다르다.
❸ 단단하게 익은 부위가 다르다.

정답 ❸ 온천 달걀은 낮은 온도에서 익혀서 노른자만 완전히 익는다.

> 반숙 달걀은 노른자, 온천 달걀은 흰자가 말캉말캉해요.

🔍 찾았다, 비밀!

> 온도에 따라서 먼저 단단해지는 쪽이 결정되는 거예요.

① 노른자만 단단한 온천 달걀

보통 반숙 달걀은 흰자만 제대로 익어서 단단하고 노른자는 덜 익어서 부드러워요. 반면 온천 달걀은 반숙 달걀과 반대로 노른자만 익어서 단단하고 흰자는 덜 익어서 몽실몽실해요.

② 높은 온도에서 익히면 반숙 달걀

100도의 끓는 물에서 달걀을 익히면 열이 바깥에서 안쪽으로 전달되어 흰자부터 익어요. 만약 속까지 열이 전달되기 전에 불을 끄면 노른자가 부드럽게 흐르는 반숙 달걀이 되지요.

③ 80도보다 낮은 온도에서 만드는 온천 달걀

달걀의 노른자는 약 70도, 흰자는 약 80도에서 완전히 익어 단단해져요. 온천 달걀은 80도보다 낮은 온도에서 오랜 시간 천천히 익히기 때문에 노른자만 단단하게 익어요.

꽃은 무엇을 위해 꿀을 만들까?

6월 5일
읽은 날: 월 일

❓ 퀴즈

❶ 개를 유인하려고 꿀을 만든다.
❷ 사람을 유인하려고 꿀을 만든다.
❸ 곤충을 유인하려고 꿀을 만든다.

정답 ❸ 꽃이 번식하려면 곤충의 도움이 필요하다.

> 유인하는 상대에게 중요한 역할을 맡기는 거예요.

🔍 찾았다, 비밀!

① 꽃은 가루받이로 씨를 만든다

꽃은 암술과 수술이 있는데, 수술 끝에서 꽃가루가 만들어져요. 이 꽃가루가 암술에 닿는 것을 '가루받이(수분)'라고 하고, 가루받이에 성공하면 암술 속의 밑씨가 '씨(종자)'로 변해요.

② 꽃가루를 배달하는 곤충

대부분의 꽃은 혼자서 꽃가루를 암술에 뿌릴 수 없어요. 그래서 꿀을 빠는 곤충에게 꽃가루를 묻히고, 그 곤충이 꽃 속에서 움직이거나 다른 꽃으로 날아가며 꽃가루를 옮겨요.

③ 예쁜 색깔로도 곤충을 유인한다

꽃은 꽃가루를 옮길 곤충을 유인하려고 좋은 향기와 달콤한 꿀을 내요. 화려한 색깔의 꽃잎도 곤충을 유인하는 역할을 해요.

> 꽃꿀을 빨아먹으려는 벌이나 나비의 방문은 꽃에게도 반가운 일이에요.

column 04
중요한
과학키워드

종자식물

3 가지 핵심 포인트

① 씨를 만드는 식물을 '종자식물'이라고 한다.
② 종자식물은 '속씨식물'과 '겉씨식물'로 나뉜다.
③ 씨는 꽃가루가 암술 속 밑씨에 붙어서 생긴다.

자라서 씨가 되는 밑씨가 씨방 속에 있으면 '속씨식물', 바깥에 나와 있으면 '겉씨식물'이에요.

속씨식물과 겉씨식물 모두 씨를 만들려면 꽃가루가 필요하지만 구조가 달라요.

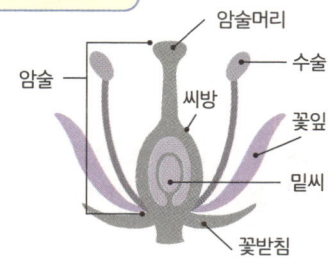

속씨식물: 밑씨가 덮여 있다.
겉씨식물: 밑씨가 노출되어 있다.

속씨식물은 겉씨식물에서 진화했어요.
지금은 속씨식물의 종류가 더 많아요.

동물과 식물은 변화하는 지구의 환경에 따라 모습을 바꾸면서 살아남았어요.

우리나라 최초의 인공위성은?

우주·지구

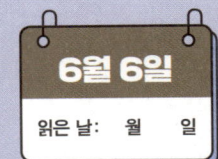

6월 6일

읽은 날: 월 일

퀴즈

❶ 1992년 8월 11일: 우리별 1호
❷ 1995년 8월 5일: 무궁화 1호
❸ 1999년 12월 21일: 아리랑 1호

정답 ❶ 우리별1호는 우리나라 최초의 인공위성이다.

> 우리나라는 세계에서 22번째로 인공위성을 보유한 나라예요.

찾았다, 비밀!

> 한국과학기술원은 우리별을 지구로 귀환시키는 프로젝트를 진행하고 있어요.

① 대한민국 최초의 인공위성 우리별 1호

남아메리카 기아나 우주센터에서 발사된 우리별 1호는 우리나라 최초의 인공위성이에요. 한국과학기술원과 영국 서리대학교 연구진이 함께 만들었어요.

② 우리별 1호의 각종 임무

우리별 1호는 지구 표면을 촬영하고, 음성 자료와 화상 정보를 교신하는 임무를 수행했어요. 1997년 공식 업무가 종료된 이후에도 2004년까지 교신하며 작동했어요.

③ 우리나라도 이제 우주 강국!

우리별 인공위성의 성공을 발판으로 우리나라는 우주 강국으로 발돋움했어요. 무궁화 위성으로 본격적인 위성통신 시대를 열었고, 2009년 전남 고흥에 한국 최초의 우주발사장을 만들었어요. 2013년에 나로호 3호도 이곳에서 성공적으로 발사됐어요.

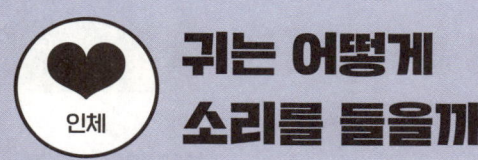
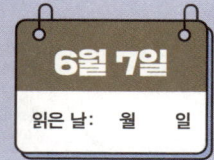

귀는 어떻게 소리를 들을까?

고막의 떨림은 귀 안쪽으로 전달되어요.

귓속 고막의 떨림이 전기 신호로 바뀌어 뇌에 전달된다.

고막의 떨림이 귓속뼈와 달팽이관을 거쳐서 청신경을 통해 뇌로 전달돼요.

① 뇌와 연결되어 있는 귀

귓구멍 안쪽에는 '고막'이라는 샷갓 모양의 얇은 막이 있어요. 고막 안쪽에는 '귓속뼈(청소골)'라는 작은 뼈가 있고, 귓속뼈는 '달팽이관'이라는 소용돌이 모양의 기관과 연결되어 있지요. 달팽이관은 청신경으로 뇌와 연결되어 있어요.

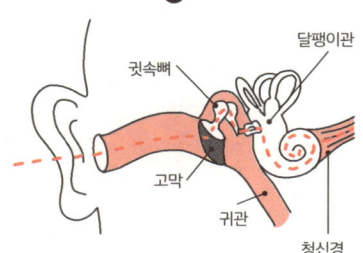

② 진동을 전기 신호로 바꾸는 청신경

공기의 떨림인 소리가 고막을 울리면 고막이 귓속뼈를 진동시키면서 더욱 증폭돼요. 귓속뼈의 진동은 달팽이관으로 전달되고, 달팽이관 속 림프액이 떨리면서 달팽이관과 연결된 청신경이 진동을 전기 신호 형태로 바꿔 뇌에 전달하지요. 이 과정을 거쳐야 사람은 비로소 소리를 인식하게 되는 거예요.

③ 양쪽 귀로 감지하는 소리의 방향

귀는 넓은 범위에서 들려오는 소리를 모으기 좋은 모양으로 생겼어요. 왼쪽과 오른쪽 양쪽에 달린 귀는 소리가 들려오는 방향을 감지해 소리 방향을 알 수 있어요.

연잎에 맺힌 물방울은 왜 구슬 모양일까?

자연

6월 8일
읽은 날: 월 일

 궁금증 해결!

연잎 표면에 있는 미세한 돌기가 물을 튕겨 내어 동그란 모양이 된다.

평범한 일상 풍경 속에도 굉장한 과학 원리가 숨어 있어요.

찾았다, 비밀!

① 물을 튕기는 연잎 효과

연잎 표면에는 눈에 보이지 않는 미세한 돌기가 왁스 성분으로 코팅이 되어 있어요. 덕분에 연잎은 물에 스며들지 않아요. 연잎처럼 물을 튕기는 작용을 '연잎 효과'라고 불러요.

② 표면 장력으로 둥글게 모이는 물방울

물은 최대한 둥글게 뭉치려는 성질이 있는데, 이를 '표면 장력'(▶250쪽)이라고 불러요. 연잎 효과로 튕겨진 물은 표면 장력에 의해 동그란 물방울이 되지요.

③ 연잎 효과의 다양한 활용 방법

물을 튕기는 연잎 효과는 벽이나 옥상에 바르는 페인트, 직물, 식품 용기 등 다양한 방면에서 활용되고 있어요.

잎 표면에 있는 세밀한 돌기가 물을 튕겨요.

울퉁불퉁한 표면

물을 튕긴다.

일상과학

에어컨 기능 중 제습과 냉방의 차이는?

6월 9일
읽은 날: 월 일

? 퀴즈

눅눅하고 끈적거리는 장마철에는 제습 기능을 사용하면 좋아요.

❶ 제습 기능은 방 안의 수분을 줄인다.
❷ 제습 기능은 방 안의 수분이 늘린다.
❸ 제습 기능은 외부의 수분을 줄인다.

정답 ❶ 제습 기능은 공기의 열을 빼앗고 수분을 제거한다.

🔍 찾았다, 비밀!

습도가 높으면 곰팡이가 잘 생기니까 신경을 써야 해요.

① 열을 빼앗아 온도를 낮추는 냉방 기능

에어컨의 냉방 기능은 공기를 들이마셔 열을 빨아들이고 차가워진 공기를 내뱉어요. 이때 빼앗은 열은 실외기를 통해 외부로 배출되지요.

② 열을 빼앗고 수분도 제거하는 제습 기능

공기를 빨아들여 공기의 열을 빼앗는 효과는 냉방 기능과 제습 기능이 같아요. 공기의 온도가 내려가면 공기 중 수증기는 물로 변하는데, 제습 기능은 물을 빨아들이며 습도를 낮춰요.

③ 에어컨 요금을 절약하는 방법

에어컨은 일정한 속도로 계속 작동하는 '정속형'과 온도에 따라 강약을 조절하는 '인버터형'이 있어요. 인버터형 에어컨은 껐다 켰다를 반복하지 않는 편이 요금 절약에 좋아요.

새뮤얼 모스
(1791~1872)

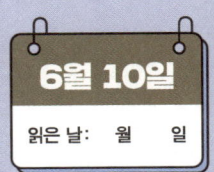

6월 10일
읽은 날: 월 일

? 어떤 사람일까?

멀리서도 전기 신호를 주고받는 통신 기계를 발명한 과학자

긴 신호(뚜뚜~)와 짧은 신호(뚜)로 내용을 주고받지요.

대단한 과학자!

① 후회에서 비롯된 통신 연구

모스는 미국의 매사추세츠 주 찰스타운에서 태어났어요. 화가였던 모스가 워싱턴으로 오랫동안 출장을 가 있는 동안 아내가 갑작스럽게 세상을 떠났어요. 모스는 아내의 임종을 지키지 못했던 슬픔과 후회를 계기로 장거리 통신을 연구하기 시작했어요.

스위치를 누르면 전기가 흘러서 자력이 발생해요.

펜에 붙은 철판이 올라간다.
스위치를 누르면 자력이 발생

② 멀리서도 통하는 전신기를 발명

어느 날 전자석을 알게 된 모스는 통신 기계에 사용할 방법을 찾기 시작했어요. 1837년에 멀리서도 연락을 주고받을 수 있는 전신기의 공개 실험을 펼쳐 성공했어요.

③ 전신용 기호로 남은 모스의 이름

1844년 약 60킬로미터에 이르는 전기 통신 설비를 완성하자, 전신기는 눈 깜짝할 사이에 널리 보급되었어요. 모스는 전신 회사를 설립하고 전기 통신이 더욱 널리 퍼지도록 힘썼어요. 모스가 만든 통신용 전신 부호를 '모스 부호'라고 해요.

음식에는 왜 곰팡이가 필까?

6월 11일
읽은 날: 월 일

퀴즈

❶ 음식 속에 있던 곰팡이가 자란다.
❷ 공기 중 곰팡이가 음식에 달라붙는다.
❸ 음식이 썩으면 곰팡이로 변한다.

정답 ❷ 공기 중에는 곰팡이가 떠다닌다.

곰팡이가 생긴 음식은 절대로 먹으면 안 돼요!

찾았다, 비밀!

감칠맛을 끌어올리거나 수분을 뺏으려고 곰팡이를 이용하기도 해요.

① 공기 중에 떠다니는 곰팡이

곰팡이는 균류에 속하는 생물이에요. 곰팡이는 눈에 보이지 않을 만큼 작은 포자 상태로 공기 중을 떠다녀요. 그러다 음식물에 붙어서 음식물의 수분과 영양을 섭취하며 성장해요.

② 음식을 분해하면서 독을 내뿜는 곰팡이

어떤 곰팡이는 음식물을 분해하면서 독을 만들어요. 곰팡이 독이 있는 음식물을 먹으면 배탈이 나거나 심하면 죽을 수도 있어요.

③ 사람에게 도움이 되는 착한 곰팡이

반면 요리에 사용되는 곰팡이도 있어요. 된장, 간장, 블루치즈 등의 발효 식품은 우리 몸에 이로운 곰팡이를 활용해서 만든 음식이에요.

수국이 다양한 색으로 꽃을 피우는 원리는?

6월 12일
읽은 날: 월 일

❓ 퀴즈

수국은 한국을 비롯해 중국, 특히 일본에서 많이 키우는 꽃이에요.

❶ 기온에 따라 색이 변한다.
❷ 흙의 성질에 따라 색이 변한다.
❸ 누가 몰래 물감을 발라서 다양하게 보인다.

정답 ❷ 수국 꽃잎은 흙의 성질에 따라서 색깔이 변한다.

🔍 찾았다, 비밀!

꽃이 피고 나서 며칠이 지났는지에 따라서도 색깔이 달라요.

① 화려한 수국의 꽃받침

수국에서 꽃처럼 보이는 부분은 꽃봉오리일 적에 꽃을 감싸고 있던 꽃받침이에요. 보통 꽃받침은 초록색을 유지하지만, 수국 꽃받침은 시간이 지나면 초록색에서 빨간색이나 파란색으로 변해요.

② 산성흙에서 자라는 파란 수국

파란색 수국에는 '안토시아닌'이라는 색소가 있어요. 안토시아닌은 양전기를 띤 알루미늄이온과 만나면 푸른빛을 띠어요. 알루미늄이온이 많은 산성흙에서 수국을 기르면 수국이 파랗게 보여요.

③ 같은 화단에서 서로 다른 색으로 핀다

같은 화단에서도 색깔이 다른 수국이 피기도 해요. 수국이 뿌리를 내린 흙의 미묘한 차이가 수국의 빛깔을 결정하는 거예요.

공기에도 무게가 있을까?

우주·지구

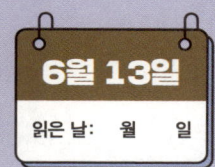

6월 13일
읽은 날: 월 일

궁금증 해결!

공기의 무게는
1세제곱미터당 약 1.2킬로그램이다.

눈에 보이지 않는 공기도 사실은 무게가 있었구나!

찾았다, 비밀!

우리 몸은 공기와 항상 힘을 맞대고 있어요.

① 공기에도 무게가 있다

공기는 여러 가지 물질로 이루어져 있고, 물질은 반드시 무게를 지녀요. 공기의 순수한 무게는 1세제곱미터당 약 1.2킬로그램이에요. 1세제곱미터는 1,000리터와 같아요.

② 가벼운 공기가 모여서 만드는 강력한 힘

순수한 공기의 무게는 가벼워 보이지요? 하지만 지구는 두꺼운 공기층에 덮여 있고, 공기층 아래에서 느끼는 공기의 무게와 압력은 상당해요. 공기의 무게로 생기는 압력을 '기압'이라고 해요.

공기의 압력

③ 몸속에도 같은 압력이 작용하고 있다

기압은 사방에서 작용해요. 무거운 기압에도 우리 몸이 눌리지 않고 멀쩡히 형태를 유지하는 이유는 기압과 동일한 크기의 압력이 몸 내부에서 외부를 향해 작용하여 힘의 균형을 이루기 때문이에요.

193

인체

갑자기 밝아지면 왜 눈이 부실까?

6월 14일
읽은 날: 월   일

궁금증 해결!

인간의 눈이 밝기의 갑작스러운 변화 속도를 따라잡지 못하기 때문이다.

> 어두운 곳에 익숙해지는 것도 눈이 조절해요.

찾았다, 비밀!

① 빛의 양을 조절하는 홍채

> 홍채가 빛의 양을 조절하고, 그에 맞는 세포가 활동해요.

눈동자는 홍채와 동공으로 이루어져 있어요. 홍채는 동공을 둘러싸고 있는 도넛 모양의 막으로, 동공으로 들어오는 빛의 양을 조절해요. 어두우면 홍채를 움츠리고 동공을 키워 받아들이는 빛의 양을 늘려요. 반대로 밝으면 홍채를 확장하고 동공을 줄여 눈으로 들어오는 빛의 양을 줄여요.

밝은 장소 → 어두운 장소
동공: 좁아진다.   동공: 넓어진다.

간상 세포   원추 세포

두 종류의 세포가 움직인다.   간상 세포만 움직인다.

② 한 발 느린 홍채 때문에 생기는 눈부심 현상

어두운 곳에서 갑자기 밝은 곳으로 이동하면 홍채가 느리게 반응하여 동공이 크게 열린 채로 빛에 노출돼요. 무방비 상태에서 많은 양의 빛이 눈에 들어오면 눈부심을 느끼지요.

③ 밝기에 따라 달라지는 시각 세포의 움직임

눈 안쪽에서 빛을 감지하는 시각 세포에는 색깔을 인식하는 '원추 세포'와 색깔을 구분하는 능력은 떨어지지만 빛을 감지하는 능력이 뛰어난 '간상 세포'가 있어요. 어두운 곳에서는 간상 세포만 활동해요.

무엇이 게릴라성 호우를 내리게 만들까?

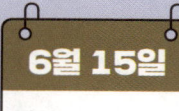

6월 15일
읽은 날: 월 일

❓ 퀴즈

게릴라성 호우는 갑자기 쏟아져서 대처할 틈이 없어요.

❶ 하늘의 비행기구름이 내려와서 빗방울로 바뀐다.
❷ 차가운 하늘의 공기가 안개 같은 구름으로 변한다.
❸ 따뜻했던 공기가 차가워지면서 적란운이 생긴다.

> 정답 ❸ 따뜻한 공기가 하늘에서 식으면서 비를 뿌리는 적란운이 된다.

🔍 찾았다, 비밀!

'게릴라'는 일정한 진지 없이 불규칙적으로 벌이는 유격 전투를 가리키는 말이에요.

① 구름을 만드는 수증기

여름철 지표면의 뜨거운 열기를 받아 달궈진 공기는 하늘로 올라가 팽창해요. 공기가 팽창하면 온도는 빠르게 내려가고, 공기 속 수증기는 물방울로 변해서 강력한 소나기구름인 적란운이 만들어져요.

② 적란운이 퍼붓는 게릴라성 호우

적란운은 많은 수분을 머금고 있어서 강력한 비를 내려요. 그중 좁은 지역에 1시간 정도의 짧은 시간 동안 집중적으로 내리는 폭우를 '게릴라성 호우'라고 불러요.

③ 게릴라성 호우가 발생하는 이유

게릴라성 호우는 적란운이 계속해서 생겨날 때 발생해요. 자동차 매연이나 에어컨 실외기의 인공열 등으로 도시의 온도가 주변의 다른 곳보다 높게 나타나는 '열섬 현상'이 원인으로 꼽혀요.

일상과학
탈취제는 어떻게 냄새를 없앨까?

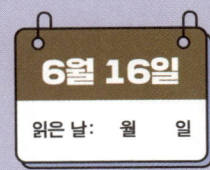
6월 16일
읽은 날: 월   일

❓ 퀴즈

❶ 중화를 이용한다.
❷ 산화를 이용한다.
❸ 연소를 이용한다.

정답 ❶ 냄새의 원인을 중화해서 다른 물질로 바꾼다.

냄새의 원인을 변화시키기 위해 화학 반응을 이용해요.

🔍 찾았다, 비밀!

악취에 따라 중화에 필요한 물질이 다르므로 탈취제의 성분도 달라져요.

① 냄새를 없애는 다양한 탈취제

화장실 냄새, 음식물 쓰레기 냄새, 땀 냄새 등 생활 속에서 다양한 악취가 발생해요. 악취로 고통 받지 않으려고 악취가 나는 장소와 종류에 맞춘 탈취제가 개발되었어요.

② 냄새를 중화시키는 탈취제

탈취제는 주로 '중화'라는 화학 반응으로 냄새를 없애요. 중화는 알칼리성 물질과 산성 물질이 결합해서 중성 물질로 변하는 현상을 말해요. 탈취제는 악취의 원인을 중화해서 냄새가 나지 않는 물질로 바꿔요.

③ 세균 활동을 억제하는 탈취제

음식물 쓰레기는 세균이 번식하면서 아주 불쾌한 냄새가 발생해요. 음식물 쓰레기에서 발생하는 악취를 제거하는 탈취제는 세균 증식을 막는 데 효과를 보이기도 해요.

발명

찰스 다윈
(1809~1882)

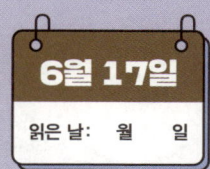
6월 17일
읽은 날: 　월　　일

? 어떤 사람일까?

생물은 환경에 따라 진화한다고 주장한 생물학자

처음에는 지질학자였어요.

대단한 과학자!

① 세계 일주에 참여한 생물학자

다윈은 영국의 슈루즈버리에서 태어났어요. 영국 해군의 측량선이었던 비글호에 생물학자로서 탑승했고, 5년 동안 세계의 여러 곳을 항해하며 동식물을 관찰했어요.

② 진화론을 주장한 과학자

다윈은 섬마다 조금씩 형태가 다른 생물이 살고 있다는 사실을 알아냈어요. 그래서 같은 생물이라도 살고 있는 환경에 따라 진화한다는 '진화론'을 주장했지요. 그는 진화론을 체계화시켜 《종의 기원》을 발표했어요.

갈라파고스 제도에 사는 갈라파고스핀치라는 새는 섬마다 부리 모양이 달라요.

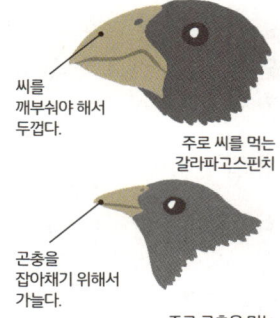

씨를 깨부숴야 해서 두껍다.

주로 씨를 먹는 갈라파고스핀치

곤충을 잡아채기 위해서 가늘다.

주로 곤충을 먹는 갈라파고스핀치

③ 비난을 이겨내고 상식이 된 진화론

생물은 변화하지 않는다고 믿는 기독교는 다윈의 진화론이 발표되자 맹렬하게 비난했어요. 하지만 지금은 다윈이 주장한 진화론 대부분이 상식으로 자리 잡았지요.

음식

초콜릿이 알록달록 예쁜 색을 내는 비결은?

6월 18일
읽은 날: 월 일

❓ 퀴즈

❶ 빛을 반사하는 물질이 발라져 있다.
❷ 착색료라는 식용 색소를 사용한다.
❸ 원료의 색을 잘 살려 만든다.

정답 ❷ 다양한 착색료를 사용해서 예쁜 색깔을 낸다.

> 다른 먹거리에서는 상상할 수 없을 정도로 화려한 색도 있어요.

🔍 찾았다, 비밀!

① 착색료를 입혀 색을 내는 초콜릿

초콜릿과 같은 과자는 빨간색, 노란색, 초록색 등 예쁜 색으로 만들어져요. 바로 착색료라는 색소를 사용해서 아름답게 꾸민 거예요.

② 합성 착색료와 천연 착색료

착색료에는 화학적으로 만든 '합성 착색료'와 자연 재료에서 얻은 '천연 착색료'가 있어요. 천연 착색료는 식물 열매, 꽃, 잎, 곤충에서 얻기도 하고 금처럼 광물에서 채취하기도 해요.

③ 종류가 많은 일본의 천연 착색료

세계의 여러 나라에서 사용하는 천연 착색료는 수십 종류 정도인데, 일본에는 100종류 이상의 천연 착색료가 있어요. 일본인은 미묘한 색깔의 차이까지 즐기며 음식을 먹는지도 몰라요.

> 파프리카나 홍화도 착색료의 원료가 된다는 사실!

반딧불이는 어떻게 빛을 낼까?

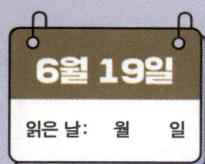

6월 19일
읽은 날: 월 일

궁금증 해결!

반딧불이의 빛은 수컷이 암컷에게 보내는 사랑의 신호이다.

> 빛을 내면서 날아다니는 반딧불이는 수컷이에요.

찾았다, 비밀!

① 빛으로 대화하고 짝짓기를 하는 반딧불이

반딧불이는 수컷과 암컷이 빛을 내는 목적이 서로 달라요. 짝짓기 시기가 되면 수컷이 암컷에게 빛으로 신호를 보내면서 접근하고, 암컷이 허락의 신호를 보이면 함께 날아올라 짝짓기를 해요. 보통 수컷이 더 밝게 빛나요.

> 반딧불이의 빛은 수컷과 암컷이 신호를 주고받는다는 증거예요.

허락의 신호를 수컷에게 보낸다.
수컷 반딧불이
암컷 반딧불이
구애의 신호를 암컷에게 보낸다.

② 종류와 지역에 따라 다른 발광 방법

반딧불이가 빛을 내는 방법은 종류와 지역에 따라 달라요. 이러한 차이로 같은 종류의 수컷과 암컷끼리만 짝짓기를 할 수 있어요.

③ 빛을 내는 부위는 반딧불이의 배

반딧불이의 몸에서 빛이 나는 부분은 배의 끝마디예요. 배의 끝에 있는 '루시페린'이라는 물질이 '루시페라아제'라는 효소의 작용으로 산화하는데, 이때 화학 에너지가 빛 에너지로 바뀌면서 빛을 발산해요.

구름은 왜 여러 가지 색깔로 보일까?

우주·지구

6월 20일
읽은 날: 월 일

? 퀴즈

❶ 구름이 생기는 계절이 서로 다르다.
❷ 구름을 만드는 물과 얼음 입자의 크기가 다르다.
❸ 구름의 높이가 서로 다르다.

정답 ❷ 구름 속 물과 얼음 입자의 크기가 서로 달라 구름이 다양한 색을 띤다.

검은 구름은 비를 뿌리니까… 물을 많이 갖고 있을까요?

🔍 찾았다, 비밀!

아래에서 보면 검은 구름이지만 위에서 보면 새하얗게 보여요!

① 작은 물방울과 얼음 알갱이가 모인 구름

구름은 수증기가 모여서 물방울이나 얼음 알갱이가 되면서 생겨요. 구름을 이루는 물과 얼음의 입자가 커지면 비나 눈이 되어 땅으로 내려요.

② 물과 얼음이 많으면 어두운색

구름을 이루는 물과 얼음 입자의 크기가 자그마하고 양이 적으면 구름 위에서 비치는 햇빛을 주변으로 퍼트리며 '산란'하며 하얗게 보여요. 반면 입자가 커지고 양이 많으면 구름이 두꺼워져 빛이 구름 아래까지 닿지 못하므로 땅에서 보면 어두운색으로 보여요.

③ 비와 눈을 내리는 검은 구름

보통 물과 얼음을 많이 머금은 구름은 어둡게 보여요. 따라서 검은 구름은 하얀 구름보다 비와 눈을 내릴 확률이 높아요.

배에서 꼬르륵 소리가 나는 이유는?

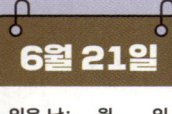

6월 21일
읽은 날: 　월　　일

궁금증 해결!

위가 텅 비면 속에 있던 공기가 눌리면서 소리가 난다.

> 위의 활동은 멈추지 않으므로 배고픔을 참기는 무척 힘들어요.

찾았다, 비밀!

① 움직이며 음식물을 섞는 위

위는 근육으로 이루어진 주머니 신체 기관으로 늘어나거나 줄어들어요. 음식을 먹으면 우선 위로 보내지고, 위는 힘차게 움직이며 소화하기 쉽게 음식물을 뒤섞어요.

② 뇌가 지시하는 위 운동

위는 잘 섞은 음식물을 소장과 대장으로 보내요. 다음 식사에서 먹을 음식이 들어올 공간을 미리 비워 두어야 하므로, 뇌는 위에게 열심히 일해서 비우도록 지시해요.

③ 위가 움직이면서 나는 꼬르륵 소리

뇌의 명령을 받으면 위는 음식물이 들어온 것처럼 움직여요. 하지만 이때 위 속에 들어 있는 것은 거의 공기뿐이에요. 위 운동으로 공기가 눌리면서 꼬르륵 소리가 나지요.

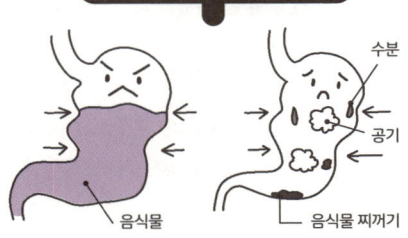

비어 있는 위가 움직이면서 공기가 눌려요.

위가 움직이며 섞는다.　　위가 움직이며 공기가 눌린다.

사람이 비를 내리게 할 수 있을까?

자연

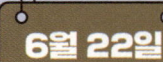

6월 22일
읽은 날: 월 일

❓ 퀴즈

언젠가는 날씨를 자유자재로 조종할 수 있게 될까요?

❶ 불가능하다.
❷ 사람도 비를 내리게 할 수 있다.
❸ 비를 내리게 할 수 있지만 효과는 낮다.

정답 ❸ 과학 기술을 이용해서 비를 내리게 만들 수는 있지만 효과가 확실하지는 않다.

🔍 찾았다, 비밀!

지금의 인공 강우 기술로는 구름이 없는 하늘에 비구름을 만들어 비를 내리게 하기는 힘들어요.

① 과학의 힘으로 만드는 인공 강우

사람의 힘으로 비를 내리게 한다면 지구가 겪고 있는 물 부족 현상을 해결할 수 있겠지요. 사람이 과학 기술을 이용해 내리게 하는 비를 '인공 강우'라고 불러요.

② 인공 강우를 만드는 방법

인공 강우는 '아이오딘화 은'이라는 물질을 사용해서 만들어요. 아이오딘화 은을 구름에 뿌리면 구름 속 작은 빗방울이 아이오딘화 은을 중심으로 뭉쳐져서 비가 되어 내려요. 하지만 이러한 방법으로 내리는 비의 양은 물 부족을 해결할 만큼 충분하지 않아요.

③ 인공 강우로 맑은 날씨를 만들 수 있다?

인공 강우에 대한 연구가 활발한 중국에서는 날씨를 맑게 하기 위해 인공 강우를 사용한 적이 있어요. 2008년 베이징올림픽의 개회식 날 비가 내리지 않도록 전날 아이오딘화 은을 하늘에 뿌려서 비를 내리게 만들었어요.

스피커는 어떻게 소리를 낼까?

6월 23일 읽은 날: 월 일

궁금증 해결!

전류가 만들어 낸 자석의 힘으로 막을 울린다.

마이크 중에도 스피커와 거의 같은 원리로 작동하는 제품이 있어요.

찾았다, 비밀!

① 전류가 흐르면 자석이 되는 코일

전선을 소용돌이 모양으로 말아서 만든 코일에 전류가 흐르면 코일 주변에 자력이 생겨요. 스피커는 코일에 생기는 자력을 이용해서 소리를 낸답니다.

② 콘·코일·자석으로 만드는 스피커

스피커는 대개 진동판으로 쓰는 원뿔 모양의 '콘', 콘에 고정된 '코일', 그리고 코일 주변의 '자석'으로 이루어져요.

③ 전류가 콘을 진동시키면 발생하는 소리

전류로 된 소리 신호가 코일에 흐르면 전류의 크기에 맞추어 자력이 발생해요. 코일과 주변의 자석이 가까워지거나 멀어지면 진동이 발생하고, 이 진동이 콘에 전달되어서 소리를 만들어요.

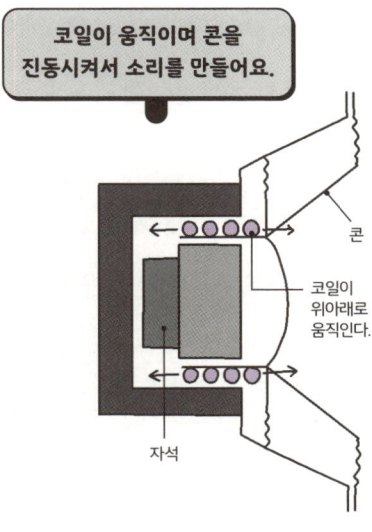

코일이 움직이며 콘을 진동시켜서 소리를 만들어요.

콘
코일이 위아래로 움직인다.
자석

203

그레고어 멘델
(1822~1884)

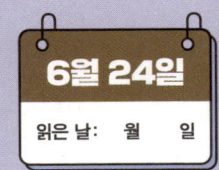

6월 24일
읽은 날: 월 일

? 어떤 사람일까?

유전 법칙을 발견한
현대 유전학의 창시자

멘델은 살아 있을 때 높은 평가를 받지 못했어요.

👤 대단한 과학자!

① 가난 때문에 선택한 수도원 생활

오스트리아에서 태어난 멘델은 형편이 여의치 않아서 대학에 진학하지 못했어요. 수도원에서는 돈이 없어도 공부할 수 있어서 수도사 생활을 시작했어요.

② 완두콩의 신기한 성질을 관찰하다

수도원에서 완두콩을 기르면서 키 큰 완두콩과 키 작은 완두콩을 교배시키면 키 큰 콩만 열린다는 사실을 알아냈어요. 나아가 키 큰 콩끼리 교배하면 키 큰 콩과 작은 콩이 3 대 1의 비율로 난다는 사실을 발견했어요.

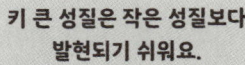

키 큰 성질은 작은 성질보다 발현되기 쉬워요.

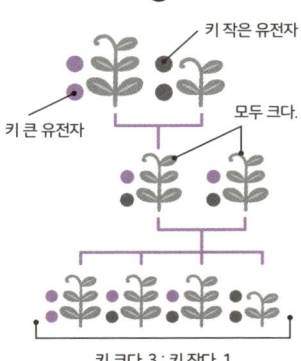

키 크다. 3 : 키 작다. 1

③ 멘델의 법칙을 발견하다

멘델은 완두콩 실험을 계속하여 '멘델의 법칙'이라고 불리는 유전 법칙을 발견했어요. 이 법칙은 현대 유전학의 가장 기본이 되는 이론이에요.

음식

요리할 때 생기는 거품의 정체는?

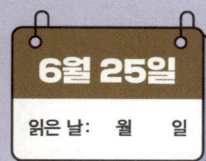
6월 25일
읽은 날: 월 일

❓ 퀴즈

> 요리책에서는 거품을 걷어 내야 한다고 했는데….

❶ 재료에서 나오는 맛있는 성분이다.
❷ 재료에서 나오는 나머지 성분이다.
❸ 재료에서 나오는 영양 만점의 성분이다.

정답 ❷ 거품은 다양한 물질이 포함된 나머지 성분이다.

🔍 찾았다, 비밀!

> 약간의 거품은 조미료 역할을 해서 깊은 맛을 내기도 해요.

① 채소 거품의 정체

채소를 요리할 때 나오는 거품에는 몸속에 결석을 만드는 '수산'이나 쓴맛을 내는 '폴리페놀'이 들어 있어요. 몸에 나쁜 영향을 주거나 쓴맛과 알싸한 맛을 내는 성분이 많아서 꼼꼼하게 걷어 내야 해요.

② 채소 거품을 제거하는 방법

채소 거품을 제거하는 방법은 다양해요. 시금치는 물에 데쳐서 사용하고, 버섯은 쌀뜨물로 조리하면 거품을 줄일 수 있어요.

③ 고기 거품은 감칠맛을 낸다?

한편 고기나 생선을 요리하면 생기는 거품은 주로 단백질이나 지방이 열에 의해서 굳어진 거예요. 감칠맛과 영양소가 담겨 있는데, 모양새와 냄새가 나빠서 요리하면서 대부분 걷어 내요.

홍학은 왜 분홍색일까?

읽은 날: 월 일

궁금증 해결!

붉은색의 먹이를 먹어서 깃털이 분홍색으로 물든다.

만약 녹색 채소만 먹으면 헐크처럼 초록색으로 변할까요?

찾았다, 비밀!

새끼 홍학은 부모로부터 특별한 젖을 받아먹고 분홍색으로 자라요.

① 홍학의 주식은 붉은 게와 새우

홍학은 아프리카나 남아메리카 등지에 사는 목이 길고 유연한 새예요. 무리를 지어 호수를 비롯한 물가에서 생활하며 게와 새우를 즐겨 먹어요. 게와 새우에는 '아스타크산틴'이라는 붉은색 색소가 들어 있어요. 이 먹이를 먹은 홍학은 선명한 분홍색으로 자라요.

② 부모가 주는 젖도 붉은색

갓 태어난 새끼 홍학은 흰색이나 회색이지만 부모 홍학이 소화 기관에서 만든 크롭 우유라고 불리는 젖을 받아먹으면서 점차 분홍색으로 변해요.

③ 붉은색 색소가 없으면 흰색으로 자라는 홍학

동물원에서는 홍학에게 붉은색 색소가 들어 있는 먹이를 줘요. 그렇지 않으면 분홍색이었던 홍학조차 시간이 지나면서 색깔이 옅어지고 흰색이 되어 버리거든요.

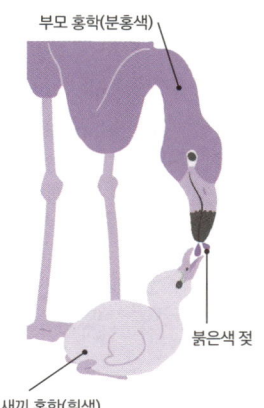

부모 홍학(분홍색)

붉은색 젖

새끼 홍학(흰색)

우주·지구

별까지의 거리는 어떻게 측정할까?

6월 27일
읽은 날: 월 일

? 퀴즈

❶ 거대한 자를 사용해서 측정한다.
❷ 계절마다 달라지는 모습을 살펴서 측정한다.
❸ 별까지 이동 시간으로 측정한다.

정답 ❷ 두 계절 동안 보이는 모습을 관측해서 지구와 별 사이의 거리를 계산한다.

직접 자를 들고 거리를 재는 방법은 불가능해요.

🔍 찾았다, 비밀!

별 사이의 거리는 '광년'으로 셈해요. 빛의 속도로 나아가는 거리를 나타내요.

① 가까운 별은 계절별 차이로 측정

지구와 가까운 별은 일 년에 두 번 관측해서 지구와 별 사이의 거리를 측정해요. 지구는 태양 주변을 공전해서 계절에 따라 지구에서 보이는 별의 모습이 조금 달라요. 계절에 따라 달리 보이는 별의 모습을 근거로 지구와 별의 거리를 계산할 수 있어요.

② 멀리 있는 별은 색깔과 밝기로 측정

지구와 멀리 떨어진 별 사이의 거리는 색깔과 밝기를 관찰해서 거리를 측정해요. 같은 색깔의 별은 밝기도 비슷해요. 또 별은 멀수록 어둡게 보여요.

③ 훨씬 먼 은하는 색의 차이로 측정

우주는 계속 팽창하고 있어서 멀리 있는 은하는 빠르게 지구와 멀어져 가요. 멀어지는 속도가 빠를수록 지구에서 보이는 별의 색이 본래 색과 달라져요. 이렇게 달라지는 색을 유심히 관찰하면 별의 이동 속도와 지구와의 거리를 알 수 있어요.

인체

간지럼은 어떻게 느낄까?

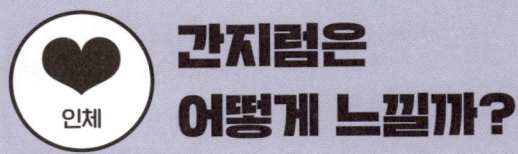

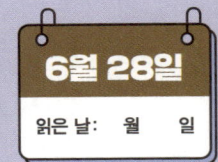

6월 28일
읽은 날: 월 일

? 퀴즈

❶ 간지럼을 느끼는 기관이 반응한다.
❷ 뇌가 손 모양을 보고 간지럼을 판단한다.
❸ 간지럼에 감각 기관이 혼란해진다.

정답 ❸ 예상하지 못한 부분에 자극이 생겨서 혼란에 빠진다.

> 자기 손으로는 아무리 만져도 간지럽지 않아요.

🔍 찾았다, 비밀!

> 가려움도 간지럼과 마찬가지로 별도의 감각 기관이 없어요.

① 별도의 감각 기관이 없는 간지럼

피부에는 눌렀을 때 느끼는 감각(압각), 뜨거움과 차가움을 느끼는 감각(온각), 아픔을 느끼는 감각(통각) 등 여러 '감각 기관'이 있어요. 하지만 간지럼만 느끼는 감각 기관은 따로 없어요.

② 간지럼은 감각 기관이 혼란에 빠진 결과

감각 기관도 없는데 어떻게 간지럼을 느끼는 걸까요? 간지럼을 느끼는 원인은 명확하게 밝혀지지 않았어요. 생각지도 못한 부위에 예상치 못한 자극이 생기면 여러 감각 기관이 동시에 혼란에 빠져서 간지럼을 느낀다고 추측하고 있어요.

③ 약하고 중요한 부위일수록 간지럼을 쉽게 느낀다

간지럼은 몸의 약한 부위에서 쉽게 느껴요. 약한 부위가 민감할수록 위험을 감지하기 유리해서 감각을 발달시켰기 때문이에요.

 자연

무지개는 언제 어디에 생길까?

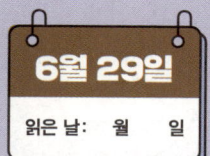
6월 29일
읽은 날: 월 일

궁금증 해결!

무지개는 주로 비가 갠 뒤, 태양을 등지고 서면 보인다.

> 비가 갤 무렵 무지개가 나타나면 기분이 좋아요.

찾았다, 비밀!

① 물방울에 반사되면 여러 색깔로 나뉘는 빛

햇빛은 공기 중 작은 물방울과 부딪히면 반사돼요. 햇빛은 다채로운 빛깔로 이루어져 있는데, 색깔마다 다른 각도로 반사되지요. 햇빛의 색깔이 분리되면서 무지개가 나타나요.

② 비가 개면 태양의 반대쪽에 생기는 무지개

비가 개면 공기 중에 작은 물방울이 많아져 무지개를 보기 쉬워요. 무지개는 햇빛이 물방울에 반사되어 생기므로 태양을 등지고 서면 보여요.

> 공기 중에 있는 물방울에 햇빛이 반사되어 무지개가 생겨요.

햇빛 / 일곱 색깔로 나뉘어 도착 / 물방울에 반사

③ 물뿌리개로 만드는 인공 무지개

무지개는 비가 내리지 않아도 공기 중에 물방울만 있으면 생겨요. 햇빛이 쨍쨍한 날 물뿌리개나 호스를 사용해서 화분에 물을 줄 때 무지개를 볼 수 있어요.

일상과학

식품용 랩이 잘 달라붙는 이유는?

6월 30일

읽은 날: 월 일

? 퀴즈

❶ 자력이 작용하여 달라붙는다.
❷ 중력이 작용하여 달라붙는다.
❸ 분자간의 힘과 정전기가 작용하여 달라붙는다.

정답 ❸ 식품용 랩은 주로 분자간 힘과 정전기의 힘으로 달라붙는다.

> 랩으로 머리털을 문지르면 바짝 세울 수 있어요.

🔍 찾았다, 비밀!

> 유리와 자기처럼 표면이 반질반질한 식기에 잘 달라붙어요.

① 서로 달라붙는 분자들

물질을 이루는 것은 원자(▶314쪽)와 분자(▶129쪽) 등 작은 입자예요. 분자에는 서로 끌어당기는 '분자간력'(▶293쪽)이라는 힘이 작용해요. 식품용 랩과 용기 사이에 서로 분자간력이 작용해서 달라붙어요.

② 정전기가 발생하는 랩과 용기

식품용 랩을 만들 때 사용하는 '폴리염화 비닐'은 음전기(▶24쪽)를 쉽게 띠고, 식품 용기는 대개 양전기를 띠어서 서로 끌어당겨요.

③ 끈적끈적한 랩 표면

대부분의 식품용 랩 표면은 끈적끈적하게 가공되어요. 이것도 식품용 랩이 잘 달라붙는 이유 가운데 하나예요.

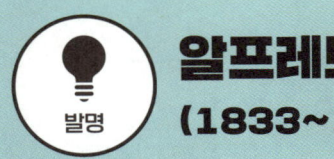

알프레드 노벨
(1833~1896)

발명

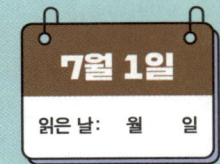

7월 1일

읽은 날: 월 일

? 어떤 사람일까?

다이너마이트를 발명하고
노벨상을 만든 화학가이자 사업가

> 노벨상은 물리학, 화학, 생리학·의학, 문학, 평화 다섯 분야로 시작했어요.

대단한 과학자!

① 여러 스승에게 화학을 배우다

노벨은 스웨덴 스톡홀름에서 태어났어요. 어릴 때부터 가정교사에게 화학을 배웠고, 10대와 20대 시절에는 프랑스 파리와 미국에서 화학을 공부했어요.

② 다이너마이트를 발명하다

폭발 위험이 높았던 나이트로글리세린 폭약을 안전하고 쉽게 사용할 수 있도록 연구하고 만들었어요. 이것이 바로 다이너마이트예요. 다이너마이트는 여러 광산과 공사 현장에 사용되면서 노벨에게 엄청난 부를 안겨 주었어요.

> 노벨은 다이너마이트보다 안전하고 강력한 젤리그나이트라는 폭약도 발명했어요.

③ 유산으로 노벨상을 설립

하지만 다이너마이트가 예기치 못한 사고를 낳고, 세계 각지의 전쟁에 쓰이면서 많은 사람이 목숨을 잃자 노벨은 가슴 아파했어요. 1896년 노벨은 전 재산을 기금으로 만들어 인류를 위해 일한 사람에게 상을 주겠다는 유언을 남기고 세상을 떠났어요. 그의 유언에 따라 뛰어난 업적을 남긴 사람이나 단체에 수여되는 노벨상이 탄생했어요.

씨 없는 포도는 어떻게 만들까?

7월 2일
읽은 날: 월 일

? 퀴즈

씨 없는 포도는 보통 포도보다 더 많은 정성을 들여서 재배해요.

❶ 씨가 안 생기도록 약품을 사용한다.
❷ 원래 씨가 안 생기는 품종이다.
❸ 한 번 생긴 씨가 병에 걸려 사라진다.

정답 ❶ 지베렐린이라는 약을 사용해서 씨가 생기지 않게 만든다.

🔍 찾았다, 비밀!

① 씨가 생기는 가루받이 수정

포도 꽃의 암술은 씨방과 밑씨를 품고 있어요. 가루받이(▶184쪽)하여 포도 꽃이 수정하면 밑씨는 씨가 되고, 씨방은 열매가 되어요.

② 가루받이를 하지 않게 만드는 지베렐린

씨 없는 포도를 키울 때는 꽃이 핀 포도 가지를 지베렐린에 담가요. 지베렐린은 식물을 빠르게 성장시키는 효과가 있어서 가루받이를 하지 않아도 열매가 자라요.

포도 가지를 하나씩 지베렐린에 담가서 씨 없는 포도로 만들어요.

열매가 맺히기 전 단계의 포도
지베렐린 용액에 담근다.
씨 없는 포도가 된다.

③ 지베렐린을 두 번 사용해서 포도를 재배한다

씨 없는 포도를 만들기 위해서는 지베렐린을 두 번 사용해야 해요. 첫 번째는 꽃이 피었을 때 수정을 방해하려고 사용해요. 두 번째는 꽃이 피고 어느 정도 시간이 지나 씨방을 크게 키울 때 필요해요.

개미는 어떻게 줄지어 기어다닐까?

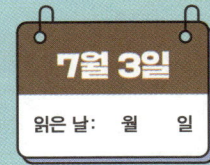
7월 3일
읽은 날: 월 일

퀴즈

행렬의 맨 앞에는 뭐가 있을까요?

❶ 페로몬 냄새를 따라다닌다.
❷ 앞에 가는 개미의 팬이라서 쫓아다닌다.
❸ 대장 개미의 지시를 따른다.

정답 ❶ 개미는 페로몬 냄새로 동료를 먹이가 있는 곳으로 안내한다.

찾았다, 비밀!

개미는 시력이 좋지 않아요. 그래서 페로몬의 힘을 빌려 친구들과 소통해요.

① 페로몬 덕분에 길을 잃지 않는 개미

집에서 나온 많은 개미는 페로몬이라는 물질을 분비하면서 먹이를 찾아요. 집으로 돌아갈 때 여기저기 묻어 있는 페로몬의 흔적을 쫓아 길을 찾기 때문에 미아가 될 걱정이 없지요.

② 먹잇감을 보면 강해지는 페로몬 냄새

개미는 먹이를 발견한 다음에도 페로몬을 내뿜으며 집으로 돌아가요. 집으로 돌아가는 길에 내뿜은 페로몬은 훨씬 더 강력해요.

③ 강한 페로몬으로 향하는 개미 행렬

개미는 페로몬 냄새가 더 강한 쪽으로 이동해요. 먹이를 발견한 개미가 뿌린 강력한 페로몬 냄새에 이끌려, 점점 많은 개미가 오가면서 먹이와 개미집 사이에 개미 행렬이 생겨요.

밤하늘에 보이는 밝은 띠의 정체는?

우주·지구

7월 4일
읽은 날: 월 일

궁금증 해결!

별이 띠처럼 늘어서서 마치 강처럼 보인다.

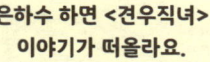

은하수 하면 <견우직녀> 이야기가 떠올라요.

찾았다, 비밀!

① 항성과 행성이 모여 만드는 은하

항성인 태양과 태양 주변을 공전하는 행성의 모임을 '태양계'라고 해요. 우주에는 항성과 행성으로 이루어진 집단이 많이 존재해요. 이러한 집단이 모여서 더욱 큰 덩어리를 이루면 '은하'라고 불러요. 우리가 속한 태양계도 은하에 속해요.

② 하늘 위의 강처럼 보이는 은하

태양계는 은하의 중심에서 조금 바깥쪽에 있어요. 지구에서 우주를 관찰하면 항성이 많이 모여 있는 은하의 모습이 띠 모양으로 늘어선 듯이 보여서 '은하수'라고도 불러요.

③ 겨울에는 보기 힘든 은하수

우리나라에서는 겨울보다 여름에 은하수가 잘 보여요. 지구가 공전해서 여름에 은하수가 크고 밝게 보이고, 겨울에는 은하수가 태양에 가려져서 관찰하기 힘들어요.

원반 모양의 은하를 옆에서 보면 띠 모양으로 보여요.

은하의 모습 / 얇은 원반 / 태양계 / 은하 팽대부 / 태양계 / 은하 팽대부 / 얇은 원반

장 속에는 얼마나 많은 세균이 살까?

7월 5일
읽은 날: 월 일

퀴즈

① 약 1,000만 개
② 약 10억 개
③ 약 100조 개

정답 ③ 수많은 장내 세균 덕분에 몸의 균형이 유지된다.

몸속 세균의 조합은 사람마다 달라요.

찾았다, 비밀!

많은 세균이 장벽 점막에 달라붙은 모습이 꽃밭처럼 보인다고 하여, 꽃의 여신 플로라(Flora)의 이름을 붙여 '장내 플로라(장내 세균총)'라고 불러요.

① 장 속에 사는 세균의 정체

입으로 삼킨 음식물은 장을 통과하면서 영양소가 흡수돼요. 이를 '소화'라고 불러요. 소화하고 남은 음식물 찌꺼기는 장에 사는 세균이 음식물을 분해해서 똥으로 만들지요.

② 종류도 숫자도 많은 장내 세균

사람의 장에는 약 1,000종, 약 100조 개의 장내 세균이 살아요. 대장균, 비피두스균, 음식의 소화를 돕는 유산균이 모두 장내 세균이에요. 장내 세균의 종류와 개수는 사람마다 달라요.

③ 일부 장내 세균이 일으키는 식중독

웰치균이나 일부 대장균처럼 식중독을 일으키는 나쁜 장내 세균도 있어요. 이러한 세균은 불규칙한 생활 등 다양한 원인에 의해 많아지기 쉬워요.

 자연

변화구는 어떻게 휘어서 날아갈까?

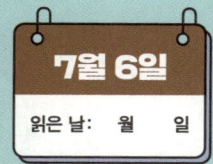
7월 6일
읽은 날: 월 일

 궁금증 해결!

공기가 빠르게 흐르는 쪽으로 공이 밀리면서 휘어서 날아간다.

공에 회전을 싣는 방법에 따라서 다양한 변화구를 던질 수 있어요!

 찾았다, 비밀!

① 공의 회전이 연출하는 변화구

야구와 소프트볼 같은 종목에서 투수가 던지는 변화구는 다양한 방향으로 꺾이며 날아가요. 변화구의 방향이 휘어지는 이유는 투수가 공을 던지면서 공에 회전을 주기 때문이에요.

② 공기의 흐름이 바뀌는 공 주변

공기는 회전하는 물체에 끌려가요. 공중에서 공이 회전할 때 공기의 흐름과 공의 회전이 같은 방향이면 공기의 흐름이 빨라지고, 반대 방향이면 공기의 흐름이 느려져요.

공의 회전 때문에 공기 흐름에 변화가 생겨요.

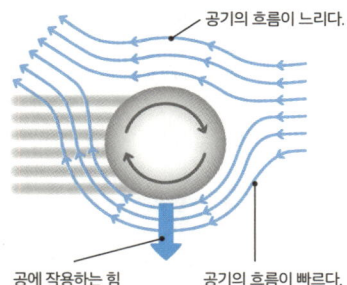

위에서 바라본 모습 *시계 방향으로 회전하는 공이 우측으로 이동하는 상황
공기의 흐름이 느리다.
공에 작용하는 힘
공기의 흐름이 빠르다.

③ 공기가 빠르게 흐르는 쪽으로 휘는 공

기압은 공기의 흐름이 느린 쪽이 커요. 공은 공기의 흐름이 빨라 기압이 약한 쪽으로 휘어지는 것이지요. 이러한 현상을 '마그누스 효과'라고 해요.

 **일상과학**

창문으로 햇빛을 쬐도 비타민D가 생길까?

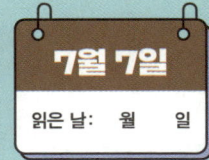
7월 7일
읽은 날: 월   일

❓ 퀴즈

> 햇빛에는 자외선A, 자외선B, 자외선C가 있어요.

❶ 창문으로 햇빛을 쬐도 비타민D가 생긴다.
❷ 창문으로 햇빛을 쬐면 비타민D가 안 생긴다.
❸ 여름에는 생기지만 겨울에는 생기지 않는다.

정답 ❷ 비타민D를 만드는 자외선B가 창문을 통과하지 못해 비타민D가 생기지 않는다.

🔍 찾았다, 비밀!

> 자외선A는 창문을 통과하며, 흐린 날에도 영향을 미쳐요. 자외선A가 피부에 닿으면 피부 탄력을 줄이고 주름을 만들어요.

① 비타민D를 만드는 자외선B

자외선은 파장의 길이에 따라 자외선A, 자외선B, 자외선C로 나눠요. 몸에서 비타민D를 만들려면 피부 안쪽까지 자외선B가 닿아야 해요.

② 자외선B는 통과하지 못하는 창문

자외선B는 투과력이 약해요. 창문을 비롯해 얇은 유리도 통과하지 못해요. 따라서 창문으로 들어오는 빛만으로는 몸에서 비타민D를 만들기 어려워요.

③ 비타민D를 충분히 얻는 방법

비타민D를 충분히 얻는 가장 손쉬운 방법은 햇빛을 충분히 쬐는 거예요. 자외선 지수가 높지 않은 맑은 날 바깥에서 20~30분 햇빛을 쬐면 좋아요.

발명

고틀리프 다임러·카를 벤츠
(1834~1900)·(1844~1929)

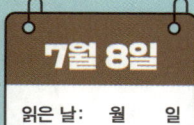
7월 8일
읽은 날: 월 일

? 어떤 사람일까?

엔진을 이용해서 달리는 기계를 만들어 기업을 운영한 사업가들

자동차가 발명되었을 무렵까지 중요 교통수단은 마차였어요.

👤 대단한 과학자!

① 세계 최초로 오토바이를 발명한 다임러

독일에서 태어난 다임러는 증기 기관(▶116쪽)의 인기가 저물고 엔진의 시대가 오리라 예상했어요. 산업용으로 쓸 수 있는 다양한 엔진을 개발하고, 세계에서 처음으로 오토바이를 발명했어요.

처음 등장한 자동차는 마차를 대신하는 정도로 여겨졌지만, 계속 발전해서 대표적인 교통수단으로 자리매김했어요.

② 세계 최초로 휘발유 자동차를 발명한 벤츠

한편 같은 독일 사람인 벤츠도 비슷한 시기에 엔진을 개발했어요. 벤츠는 삼륜차에 엔진을 달아서 세계에서 처음으로 실용적인 휘발유 자동차를 만들었어요.

③ 세계적인 자동차 회사가 되다

다임러와 벤츠는 각각 회사를 세워서 자동차를 개발하고 판매했어요. 그러다 두 회사는 1926년 다임러 벤츠라는 이름 아래 하나의 회사로 합쳤고, 지금까지 세계적인 자동차 회사로 명맥을 이어오고 있어요.

오이의 겉면은 왜 오돌토돌할까?

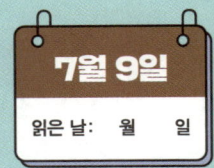

7월 9일
읽은 날: 월 일

 궁금증 해결!

어린 오이일 때 자란 가시의 흔적이 오돌토돌하게 남는다.

오이는 오돌토돌한 돌기가 단단할수록 신선하고 맛있어요!

 찾았다, 비밀!

① 가시로 자신을 보호하는 오이

오이는 동물에게 맛있는 먹거리예요. 문제는 씨가 생기기 전에 동물이 먹어 버리면 자손을 남길 수 없지요. 그래서 오이는 따가운 가시를 몸에 돋게 하여 동물에게 먹히지 않도록 자신을 보호해요.

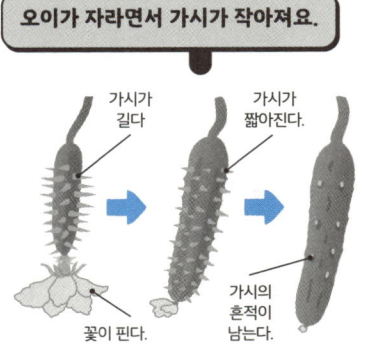

오이가 자라면서 가시가 작아져요.
가시가 길다 / 꽃이 핀다. / 가시가 짧아진다. / 가시의 흔적이 남는다.

② 자라면서 없어지는 가시

오이가 다 자라면 이번에는 반대로 동물에게 먹혀야 씨를 멀리까지 옮겨서 자손을 많이 남길 수 있어요. 오이가 자라면서 오이 겉면에 난 가시는 점점 작아지고, 완전히 숙성되면 가시의 흔적까지도 사라져요.

③ 표면의 까끌까끌한 돌기는 가시의 흔적

우리가 먹는 오이는 완전히 숙성되기 전의 열매예요. 그래서 오이 가시의 흔적이 오돌토돌한 표면으로 남아 있는 거예요.

물고기는 어떻게 잠을 잘까?

7월 10일
읽은 날: 월 일

❓ 퀴즈

❶ 육지에 잠깐 올라와서 잔다.
❷ 동물처럼 옆으로 누워서 잔다.
❸ 물속에서 눈을 뜬 채로 잔다.

정답 ❸ 물고기는 눈을 감을 수 없으므로 눈을 뜬 채로 잔다.

> 물고기의 잠든 모습이 궁금할 때는 수족관에 가 보아요!

🔍 찾았다, 비밀!

> 물고기는 물속에서 살기 때문에 항상 눈이 촉촉해서 깜빡일 필요가 없을 것 같아요.

① 잠들 때도 눈을 감지 않는 물고기

물고기는 사람처럼 눈꺼풀이 없어서 눈을 감을 수 없어요. 그래서 물고기는 눈을 뜬 채로 자요. 눈을 뜨고 있지만 잠든 물고기의 신체 활동은 평온해지고, 깨어 있을 때처럼 사물을 보지는 못해요.

② 그늘지고 안전한 물고기의 침실

잠들 때는 수초나 바위 그늘, 모래 속 등 안전한 곳에 조용히 머물러요. 잠자는 시간은 물고기마다 서로 달라요. 낮에 자는 물고기도 있고, 사람처럼 밤에 자는 물고기도 있어요.

③ 헤엄치면서 자는 물고기

가다랑어나 참치는 헤엄치지 않으면 숨을 쉴 수 없어서 죽고 말아요. 그래서 잠을 잘 때도 멈추지 않고 계속 헤엄쳐요.

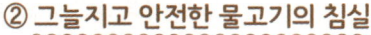

 우주·지구

무엇이 유성우가 되어 지구로 떨어질까?

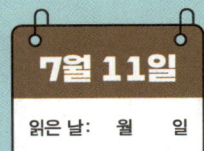
7월 11일
읽은 날: 월   일

 **궁금증 해결!**

혜성이 지나간 뒤에 남은 먼지가 지구로 쏟아지는 것이다.

유성우의 이름으로 유성우가 어느 별자리에서 날아오는지 알 수 있어요.

 **찾았다, 비밀!**

① 얼음과 먼지를 남기는 혜성

빛나는 긴 꼬리가 포물선에 가까운 궤도를 그리며 운행하는 천체를 '혜성'이라고 해요. 먼지와 얼음으로 이루어져 있으며, 지름이 수 킬로미터에 달하는 혜성의 본체는 '핵'이라고 불러요. 혜성이 태양에 접근할 때 태양열에 핵이 증발해 발생하는 먼지와 기체는 '코마', 혜성이 이동하고 우주에 띠 모양으로 흩뿌려진 먼지와 기체는 '꼬리'라고 불러요.

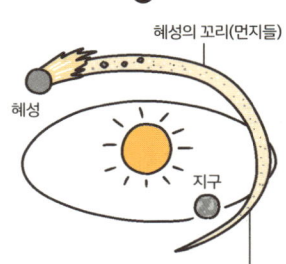
혜성이 지나가고 남은 먼지가 지구로 쏟아져 내려요.

② 지구가 혜성의 먼지 속을 지날 때 만들어지는 유성우

지구가 태양 주변을 공전할 때 혜성이 이동하면서 생긴 먼지 근처를 지나면 지구 중력에 의해 먼지가 지구로 끌어당겨져요. 그 먼지가 지구 대기와 마찰하면서 유성이 되어 비처럼 쏟아져 내리는데, 이를 '유성우'라고 해요.

③ 매년 같은 시기에 보이는 유성우

세계 3대 유성우라고 알려진 1월의 사분의자리 유성우, 8월의 페르세우스자리 유성우, 12월의 쌍둥이자리 유성우는 해마다 같은 시기에 나타나요.

대식가가 되는 원인은 무엇일까?

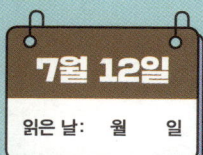

❓ 퀴즈

에너지를 쓰는 만큼 보충해야겠지요.

❶ 몸의 크기
❷ 먹는 속도와 운동량
❸ 목소리의 크기

정답 ❷ 먹는 속도가 빠른 사람과 운동량이 많은 사람은 대식가가 되기 쉽다.

🔍 찾았다, 비밀!

입에서 음식을 오랫동안 꼭꼭 씹으면 뇌는 배부르다고 생각해요.

① 뇌에서 느끼는 포만감

배가 부르다는 느낌은 뇌가 작용한 결과예요. 음식을 먹으면 영양소가 흡수되고, 뇌가 영양소를 충분히 섭취했다고 판단하면 그만 먹으라는 신호를 온몸에 보내요. 이때 배가 꽉 찬 포만감을 느껴요.

② 빨리 먹기는 대식가가 되는 지름길

뇌가 식사를 멈추라고 신호를 보내려면 시간이 걸려요. 만약 짧은 시간 안에 음식을 먹으면 포만감을 느끼기 전에 많이 먹게 되지요. 먹는 속도가 빠른 사람이 대식가가 되기 쉬운 이유예요.

③ 운동량이 많으면 대식가가 되기 쉽다

평소에 운동을 많이 하면 에너지가 많이 소비되고, 에너지를 많이 소비한 만큼 먹는 양도 많아져요. 운동량이 많은 사람 역시 대식가가 될 확률이 높아요.

콜라에 사탕을 넣으면 정말 폭발할까?

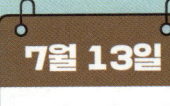

7월 13일
읽은 날: 월 일

궁금증 해결!

거품의 생성을 방해하는 표면 장력이 약해지면서 폭발한다.

> 엄청 세게 터지니까 실험할 때 조심해야 해요.

찾았다, 비밀!

① 거품의 정체는 이산화탄소

콜라 같은 탄산음료에는 이산화탄소가 많이 녹아 있어요. 뚜껑을 열면 탄산음료에 녹아 있던 이산화탄소가 한꺼번에 빠져나오면서 거품을 만들어요.

② 표면 장력이 거품 생성을 막는다

한편 물은 최대한 서로 모이려고 하는 '표면 장력'(▶250쪽)이라는 성질을 갖고 있어요. 콜라 속의 물은 표면 장력으로 그물처럼 얽히면서 이산화탄소를 가두지요.

③ 표면 장력을 약화시키는 사탕

일부 사탕에는 표면 장력을 약하게 만드는 계면활성제라는 성분이 포함되어 있어요. 탄산음료에 사탕을 넣으면 계면활성제가 물의 표면 장력을 약하게 만들어, 물에 녹아 있던 이산화탄소가 폭발하듯이 솟구쳐요.

> 사탕의 계면활성제 성분이 수면의 그물 구조를 느슨하게 만들어요.

표면 장력으로 이산화탄소가 움직이지 못한다.

표면 장력이 약해져 이산화탄소가 움직인다.

일상과학 | 불꽃놀이 색깔은 어떻게 만들까?

7월 14일
읽은 날: 월   일

? 퀴즈

> 불꽃의 색은 치밀한 계산으로 만들어져요.

❶ 식물을 불꽃에 반응시킨다.
❷ 액체를 불꽃에 반응시킨다.
❸ 금속을 불꽃에 반응시킨다.

정답 ❸ 금속의 종류에 따라서 다양한 색깔을 만들어 낸다.

🔍 찾았다, 비밀!

> 불꽃 반응의 색깔은 물질의 종류에 따라 무척 다양하게 나타나요.

① 다양한 색을 내는 금속의 불꽃 반응

금속이 불꽃과 만나면 금속마다 특유의 색을 띠어요. 예를 들어 나트륨은 노란색, 구리는 청록색을 띠지요. 이렇게 금속이 불꽃과 만나 서로 다른 색깔을 내는 현상을 '불꽃 반응'이라고 해요.

② 불꽃 반응을 이용한 화려한 불꽃놀이

불꽃놀이에 사용하는 폭죽은 여러 금속을 섞은 화약으로 만들어요. 폭죽을 터뜨리면 금속의 불꽃 반응이 일어나며 하늘을 다채로운 색깔로 장식해요.

③ 같은 금속이라도 달라지는 색과 모양

불꽃의 색깔과 형태는 금속의 종류뿐 아니라 양과 제조 방법에 따라서도 달라져요. 불꽃놀이는 불꽃 반응의 미세한 차이를 치밀하게 계산해서 원하는 색깔과 형태가 나타나도록 만든 작품이에요.

드미트리 멘델레예프
(1834~1907)

발명

7월 15일
읽은 날: 월   일

❓ 어떤 사람일까?

원소의 순서를 정해서
원소 주기율표를 만든 화학자

> 원소 주기율표는 가운데가 크게 비어 있어요.

👤 대단한 과학자!

① 원소를 정리한 원소 주기율표

'원소 주기율표'란 원소를 무게에 따라 가벼운 순서대로 정리한 표예요. 물질을 구성하는 기본 요소를 원소라고 해요. 원소 주기율표를 처음으로 완성한 사람은 러시아의 화학자 멘델레예프예요.

> 이론상으로 원소는 173개까지 밖에 존재하지 않아요.

② 일정 주기마다 비슷한 원소가 나타난다

대학에서 화학을 가르치던 멘델레예프는 원소를 무게 순서대로 정리하면 일정한 주기로 성질이 비슷한 원소가 나타난다는 사실을 발견했어요. 비슷한 성질의 원소가 위아래로 배치되게끔 만든 게 원소 주기율표의 시작이에요.

③ 지금도 유용한 원소 주기율표

원소 주기율표는 많은 화학자와 물리학자의 손을 거치며 부족한 부분이 보완되었어요. 원소 주기율표는 원소의 무게와 성질을 한눈에 알아볼 수 있다는 장점 덕분에 지금도 여러 분야에서 쓰여요.

옥수수는 왜 수염이 있을까?

음식

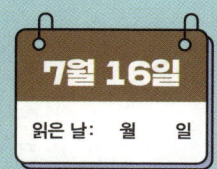

7월 16일
읽은 날: 월 일

궁금증 해결!

옥수수수염은
옥수수의 암술머리이다.

> 옥수수수염 가닥마다 옥수수 알갱이 한 개와 이어져 있어요.

찾았다, 비밀!

① 옥수수수염의 정체는 옥수수의 암술머리

옥수수에 달린 옥수수수염은 옥수수 암꽃의 암술머리예요. 우리가 먹는 옥수수는 암꽃의 씨앗이 자란 알갱이예요.

② 옥수수수염만 삐죽 내민 암꽃

옥수수는 암꽃과 수꽃이 한 줄기에서 자라요. 옥수수처럼 긴 꽃대에 피는 꽃을 '꽃이삭'이라고 해요. 수꽃이삭은 줄기 꼭대기, 암꽃이삭은 줄기 중간의 잎겨드랑이에서 피어요. 암꽃이삭은 초록색 껍질에 싸여 있고, 암술머리만 밖으로 길게 빠져나와요.

③ 가루받이를 통해 자라는 알갱이

수꽃이삭의 꽃가루가 암술머리에 닿아 가루받이(▶184쪽)를 하면, 꽃가루가 암꽃 뿌리로 이동해 수정이 이루어져요. 얼마 있다가 암꽃 뿌리가 부풀어서 씨를 만들면 우리가 잘 알고 있는 옥수수 알갱이가 된답니다.

> 옥수수수염에 꽃가루가 달라붙어서 가루받이해요.

수꽃이삭 / 꽃가루 / 수염 / 꽃가루 / 암꽃이삭 / 수염 / 관을 뻗는다.

곤충은 왜 빛 주위로 모일까?

7월 17일
읽은 날: 월 일

퀴즈

❶ 가로등 불빛을 달빛으로 착각한다.
❷ 가로등 불빛을 햇빛으로 착각한다.
❸ 가로등 불빛을 쬐면 쑥쑥 자란다.

정답 ❶ 곤충은 달빛에 의지해서 날아다닌다.

여름철 자동판매기 주변은 무서울 정도로 많은 벌레가 모여들지요!

찾았다, 비밀!

LED(엘이디) 전구에는 곤충이 몰려들지 않아요. LED는 벌레가 좋아하는 자외선을 방출하지 않거든요.

① 곤충이 비행할 때 의지하는 달빛

밤에 날아다니는 모기, 장수풍뎅이 같은 곤충은 달빛을 표지판 삼아 날아다녀요. 항상 달이 같은 방향에서 보이도록 비행하면 어둠 속에서도 똑바로 날아갈 수 있어요.

② 불빛을 달빛으로 착각하는 곤충

가로등이나 자동판매기, 집안 조명은 달보다 훨씬 가까이에 있는 불빛이에요. 달빛을 기준으로 날아다니는 곤충은 가까운 불빛을 달빛으로 착각해서 불빛 주변을 뱅글뱅글 맴돌아요.

③ 불빛을 향해 이동하는 생물들

곤충은 불빛 근처를 맴돌며 조금씩 불빛에 접근해요. 이렇게 불빛을 향해 이동하는 성질을 '양의 주광성'이라고 해요.

 우주·지구

여름은 덥고 겨울은 추운 이유는?

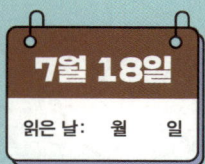

7월 18일

읽은 날: 월 일

 궁금증 해결!

여름과 겨울의 하루 길이가 다른 것도 태양 높이와 관계가 있어요.

계절에 따라 태양이 떠 있는 높이가 달라서 온도 차이가 발생한다.

 찾았다, 비밀!

① 기울어진 지구의 자전축

지구는 팽이처럼 자전하면서 태양 주위를 공전해요. 지구가 자전하면서 낮과 밤이 생기고, 공전하면서 지구의 기울어진 자전축에 의해 계절의 변화가 나타나지요.

지표면에 닿는 햇빛이 많을수록 온도가 올라가요.

6월   12월

② 계절에 따라 달라지는 햇빛

만약 지구가 기울지 않은 채로 공전한다면 계절의 변화는 일어나지 않아요. 자전축이 기울

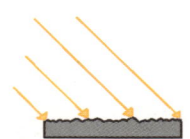

바로 위에서 내리쬐는 햇빛   비스듬히 내리쬐는 햇빛

지표면에 많은 빛이 닿는다.   지표면에 빛이 잘 닿지 않는다.

어진 지구는 시간에 따라 태양으로부터 받는 빛의 양이 달라져서 계절이 바뀌게 되는 것이지요. 한반도가 있는 북반구를 예로 들면 6월 한낮에는 햇빛이 수직으로 지면에 비추고, 12월 한낮에는 햇빛이 지면에 비스듬한 방향으로 비춰요.

③ 햇빛이 비치는 양이 온도를 결정한다

지구는 태양이 내뿜는 빛을 받아 온도가 올라가요. 같은 면적에 닿는 빛의 양은 태양이 높게 위치해 있을수록 증가해요. 지구 바로 위에서 햇빛이 비추는 여름은 겨울과 비교하면 같은 면적을 비추는 빛의 양이 많으므로 겨울보다 온도가 높지요.

어른이 되면 왜 키가 자라지 않을까?

7월 19일
읽은 날: 월 일

? 퀴즈

❶ 근육이 커지지 않아서 키가 자라지 않는다.
❷ 뼈가 자라지 않아서 키가 자라지 않는다.
❸ 심장이 커지지 않아서 키가 자라지 않는다.

정답 ❷ 어른이 되면 뼈가 더 이상 자라지 않는다.

우리 몸이 건물이라면 뼈는 철근이라고 할 수 있어요.

🔍 찾았다, 비밀!

① 세포가 만들고 키우는 뼈

생물의 몸은 세포라는 작은 요소가 모여 만든 구성물이에요. 세포에 의해 뼈가 만들어지고, 세포의 작용으로 뼈가 성장하지요.

② 연골이 자라는 성장판

아기의 뼈는 모두 부드러운 연골로 되어 있어요. 성장하면서 연골은 단단해지는데, 뼈끝은 부드러운 연골로 남아요. 흔히 '성장판'이라 부르는 부위예요. 성장판에서 새로운 연골이 생기고, 다시 세포에 의해 단단한 뼈로 변해요.

③ 어른이 되면 멈추는 성장

연골을 만드는 속도가 단단해지는 속도보다 빠르면 뼈가 자라면서 키가 커져요. 하지만 연골을 만드는 속도가 느려지고 모든 연골이 단단해지면 키는 더 이상 자라지 않아요.

몸을 지탱하는 뼈가 자라지 않으면 키도 커지지 않아요.

 **자연**

여름에 물을 뿌리면 조금은 시원해진다?

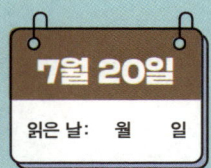
7월 20일
읽은 날: 월 일

궁금증 해결!

물이 증발하면서 주변의 열을 빼앗아 시원하게 느껴진다.

더울 때 나오는 땀도 몸의 온도를 낮춰요.

땅에 뿌린 물이 증발하면서 주변의 열을 빼앗아요.

찾았다, 비밀!

① 증발하면서 주변 열을 빼앗는 물

액체인 물 온도가 높아지면 증발해서 기체인 수증기로 변해요. 이때 주변의 열을 빼앗는데, 이렇게 액체가 기체로 변하면서 주위에서 빼앗는 열의 양을 '기화열'이라고 해요. 물에 젖은 채로 선풍기 바람을 쐬면 시원해지는 이유 역시 수분이 증발하면서 몸에 있는 열을 빼앗기 때문이에요.

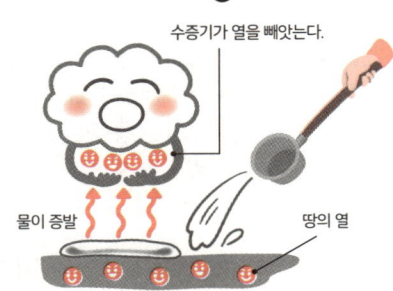

수증기가 열을 빼앗는다.
물이 증발
땅의 열

② 기화열을 이용하면 시원해진다

여름에 땅에 물을 뿌리는 이유도 기화열 원리에 있어요. 땅에 뿌린 물이 뜨거운 햇볕과 더운 기운으로 증발하면 땅 표면의 열기를 가져가서 주변을 시원하게 만들어요.

③ 여름철 더위를 피하는 방법

냉방 장치가 없던 옛날이나 냉방 장치가 있는 지금이나 땅에 물을 뿌리는 방법은 여름철에 빠지지 않는 피서 방법이에요. 여름을 시원하게 보내는 생활의 지혜라고 할 수 있어요.

 # 잠수함이 떠올랐다가 가라앉는 방법은?

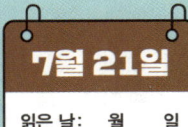

7월 21일
읽은 날: 월 일

 궁금증 해결!

탱크 속 물을 조절해서 잠수함을 무겁게 하거나 가볍게 한다.

잠수함에는 물을 넣는 탱크가 반드시 설치되어 있어요.

찾았다, 비밀!

① 배를 띄우는 부력의 마법

집채만 한 배가 물에 가라앉지 않는 이유는 부력이 작용하기 때문이에요. 부력은 물이나 공기 속에 있는 물체가 그 물체에 작용하는 압력에 의해 중력에 반하여 위로 뜨려는 힘을 말해요. 부력이 중력보다 크면 물체는 떠오르지요.

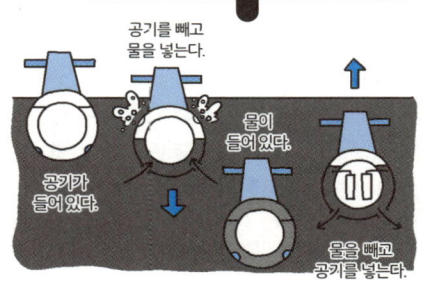

밸러스트 탱크에 물을 넣으면 가라앉고, 물을 내보내면 떠올라요.

② 가라앉지 않게 만드는 공기의 힘

거대한 배는 물보다 훨씬 무거운 금속으로 만들어요. 잠수함을 물 위에 띄우려면 물보다 가벼운 공기로 잠수함 내부를 채워야 해요. 물의 부력만으로는 잠수함에 작용하는 중력을 감당하지 못해 가라앉거든요.

③ 물과 공기로 무게를 조절하는 잠수함

잠수함은 물을 넣고 뺄 수 있는 밸러스트 탱크를 갖고 있어요. 밸러스트 탱크에 물을 넣으면 잠수함의 무게가 부력보다 커져서 가라앉고, 밸러스트 탱크에서 물을 내보내고 공기를 넣으면 잠수함의 무게가 부력보다 작아져서 떠오르지요.

로베르트 코흐
(1843~1910)

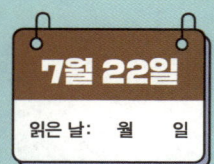

7월 22일
읽은 날: 월 일

❓ 어떤 사람일까?

탄저균과 결핵균을 발견하고
많은 의학자를 양성한 세균학자

> 결핵균의 발견을 발표한 3월 24일을 '세계 결핵의 날'로 정해서 매년 기념하고 있어요.

👤 대단한 과학자!

① 코흐가 발견한 탄저병의 원인

코흐는 독일 북부에서 태어났어요. 대학을 졸업하고 베를린에 있는 제국위생국에서 세균 연구를 시작했어요. 코흐는 탄저병이라는 치명적인 전염병을 일으키는 원인이 탄저균이라는 사실을 발견했어요.

> 세균 검사 방법을 확립한 것도 코흐의 커다란 업적이에요.

② 세계적으로 인정받은 결핵균 연구

코흐는 탄저균 이외에 결핵균과 콜레라균도 발견했어요. 결핵균 진단 검사에 사용하는 투베르쿨린 용액도 제작했지요. 이러한 결핵균 연구를 인정받아서 1905년 노벨 생리학·의학상을 받았어요.

③ 과학자 양성에 관심을 기울이다

코흐는 젊은 학자를 길러 내는 일에도 정성을 쏟았어요. 1901년과 1908년에 각각 노벨 생리학·의학상을 수상한 에밀 아돌프 폰 베링과 파울 에를리히는 모두 코흐의 제자예요.

233

솜사탕은 왜 폭신폭신할까?

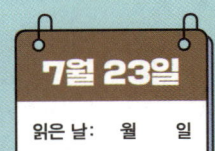

7월 23일
읽은 날: 월 일

? 퀴즈

❶ 설탕을 가는 실처럼 뽑아서 폭신하다.
❷ 부드러운 설탕을 사용해서 폭신하다.
❸ 젤리를 재료에 섞어서 폭신하다.

정답 ❶ 설탕을 가느다란 실처럼 뽑아 만들어서 솜사탕은 솜처럼 폭신폭신해진다.

솜사탕 만드는 모습을 본 적 있나요?

🔍 찾았다, 비밀!

만드는 방법은 간단하지만 폭신폭신 하게 만들려면 연습이 필요해요.

① 설탕으로 만드는 솜사탕

솜사탕은 설탕으로 만들어요. 솜사탕이 폭신폭신한 이유는 설탕을 가느다란 실처럼 뽑아서 만들기 때문이에요. 금방 만든 솜사탕은 폭신하지만 시간이 지나면 설탕이 들러붙으면서 부피도 줄어들고 딱딱해져요.

② 고체 설탕을 액체 상태로 만들기

솜사탕을 만드는 기계 가운데에는 작은 구멍이 뚫린 금속 통이 빠른 속도로 회전해요. 이 금속 통에 고체 설탕을 넣고 열을 가하면 설탕이 녹아서 액체 상태로 나와요.

③ 원심력을 이용해 실처럼 뽑아내는 설탕

액체 설탕은 금속 통이 회전하며 생기는 원심력(▶165쪽)에 의해 작은 구멍 밖으로 새어 나와요. 통 밖으로 나올 때 금속 통 안에 비해 차가운 공기를 만나면서 실처럼 얇은 고체로 굳어요. 실처럼 뽑힌 설탕을 막대기로 휘감아서 솜사탕을 만들어요.

비단벌레는 어떻게 반짝반짝 빛날까?

7월 24일
읽은 날: 월   일

궁금증 해결!

날개에 붙어 있는 여러 겹의 얇은 막이 빛을 반사한다.

비단벌레의 화려한 날개는 옛날부터 장식 재료로 사용됐어요.

찾았다, 비밀!

① 보는 각도에 따라 다른 빛깔

비단벌레의 날개는 보는 각도에 따라 오묘한 빛깔로 보여요. 하지만 사람 눈에 보이는 색깔은 비단벌레 날개의 진짜 색깔이 아니에요.

② 반사된 빛이 강하게 드러나는 구조색

비단벌레의 날개는 투명하고 얇은 막을 여러 겹 덧댄 구조예요. 날개에 빛이 닿으면 각각의 막에 반사된 빛이 강해지기도 하고 약해지기도 하면서, 특정 색깔의 빛만 잘 보이게 되지요. 이렇게 외부에서 들어오는 빛과 보는 각도에 따라 달라지는 색을 '구조색'이라고 해요.

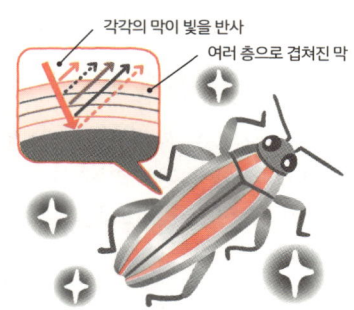

날개를 이루는 투명한 막이 빛을 반사해서 여러 빛깔로 보여요.

각각의 막이 빛을 반사
여러 층으로 겹쳐진 막

③ 다양한 색깔로 보이는 구조색의 원리

구조색은 보는 각도에 따라서 강하게 드러나는 색깔이 달라져요. 비눗방울이나 CD(시디)가 여러 가지 빛깔로 보이는 것도 같은 원리예요.

 우주·지구

하늘은 왜 파란색일까?

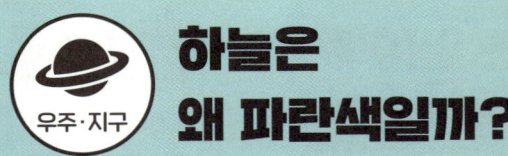

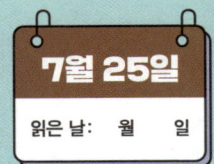
7월 25일
읽은 날: 월 일

💡 궁금증 해결!

햇빛 속 푸른빛이 하늘에 퍼져서 하늘이 파랗게 보인다.

저녁에는 빨간색과 노란색 빛이 흩어지기 쉬워요.

🔍 찾았다, 비밀!

① 여러 빛깔이 담긴 햇빛

햇빛에는 빨간색, 노란색, 파란색 등 여러 가지 색깔의 빛이 포함되어 있어요. 다양한 빛이 한데 섞인 햇빛은 사람 눈에 투명하게 보여요.

② 공기 중에서 쉽게 흩어지는 푸른빛

햇빛의 푸른빛은 지구를 덮고 있는 공기 입자와 부딪히면 쉽게 흩어져요. 반면 다른 색깔의 빛들은 공기 입자와 부딪혀도 흩어지지 않고 곧게 뻗어 나가요.

③ 푸른빛이 흩어져서 파랗게 보이는 하늘

빛은 색깔에 따라 공기 중에 퍼지는 양이 달라져요. 땅과 가까워진 햇빛 가운데 파란빛만 하늘 가득히 퍼져요. 이렇게 펼쳐진 푸른빛이 우리 눈에 닿아서 하늘이 파랗게 보이는 거예요.

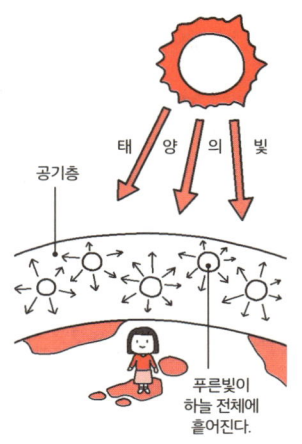

지구 대기층에서 햇빛 속 푸른빛이 흩어져요.

태양의 빛
공기층
푸른빛이 하늘 전체에 흩어진다.

운동한 다음 날에는 왜 근육통이 생길까?

7월 26일
읽은 날: 월 일

❓ 퀴즈

❶ 통증을 일으키는 물질이 신경을 자극한다.
❷ 뇌가 아프다고 착각한다.
❸ 과도한 운동으로 뼛속이 부서져서 아프다.

> 정답 ❶ 운동 후 통증을 유발하는 물질이 근육막과 신경을 자극한다.

근육통을 피하려면 준비 운동을 제대로 해야 해요.

🔍 찾았다, 비밀!

예전에는 젖산이라는 물질을 근육통의 원인으로 꼽았지만, 지금은 다른 원인이 있다는 의견이 많아요.

① 근육통은 근육이 아픈 증상

열심히 운동한 다음 날이면 근육이 욱신욱신 아파요. 이렇게 아픈 증상을 근육통이라고 해요. 근육통이 일어나는 이유는 정확히 밝혀지지 않았지만 '프로스타글란딘'이라는 물질과 관련이 있으리라 여겨져요.

② 무리한 운동으로 발생하는 염증

갑자기 운동을 해서 안 쓰던 근육을 무리하게 움직이면 근육에 상처가 생겨요. 근육에 생긴 부상은 염증을 일으켜 붓고 열이 나요.

③ 신경을 자극하는 프로스타글란딘

염증이 생기면 우리 몸에서는 프로스타글란딘을 분비해요. 프로스타글란딘이 근육막과 근육막 주변의 신경을 자극해서 통증을 일으키는 것으로 추측해요.

그늘진 곳의 철봉은 왜 차가울까?

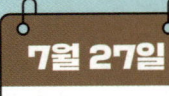

7월 27일
읽은 날: 월 일

궁금증 해결!

철은 열이 잘 통해서 철봉과 닿는 손의 열을 빼앗는다.

철봉에 손의 열이 전달되면 철이 점점 따뜻해져요.

찾았다, 비밀!

① 온도가 같아지려는 물질의 성질

물질은 주변과 온도를 맞추려는 성질이 있어요. 따뜻한 차가 식고, 차가운 음료가 미지근해지는 현상을 보면 알 수 있지요. 그렇다고 모든 물질의 온도가 동일해지지는 않아요. 같은 그늘 아래에 철봉과 나무가 있어도 철봉이 나무보다 더 차갑게 느껴져요.

② 열을 쉽게 전달하는 철

열이 쉽게 전달되는 물질과 잘 전달되지 않는 물질이 있어요. 철봉은 나무보다 열을 쉽게 받아들여 손바닥의 열이 철봉으로 옮겨 가면서 주변보다 훨씬 더 차갑게 느껴져요.

철봉에 닿는 부위를 통해 신체의 열이 철봉으로 옮겨 가요.

손에서 철봉으로 열이 이동

차갑게 느껴진다.

③ 조리 기구가 금속인 이유

열을 쉽게 전달하는 정도를 '열전도율'이라고 해요. 대개 금속은 다른 물질보다 열전도율이 높아요. 보통 프라이팬이나 냄비는 열이 빠르고 쉽게 전달되어 빨리 달궈지도록 금속 재질로 만들어요.

냉장고는 어떻게 시원함을 유지할까?

일상과학

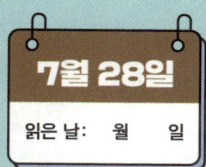

7월 28일
읽은 날: 월 일

퀴즈

❶ 얼음으로 열기를 식힌다.
❷ 차가운 바람으로 열기를 식힌다.
❸ 냉장고 내부의 열을 밖으로 내보낸다.

정답 ❸ 냉매※를 사용해서 열을 내보낸다.

※냉매: 저온의 물체에서 열을 빼앗아 고온의 물체로 전달하는 매체.

> 냉장고를 자세히 살펴보면 생소한 장치를 발견할 수 있어요.

찾았다, 비밀!

> 냉매를 차갑게 만들어서 냉장고 전체를 저온으로 유지하는 원리로군요.

① 압력을 가하면 변하는 물질의 온도

기체는 압력을 받으면 열을 방출하면서 액체로 변해요. 반대로 액체에 압력을 낮추면 주변의 열을 빼앗으면서 기체로 변하지요. 액체가 기화하면서 주변에서 빼앗는 열을 '기화열'이라고 해요.

② 기체가 되면서 열을 빼앗는 냉매

냉장고 내부에는 냉매가 들어 있는 파이프가 있어요. 냉장고는 '냉각기'라는 장치로 압력을 낮춰서 냉매를 액체에서 기체로 만들어요. 이때 기화열 원리에 의해 냉장고 내부는 냉매에 열을 빼앗겨 온도가 낮아져요.

③ 냉매가 순환하며 냉장고 내부를 차갑게 만든다

냉매는 냉각기 안에서 압축기, 응축기, 모세관, 증발기를 순서대로 돌아요. 기체 냉매는 압축기에서 강하게 눌리고, 응축기에서 열을 내보내며 차가워지고, 모세관에서 압력이 낮아져 액체로 변해요. 증발기에서는 열을 빼앗기면서 다시 기체가 되어요. 이때 발생하는 열은 밖으로 방출해요. 이 과정을 반복하면서 냉장고 내부는 차갑게 유지돼요.

빌헬름 뢴트겐
(1845~1923)

7월 29일
읽은 날: 월 일

궁금증 해결!

X(엑스)선을 발견한 세계 최초의 노벨 물리학상 수상자

뢴트겐은 X선이라는 이름이 몹시 마음에 들었던 것 같아요.

찾았다, 비밀!

X선으로 처음 촬영한 것은 뢴트겐 아내의 손이었어요.

① 물체를 통과하는 X선 발견

뢴트겐은 독일 레네프에서 태어났어요. 어느 날 뢴트겐은 실험 장치에서 눈에 보이지 않는 빛이 나온다는 사실을 발견했어요. 이 빛을 꾸준히 탐구한 끝에 물체를 통과하는 성질이 있다는 사실을 밝혀 냈고, 알 수 없다는 뜻으로 알파벳 X를 붙여 'X선'이라고 이름 붙였어요.

② 누구나 사용할 수 있게 된 X선

X선의 발견은 대단한 과학적 성과였어요. X선의 발견으로 뢴트겐은 제1회 노벨 물리학상을 받았어요. 하지만 뢴트겐은 노벨상 상금을 모두 대학에 기부하고, X선을 누구나 사용할 수 있게끔 특허도 신청하지 않았어요.

③ X선의 다양한 활용 방법

X선을 사용하는 엑스레이 촬영은 병원에서 상처를 검사하고, 질병을 진단할 때 사용해요. 또 공항에서 수하물을 검사할 때, 건물의 안전을 조사할 때에도 활용해요.

두유로 두부를 만들 수 있을까?

음식

7월 30일
읽은 날: 　월　　일

💡 궁금증 해결!

두유에 간수라는 액체를 넣어서 굳히면 두부가 된다.

> 간수는 주로 바닷물로 만들어요.

🔍 찾았다, 비밀!

① 두부를 만들려면 간수가 필요하다

두유는 물에 불린 콩을 갈아서 짜낸 액체예요. 두유로 두부를 만들려면 '간수'가 필요해요. 간수는 습기가 찬 소금이 녹아 있는 짜고 쓴 물을 말해요.

② 글리시닌이라는 단백질이 들어 있는 두유

두유에는 영양가가 높은 단백질과 탄수화물이 많이 들어 있어요. 그중에서도 '글리시닌'이라는 단백질이 풍부하게 들어 있어요.

③ 글리시닌과 결합하는 마그네슘

간수의 주성분인 염화마그네슘은 음전기를 띤 염소와 양전기를 띤 마그네슘으로 나뉘어요. 간수를 두유에 넣으면 양전기를 띤 마그네슘이 음전기를 띠는 글리시닌과 결합해요. 그러면 두유가 뭉치고 굳어지면서 두부가 만들어져요.

> 익힌 콩을 짜내어 만든 두유에 간수를 넣어서 굳혀요.

짜고 남은 찌꺼기= 비지　　짜낸 즙= 두유　　간수

강에 사는 물고기가 바다에 가면 죽을까?

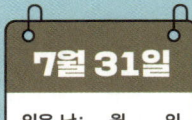

7월 31일
읽은 날: 월 일

? 퀴즈

❶ 바다에서도 잘 산다.
❷ 대부분 죽는다.
❸ 살아남으려고 몸을 변화시킨다.

정답 ❷ 강에 사는 물고기가 바다에 가면 몸속의 염분을 일정하게 유지할 수 없다.

사실은 사람도 바다에 오래 잠수하면 위험해요.

🔍 찾았다, 비밀!

물고기는 사는 장소에 따라 몸의 구조가 달라요.

① 염분 농도에 따라 이동하는 물

물은 염분 농도가 낮은 쪽에서 높은 쪽으로 이동해요. 만약 강이나 호수처럼 담수에 사는 물고기(담수어)가 바다로 나가면 염분이 많은 바닷물에 몸의 수분을 빼앗겨 죽고 말아요.

② 몸의 염분을 조절하는 바닷물고기

바다에 사는 바닷물고기(해수어)는 몸속의 물이 부족해지지 않도록 바닷물을 많이 마셔요. 바닷물 중에서 염분은 몸 밖으로 배출하고 오줌의 양을 줄여서 몸속 수분이 부족해지지 않도록 유지해요.

③ 강에서도 바다에서도 살 수 있는 물고기

바다와 강을 오가는 연어와 장어, 강 입구에 사는 모래무지는 아가미로 염분을 배출하고 들이마셔요. 덕분에 강에서도 바다에서도 살 수 있어요.

바닷물은 왜 짠맛이 날까?

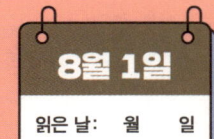

읽은 날: 월 일

? 퀴즈

❶ 물고기가 흘린 땀이 바다에 녹아 있다.
❷ 짠맛을 내는 원료가 바다에 녹아 있다.
❸ 각지에서 소금을 바다로 흘려보낸다.

정답 ❷ 바닷물에는 염소 등 짠맛을 내는 원료가 녹아 있다.

> 바닷물을 건조해서 만든 소금도 있어요.

🔍 찾았다, 비밀!

① 소금 원료가 녹아 있는 바닷물

바닷물을 이루는 주된 성분은 염소와 나트륨이에요. 염소와 나트륨은 우리가 먹는 소금의 원료로 바닷물을 마시면 짠맛이 나는 이유예요.

② 바다에 염소 성분이 높은 이유

지구가 갓 태어났을 무렵에는 화산 활동으로 발생한 염소, 메탄, 수소, 암모니아 그리고 수증기가 대기를 이루었어요. 시간이 흘러 수증기는 비가 되어 오랜 시간에 걸쳐 지구 표면으로 내렸어요. 이때 대기 속 염소를 비롯한 여러 물질이 함께 내려와 바다를 이루었어요.

③ 바다가 녹인 암석의 나트륨

바닷물이 머금은 염소는 산성도가 높은 물질로 암석을 녹일 만큼 강력해요. 바다는 오랜 시간에 걸쳐 바다 주변의 흙과 바위를 녹였고, 이때 암석을 이루는 나트륨이 바다로 녹아 들었어요.

> 옛날 옛적부터 이어진 지구의 활동 때문에 바다에서 짠맛이 나는구나.

인체

땀을 흘리면 좋은 점이 있을까?

8월 2일
읽은 날: 월   일

궁금증 해결!

땀을 흘려서 체온을 조절한다.

땀이 나면 불쾌해질 때도 있지만 꼭 필요한 신체 활동이에요.

찾았다, 비밀!

① 더울 때 몸을 식혀 주는 땀

날씨가 덥거나 운동을 하면 땀구멍을 통해 땀이 몸 밖으로 나와요. 땀구멍에 맺힌 땀은 증발하면서 주변의 열을 빼앗아 몸을 시원하게 만들어요. 앞서 배운 기화열 원리예요.

② 땀을 배출하는 두 가지 기관

땀은 주로 에크린샘과 아포크린샘이라는 분비샘에서 만들어져 나와요. 어느 쪽에서 만든 땀이든 핵심 역할은 체온 조절이에요.

에크린샘은 온몸에 있고, 아포크린샘은 겨드랑이에 많아요.

③ 땀을 흘리지 않으면 걸리는 열사병?

땀을 많이 흘리지 않는 사람은 몸의 열을 밖으로 원활하게 내보낼 수 없어요. 열을 배출하지 못해 몸 안에 계속 쌓이면 체온이 40도 넘게 올라가는 열사병이 나타나기 쉬워요.

바다에서 몸이 뜨는 이유는?

자연

8월 3일
읽은 날: 월 일

❓ 퀴즈

수영장 물과 바닷물의 차이를 생각하면 이해하기 쉬워요.

❶ 바다에 물고기가 많아서 몸이 바다에 뜬다.
❷ 바닷물에 산소가 많아서 몸이 바다에 뜬다.
❸ 바닷물이 소금물이라서 몸이 바다에 뜬다.

정답 ❸ 평범한 물보다 밀도가 높은 소금물에서는 물체가 뜨기 쉽다.

🔍 찾았다, 비밀!

① 물체를 띄우는 부력

물과 같은 액체가 물체를 밀어 올리는 힘을 '부력'이라고 해요. 물체가 받는 부력은 그 물체가 밀어내는 액체의 무게와 같아요. 만약 부피가 같은 유체라면 동일한 부력이 작용해요.

이스라엘의 사해는 염분 농도가 높아서 몸이 둥둥 떠요.

② 액체보다 밀도가 작은 물체만 뜬다

하지만 동일한 부피라도 물속에 가라앉는 물체와 떠오르는 물체가 있어요. 부피는 같지만 밀도(▶113쪽)가 다르기 때문이에요. 액체 위로 물체가 떠오르려면 물체의 밀도가 액체의 밀도보다 작아야 해요.

③ 평범한 물보다 바다에서 뜨기 쉽다?

소금물은 물보다 밀도가 크기 때문에 같은 부피라면 물보다 소금물의 부력이 더 커요. 물에서 가라앉던 물체가 소금물 위에서는 뜰 수도 있어요. 바닷물도 소금물이라서 뜨기 쉬워요.

 **일상과학**

가스를 사용하지 않고 냄비를 데우는 기술은?

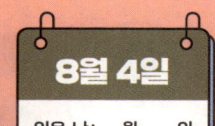
8월 4일
읽은 날: 월   일

궁금증 해결!

IH(아이에이치)란 유도가열(인덕션 히팅, Induction Heating)을 말해요.

IH는 자석의 힘으로 전류를 만들고, 전기 저항으로 조리 도구를 가열한다.

찾았다, 비밀!

① 자석 힘으로 냄비를 데운다

IH는 전기의 힘으로 냄비나 프라이팬을 가열하는 기술이에요. IH 조리 기구는 전기로 자석의 힘을 만들어 내서 불을 지피는 것처럼 뜨거운 열을 내요.

② 냄비에 발생하는 소용돌이 전류

IH 조리 기구 내부에는 코일이 전선에 감겨 있어요. 코일에 전기가 흐르면 자력이 생겨요. 자력이 냄비로 전해지면 '맴돌이 전류'라는 소용돌이 모양의 전류가 흘러요.

전기가 흐를 때의 저항을 이용해서 열을 발생시켜요.

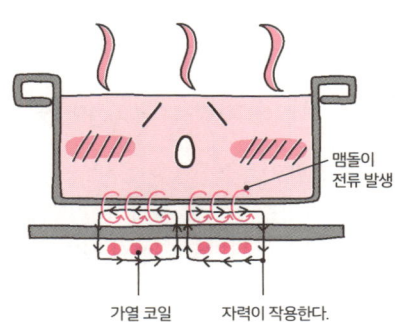

맴돌이 전류 발생

가열 코일   자력이 작용한다.

③ 맴돌이 전류를 열로 바꾸는 전기 저항

전류가 통과하기 어려운 정도를 '전기 저항'이라고 해요. 전기 저항의 크기는 물질에 따라 달라요. IH 조리 기구는 전기 저항이 큰 물질에 전류가 흐르면 열이 생기는 원리를 이용해서 음식을 뜨겁게 데워요.

 **발명**

엑스레이는 어떻게 몸속을 촬영할까?

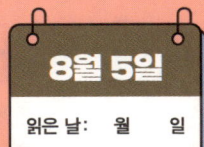
8월 5일
읽은 날: 월 일

 궁금증 해결!

뼈와 근육은 X(엑스)선이 통과하는 정도가 다르다.

이 차이 때문에 흑백의 대비가 강하게 나타나요.

 찾았다, 비밀!

① X선은 전자파의 일종

뢴트겐(▶240쪽)이 발견한 X선은 빛과 같은 전자파이자 방사선(▶304쪽)의 일종이에요. 단, 우리 눈에는 보이지 않지요.

② 부위에 따라 다른 X선의 통과 정도

엑스레이는 X선을 이용해서 몸속을 들여다보아요. X선은 신체를 통과하지만 뼈나 근육 등 부위에 따라 통과하는 정도가 달라요.

③ X선이 통과하지 못하는 뼈

엑스레이로 몸속을 촬영할 때는 몸의 한쪽에 X선을 감지하는 감광판(필름)을 두고 반대편에서 X선을 비춰요. X선이 쉽게 통과하는 근육 등은 필름에서 검게 나타나고, X선이 통과하기 어려운 뼈 부위는 하얗게 찍혀요.

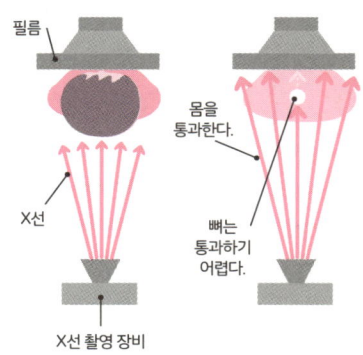

몸을 X선으로 촬영하면, X선이 통과한 부분은 검게 나타나요.

필름
몸을 통과한다.
X선
뼈는 통과하기 어렵다.
X선 촬영 장비

서로 상극인 음식이 있을까?

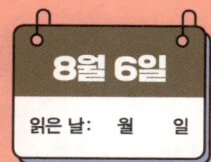

8월 6일
읽은 날: 월 일

? 퀴즈

❶ 음식에 따라 어울리지 않을 수 있다.
❷ 서로 어울리지 않는 음식은 없다.
❸ 기분에 따라 어울리는 음식의 조합이 달라진다.

정답 ❶ 서로 어울리는 음식과 상극인 음식이 있다.

담백한 장어와 새콤한 매실은 잘 어울릴까요?

🔍 찾았다, 비밀!

매실을 곁들이면 장어의 기름기를 덮어 깔끔하게 먹을 수 있어요.

① 어울리는 음식과 상극인 음식

곁들여 먹으면 잘 어울리고 이로운 점이 배가 되는 음식이 있어요. 반면 두 가지 이상의 음식을 함께 먹으면 탈이 나는 상극인 음식 조합도 있어요.

② 상극이라는 과학적 증거는 없다

서로 상극이라고 알려진 음식에는 '매실과 장어', '은어와 우엉', '미꾸라지와 참마' 등이 있어요. 하지만 실제로 두 음식을 함께 먹으면 몸에 나쁘다는 과학적 증거는 없어요. 오히려 서로 잘 어울리는 음식도 있어요.

③ 서로 상극인 음식

토마토에 설탕을 곁들이면 토마토가 가진 비타민 B1을 파괴해요. 또, 도토리묵과 감을 함께 먹으면 두 음식에 들어 있는 탄닌 성분이 소화를 방해하고, 변비를 생기게 해요.

 생물

소금쟁이는 왜 물에 가라앉지 않을까?

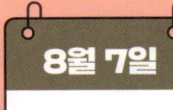
8월 7일
읽은 날: 월   일

궁금증 해결!

몸이 매우 가볍고 다리의 잔털이 물을 튕긴다.

마치 무술의 달인 같아요! 흉내도 내기 어렵겠어요.

찾았다, 비밀!

① 물 위에 작용하는 표면 장력

물은 최대한 한곳에 뭉치려는 '표면 장력'이라는 성질을 지녀요. 표면 장력이 작용하는 물 표면을 자세히 보면 그물 같은 모습이에요. 10원짜리 동전을 물 위에 조심히 올리면 표면 장력이 작용해서 물 위에 둥둥 떠요.

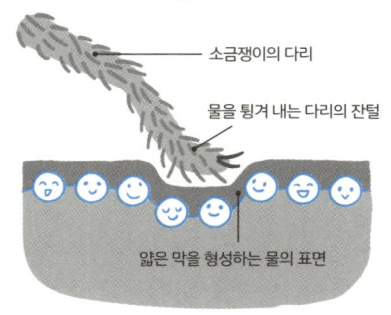

소금쟁이의 다리는 물에 빠지지 않아요.

- 소금쟁이의 다리
- 물을 튕겨 내는 다리의 잔털
- 얇은 막을 형성하는 물의 표면

② 표면 장력으로 떠 있는 소금쟁이

소금쟁이의 다리 끝에는 기름기가 있는 가느다란 털이 자라요. 기름을 머금은 다리털이 물을 튕겨 내고, 이 부분에 물의 표면 장력이 발생해 소금쟁이는 물에 가라앉지 않아요. 또 소금쟁이의 가벼운 무게도 물에 뜨게 만드는 또 하나의 이유예요.

③ 비누를 넣으면 소금쟁이도 가라앉는다?

물과 비누가 만나면 물의 표면 장력이 약해져요. 비누의 계면활성제가 표면 장력을 약하게 만들기 때문이에요. 비누를 넣은 물에서는 소금쟁이도 물속으로 가라앉아요.

파도는 어디에서 밀려올까?

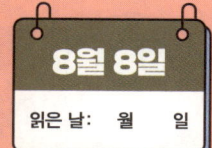

8월 8일

읽은 날: 월 일

❓ 퀴즈

파도는 언제 강해질까요?

❶ 주로 바람 때문에 생긴다.
❷ 주로 지진 때문에 생긴다.
❸ 주로 지구의 자력 때문에 생긴다.

정답 ❶ 바람에 의해 생긴 파도가 멀리까지 전해진다.

🔍 찾았다, 비밀!

먼 바다에서 태풍이 생기면 파도가 너울이 되어 해안까지 밀려와요.

① 바람이 일으키는 파도

컵에 담긴 물 표면을 후 하고 불면 물이 찰랑거려요. 마찬가지로 바다의 파도는 주로 바람이 불어서 생겨요. 바람으로 생긴 파도를 '풍랑'이라고 해요.

② 풍랑이 만드는 파도의 위력

풍랑으로 인해 해수면이 거칠어지고 높아진 파도가 멀리 떨어진 다른 지역까지 밀려가면 '너울'이라고 해요. 큰 너울은 인명 사고 등 해안가에 큰 피해를 끼치기도 해요.

③ 전체가 아니라 표면이 흔들리는 파도의 움직임

풍랑과 너울은 바람이 불어서 바다 표면의 물이 제자리에서 위아래로 흔들리며 생겨요. 해일(▶97쪽)처럼 바닷물 전체가 움직이는 것이 아니에요.

 인체

피부가 햇빛에 타면 어떻게 될까?

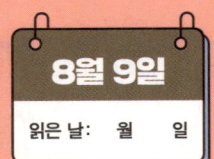
8월 9일
읽은 날: 월 일

 궁금증 해결!

강한 햇빛에 피부가 노출되면 피부 세포가 벗겨지면서 떨어진다.

피부를 너무 심하게 태우지 않도록 조심해요. 무엇이든 적당해야 좋아요.

 **찾았다, 비밀!**

① 햇빛을 차단하는 검은 색소

햇빛에는 우리 몸에 나쁜 영향을 주는 자외선이 포함되어 있어요. 자외선으로부터 몸을 보호하려고 피부 세포는 '멜라닌'이라는 검은 색소를 만들어요.

② 자외선이 만드는 신체 변화

한여름의 강한 햇빛 아래에서 자외선을 많이 쬐면, 피부는 멜라닌을 생성해서 자외선을 차단해요. 멜라닌이 피부 세포와 합쳐지면서 피부가 검게 변해요.

③ 자외선에 죽은 피부는 벗겨진다

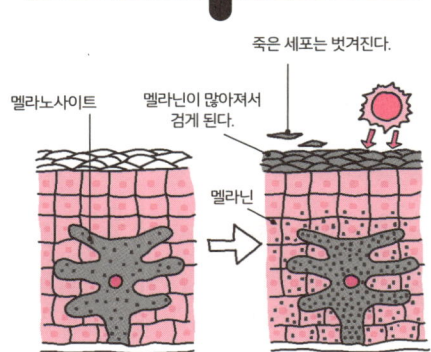

강한 햇빛을 받아서 피부가 검게 변하거나 벗겨지는 것은 각각 다른 이유가 있어요.

멜라노사이트 / 멜라닌이 많아져서 검게 된다. / 죽은 세포는 벗겨진다. / 멜라닌

멜라닌이 많이 만들어지지 않은 상태에서 강한 자외선에 노출되면 자외선을 미처 차단하지 못한 피부 세포가 자외선에 파괴되어요. 죽은 피부는 표면으로 밀려나며 벗겨지지요.

타는 물질과 타지 않는 물질의 차이는?

자연

8월 10일
읽은 날: 월 일

❓ 퀴즈

불에 타는 현상은 왜 일어날까요?

❶ 가볍고 무거운 무게 차이
❷ 온도가 올라갈 수 있는 정도 차이
❸ 산소와 결합하는 능력 차이

정답 ❸ 불에 타는 물질은 산소와 쉽게 결합한다.

🔍 찾았다, 비밀!

모기향처럼 불이 붙어도 불꽃이 생기지 않기도 해요.

① 불이 붙으려면 필요한 산화 작용

나무와 종이에 불을 붙이면 금세 활활 타올라요. 이는 나무와 종이가 공기 중 산소와 매우 쉽게 결합하기 때문이에요. 어떤 물질이 산소와 결합하는 현상을 '산화 작용'이라고 하고, 산화 작용의 결과로 많은 빛과 열을 내는 현상을 '연소'라고 해요.

② 산소와 쉽게 결합하는 탄소

산소와 잘 결합하는 물질일수록 불에 잘 타요. 나무와 종이처럼 불이 쉽게 붙는 물질은 대부분 탄소라는 원자(▸314쪽)를 가지고 있어요. 탄소가 산소와 만나 산화하면 이산화탄소가 발생해요.

③ 잘 타지 않는 물질의 특징

한편 석회석이나 물처럼 이미 산소를 갖고 있거나 금속처럼 쉽게 산화되지 않는 물질은 불을 붙여도 타지 않아요.

일상과학

모기향은 선향과 무엇이 다를까?

8월 11일
읽은 날: 월 일

❓ 퀴즈

❶ 성분이 다르다.
❷ 색깔이 다르다.
❸ 이름만 다를 뿐 사실은 같다.

정답 ❶ 모기향에는 모기를 죽이는 성분이 들어 있다.

일반적인 선향으로는 모기를 죽일 수 없어요.

🔍 찾았다, 비밀!

초기의 모기향은 소용돌이가 아닌 막대기 모양으로 만들었어요.

① 모기는 선향 연기에 죽지 않는다

일반적인 선향은 주로 후박나무 껍질로 만들어요. 껍질을 가루 낸 뒤 식물에서 채취한 향을 섞고 물로 반죽해서 만들지요. 벌레를 죽이는 성분이 없으므로 연기를 피워도 모기를 죽일 수는 없어요.

② 모기향은 재료에 제충국 성분을 섞어서 만든다

국화과 식물인 제충국에는 모기와 벌레를 죽이는 '피레트린'이라는 물질이 들어 있어요. 모기향은 후박나무 껍질 가루에 제충국의 피레트린 성분을 섞어 만들어요. 지금으로부터 약 130년 전부터 사용되었지요.

③ 지금은 사용하지 않는 제충국

하지만 65년 전 무렵에 피레트린과 똑같은 성분을 공장에서 만들 수 있게 되었어요. 지금은 모기향에 제충국을 사용하지 않고 인위적으로 만든 성분을 넣어 모기향을 만들어요.

발명

알렉산더 그레이엄 벨
(1847~1922)

8월 12일
읽은 날: 　월　 일

? 어떤 사람일까?

전화기를 발명하고 전화 회사를 만들어서 전화를 보급한 발명가

청각 장애를 가진 사람들을 평생 도우며 살았어요.

대단한 과학자!

① 친구를 위해 시작한 발명

벨은 영국 북부의 스코틀랜드에서 태어났어요. 12세 무렵 친구와 그 가족에게 보리 탈곡기를 만들어 주었어요. 이것이 벨의 첫 발명품이에요.

② 귀가 어두웠던 엄마를 위한 소리 연구

엄마가 잘 듣지 못하게 되자 벨은 청각과 소리에 관심을 두었어요. 목소리와 음악을 전기 신호로 전달하는 방법을 연구했지요. 마침내 1876년에 전화기 개발에 성공했어요.

목소리의 진동을 전기로 바꿔 보낸 다음 다시 진동으로 바꿔요.

진동을 전기 신호로 바꾼다.
금속의 진동판이 떨린다.

전기 신호를 진동으로 바꾼다.

③ 전화 회사를 설립하다

발명한 전화기를 바탕으로 벨은 전화 회사를 세웠어요.
에디슨(▶262쪽)이 개량한 전화기의 권리를 사들여서 통화할 수 있는 범위를 더욱 넓혔고, 전화기 보급에 힘썼어요.

255

설탕은 썩지 않는다?

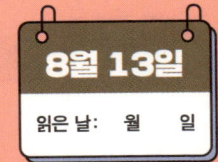

8월 13일
읽은 날: 월 일

궁금증 해결!

설탕은 물체를 썩게 만드는 미생물의 수분을 빼앗아 썩지 않는다.

> 곰팡이와 세균도 생물이라서 수분이 없으면 살 수가 없어요.

찾았다, 비밀!

① 미생물에 의해 발생하는 부패 현상

'부패'는 탄소를 가진 유기물이 미생물에 의해 분해되는 현상이에요. 유기물은 대부분 썩지만, 그중에서 설탕은 좀처럼 썩지 않아요.

② 수분과 쉽게 결합하는 설탕

설탕은 수분과 쉽게 결합해요. 만약 설탕에 미생물이 접촉하면 설탕은 미생물의 수분을 흡수해요. 수분을 잃은 미생물은 활동을 멈추고 죽고 말아요.

> 설탕은 표면에 붙은 미생물의 수분을 빼앗아요.

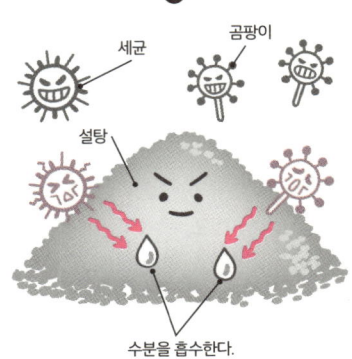

③ 물에 녹으면 설탕도 썩기 쉬워진다

설탕은 분자(▸129쪽)가 규칙적으로 늘어선 결정으로 미생물이 달라붙기 어려워요. 하지만 설탕이 물에 녹으면 규칙적인 결정이 무너지고 수분도 흡수하기 어려워요. 그러면 설탕도 미생물에 의해 분해되기 쉬워져요.

번데기 속은 어떤 모습일까?

8월 14일
읽은 날: 월 일

❓ 퀴즈

몸의 형태가 바뀌다니 상상이 잘 안 되는걸.

❶ 까슬까슬하다.
❷ 끈적끈적하다.
❸ 푹신푹신하다.

정답 ❷ 몸의 대부분이 녹아서 질척거린다.

🔍 찾았다, 비밀!

속이 끈적거리는 번데기는 충격에 무척 약해요.

① 어른벌레가 되기 위한 과정

곤충이 자라면서 생김새와 행동이 확 바뀌는 것을 '탈바꿈'이라고 해요. 나비나 장수풍뎅이 같은 곤충은 알, 애벌레, 번데기의 세 단계를 거쳐 어른벌레로 자라요. 이처럼 다 자라기 전에 번데기 과정을 거치는 변화를 '완전탈바꿈'이라고 불러요.

② 끈적끈적한 번데기 내부

애벌레와 어른벌레는 몸의 구조가 전혀 달라요. 애벌레는 새로운 몸을 만들려고 번데기 안에서 몸 근육을 녹여서 크림 같은 형태예요. 단, 신경처럼 중요한 기관 일부는 그대로 남아 있어요.

③ 근육이 단단해지면 어른벌레가 되다

녹았던 근육은 시간이 지나면 조금씩 단단해져 어른벌레의 날개와 다리, 더듬이로 자라요. 어른벌레의 몸이 완성되고, 번데기 밖에서 날개돋이까지 끝나면 훨훨 날아가지요.

우리나라가 여름일 때 겨울인 나라는?

8월 15일
읽은 날: 월 일

궁금증 해결!

북반구와 남반구는 계절이 정반대이다.

남반구의 오스트레일리아는 한여름에 산타클로스가 찾아와요!

찾았다, 비밀!

① 계절에 따른 햇빛의 방향

지구의 자전축이 기울어진 탓에 북반구에 있는 우리나라는 6월에 햇빛을 가장 많이 받고, 12월에 가장 적게 받아요. 햇빛을 많이 받을수록 온도가 올라가므로 북반구는 6월 무렵이 여름, 12월 무렵이 겨울이에요.

② 남반구에서는 햇빛의 방향이 정반대

남반구는 북반구와 정반대예요. 남반구는 6월에 햇빛이 비스듬히 비춰서 낮이 짧고, 12월에는 머리 바로 위에서 햇빛이 비춰서 낮이 길어요.

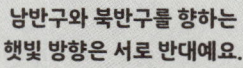

남반구와 북반구를 향하는 햇빛 방향은 서로 반대예요.

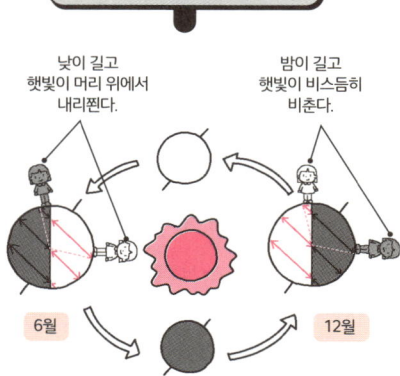

낮이 길고 햇빛이 머리 위에서 내리쬔다.

밤이 길고 햇빛이 비스듬히 비춘다.

6월 / 12월

③ 북반구와 남반구의 계절은 반대

6월이면 북반구는 여름이지만 남반구는 겨울이고, 12월이면 북반구는 겨울이지만 남반구는 여름이에요. 이렇듯 북반구와 남반구의 계절은 서로 정반대예요.

인체

액체가 같은 온도의 기체보다 더 뜨겁다?

8월 16일
읽은 날: 월 일

? 퀴즈

수영장 수온 25도와 기온 25도를 비교하면 수영장 물이 더 차갑게 느껴져요.

❶ 똑같이 뜨겁다.
❷ 액체의 열전도율이 높아서 기체가 더 뜨겁다.
❸ 액체는 피부로 흡수되어 기체보다 더 뜨겁다.

정답 ❷ 액체의 열전도율이 기체보다 높아서, 액체의 온도가 미지근하게 느껴진다.

🔍 찾았다, 비밀!

수영장에서 오랫동안 헤엄치면 당연히 목욕탕보다 체온을 더 빼앗기겠지요.

① 열을 잘 전달하는 물

열은 뜨거운 물체에서 차가운 물체로 전달돼요. 열을 전달하는 정도는 물체마다 달라요. 공기와 물을 비교하면 공기보다 물이 훨씬 더 열을 잘 전달해요.

② 35도의 물은 몸의 열을 빼앗는다

우리 몸의 체온은 36~37도 정도예요. 만약 35도의 물에 들어가면 신체의 열을 물에 빼앗겨 미지근하게 느껴요. 반면 공기는 열을 잘 전달하지 않아서 기온이 35도라면 열이 유지되어 후텁지근하게 느껴요.

③ 38도의 물이 미지근하게 느껴지는 이유

38도의 물은 체온보다 높은데도 미지근하게 느껴지고, 38도의 공기는 덥게 느껴져요. 이것은 물 온도가 예상보다 낮다고 느끼기 때문일 수 있어요.

자연 — 얼음은 물 위에 뜰까?

8월 17일
읽은 날: 월 일

궁금증 해결!

얼음은 물보다 밀도가 작아서 물에 뜬다.

보통 물질은 고체가 되면 밀도가 커지는데, 물은 반대구나!

찾았다, 비밀!

① 상태가 변하면 형태도 변한다

액체 상태인 물은 온도가 100도가 되면 수증기(기체)가 되고, 0도에서는 얼음(고체)으로 변해요. 이처럼 물질이 온도에 따라 형태를 바꾸는 현상을 '상태 변화'라고 해요.

② 얼음이 되면 늘어나는 부피

물은 얼음이 되면 무게는 변하지 않지만 부피가 늘어나요. 그래서 밀도(▶113쪽)는 얼음일 때 더 작아져요. 물의 밀도는 약 1그램 퍼 세제곱센티미터(g/cm³)인데, 얼음의 밀도는 약 0.92g/cm³예요.

물은 얼음이 되면 무게는 그대로인 채로 부피만 늘어나요.

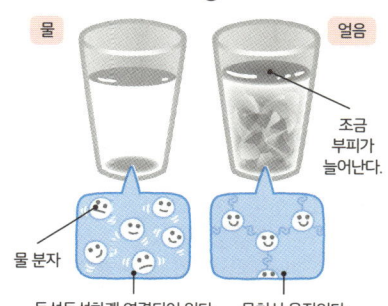

물 / 얼음 / 조금 부피가 늘어난다. / 물 분자 / 듬성듬성하게 연결되어 있다. / 뭉쳐서 움직인다.

③ 밀도가 작을수록 뜨기 쉽다

물질은 액체보다 밀도가 작으면 액체 위로 뜰 수 있어요. 얼음은 밀도가 물보다 작아서 뜰 수 있지요. 한편, 사람은 물보다 밀도가 크지만, 폐 속에 공기가 들어 있어서 물 위로 떠오를 수 있어요.

일상과학

전기차가 휘발유차보다 친환경적일까?

8월 18일
읽은 날: 월 일

? 퀴즈

❶ 전기차가 더 친환경적이다.
❷ 휘발유차가 더 친환경적이다.
❸ 둘 다 비슷하다.

정답 ❸ 친환경적인 자동차를 만들려면, 전기를 만드는 방법부터 달라져야 한다.

전기는 어떻게 만드는지 알고 있나요?

🔍 찾았다, 비밀!

우리가 사용하는 전기는 대부분 화력 발전소에서 만들어요.

① 지구 온난화를 일으키는 이산화탄소

지구의 기온이 높아지는 현상을 '지구 온난화'(▶67쪽)라고 해요. 이산화탄소는 지구 온난화를 일으키는 원인 가운데 하나예요. 전 세계의 여러 나라는 최대한 이산화탄소 발생을 줄이려고 노력하고 있어요.

② 달릴 때는 이산화탄소를 내뿜지 않는 전기차

휘발유차는 휘발유를 태우고, 이산화탄소와 물을 배출하면서 달려요. 반면 전기차는 전지에 저장된 전기를 사용하므로 이산화탄소를 만들지 않아요.

③ 재생 가능한 에너지의 개발이 필요

전기차가 이산화탄소를 내뿜지 않는다고 해서 친환경적이라고 말하기는 어려워요. 우리가 사용하는 전기는 대부분 이산화탄소를 내뿜는 화력 발전소에서 만들기 때문이에요. 만드는 방법부터 친환경적인 재생 가능한 에너지가 사용될 때 비로소 전기차가 제 역할을 톡톡히 하겠지요.

발명

토머스 에디슨
(1847~1931)

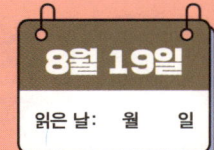
8월 19일
읽은 날: 월   일

? 어떤 사람일까?

축음기와 백열전구를
성공적으로 상품화한 발명왕

1,300가지 이상의 특허를
따내서 '발명왕'이라고 불려요.

대단한 과학자!

① 17세에 자동 전신기를 발명

미국의 오하이오 주 밀란에서 태어난 에디슨은 어릴 적부터 호기심이 강한 아이였어요. 기계에도 흥미가 깊어서 17세가 되던 해에 전신기에 자동으로 전기 신호를 보내는 기계를 발명했어요.

자동 전신기는 농땡이
피우려고 발명했다고 해요.

② 축음기와 전화기, 백열전구 등을 차례로 상품화하다

22세 때 주식상장을 표시하는 기계를 발명해 돈을 벌면서 발명가의 길을 걷기 시작했어요. 소리를 녹음하는 축음기, 전화기, 전기철도, 백열전구 등 다양한 물건을 상품으로 내놓았고 사람들이 편리하게 생활하는 데 도움을 주었어요.

③ 세계 최초의 전력 회사 설립

에디슨은 전 세계 최초로 전력 회사를 설립했어요. 에디슨의 전력 회사는 훗날 세계적인 기업인 제너럴일렉트릭(GE)으로 발전했어요.

수박은 왜 줄무늬가 있을까?

8월 20일
읽은 날: 월 일

 궁금증 해결!

박과 식물의 특징인 세로줄이 검은색 줄무늬가 되었다.

> 수박은 줄무늬가 진할수록 더 맛있어요!

 찾았다, 비밀!

① 호박의 세로줄과 같은 줄무늬

수박은 호박, 오이와 마찬가지로 박과 식물이에요. 수박 줄무늬는 호박과 오이에 나타나는 세로줄과 같은 것인데, 어쩌다가 줄무늬로 변해 버렸어요.

② 품종 개량으로 생긴 줄무늬

우리나라에서는 고려시대부터 수박을 재배했어요. 자연에서 저절로 자란 수박에는 줄무늬가 없었어요. 수박 줄무늬는 이후 품종을 개량하면서 지금과 같이 변했어요.

③ 줄무늬가 다양한 수박의 종류

줄무늬가 없는 수박은 지금도 여전히 많아요. 심지어 줄무늬가 보이지 않는 새카만 흑피 수박도 재배하고 있어요.

수박의 줄무늬는 호박과 오이의 세로줄과 같은 것이에요.

호박 / 세로줄 / 오이 / 수박 / 세로줄이 두꺼워져서 줄무늬가 되었다.

매미와 귀뚜라미는 왜 울까?

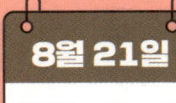

8월 21일
읽은 날: 월 일

? 퀴즈

❶ 숨을 쉬면 울음소리가 난다.
❷ 슬퍼서 운다.
❸ 짝짓기 상대를 찾으려고 운다.

정답 ❸ 수컷 매미와 귀뚜라미는 짝짓기할 암컷을 찾으려고 울음소리를 낸다.

> 매미는 여름, 귀뚜라미는 겨울이 짝짓기 계절이에요.

🔍 찾았다, 비밀!

> 매미는 누구보다 크게 울려고 배 속을 텅 빈 공기 주머니처럼 만들었어요.

① 짝짓기 상대를 찾는 수컷의 울음소리

매미와 귀뚜라미는 수컷만 울어요. 두 곤충은 큰 울음소리로 암컷의 관심을 끌며 짝짓기 상대를 찾아요. 우렁찬 소리를 듣고 암컷이 가까이 다가오면 짝짓기를 시작해요.

② 영역을 과시하려고 우는 귀뚜라미

귀뚜라미는 짝짓기 상대를 찾을 때 말고도 자기 영역을 알리거나 과시하기 위해서 울기도 해요.

③ 매미는 막을 진동시키고, 귀뚜라미는 날개를 비빈다

매미는 배에 있는 '발음근'이라는 근육의 진동으로 발음판이 소리를 내면, 이 소리가 배 속의 공명실에서 울리며 큰 소리가 되어 퍼져요. 귀뚜라미는 앞뒤의 날개를 비벼서 울음소리를 내요.

유성은 어디에 떨어질까?

우주·지구

8월 22일
읽은 날: 월   일

궁금증 해결!

유성은 운석이며
불특정한 장소에 떨어진다.

※크레이터: 화산 활동이나 운석에 의해 지표면에 움푹 파인 큰 구덩이.

커다란 운석이 떨어지면 크레이터※가 생기기도 해요.

찾았다, 비밀!

① 지구 대기와 부딪히며 떨어지는 유성

유성은 지구의 대기권 안으로 들어와 빛을 내며 떨어지는 작은 물체를 말해요. '별똥별'이라고도 하지요.

② 인공위성과 혜성도 유성이 된다

천체뿐 아니라 오래된 인공위성도 유성이 될 수 있어요. 혜성이 나타나서 짧은 시간 동안 유성이 쏟아지기도 해요(▶222쪽).

③ 운석은 지상에 떨어진 유성

유성의 대부분은 몇 센티미터 정도의 크기밖에 되지 않기 때문에 땅에 닿기 전에 타서 사라져요. 하지만 유성이 크면 완전히 타지 않은 채로 땅에 떨어져요. 이러한 유성을 '운석'이라고 불러요. 유성은 어디에 떨어질지 알 수 없지만 어디에든 떨어질 수 있어요.

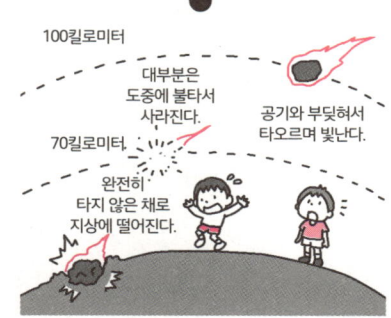

유성이 타다 남은 상태로 떨어진 것이 운석이에요.

100킬로미터 — 공기와 부딪혀서 타오르며 빛난다.
대부분은 도중에 불타서 사라진다.
70킬로미터 — 완전히 타지 않은 채로 지상에 떨어진다.

 인체

모기한테 물리면 왜 가려울까?

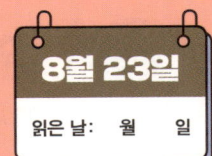
8월 23일
읽은 날: 월   일

? 퀴즈

❶ 물린 부위의 아픔을 가려움으로 착각한다.
❷ 물린 부위의 피가 적어진다.
❸ 물린 부위에서 알레르기 반응이 일어난다.

정답 ❸ 모기가 피부에 주입한 액체 때문에 알레르기 반응이 일어난다.

> 모기에게 물린 부위는 빨갛게 부어오르기도 해요.

🔍 찾았다, 비밀!

① 피를 빨아먹는 암컷 모기

모기 중에서 피를 빠는 모기는 암컷이에요. 암컷은 알을 낳기 전에 영양소를 섭취하려고 영양소가 풍부한 동물의 피를 빨아먹어요.

② 마취 성분과 비슷한 액체를 주입한다

모기의 침은 피부를 찔러도 알아채지 못할 만큼 매우 가늘어요. 주삿바늘 같은 침을 피부에 꽂을 때 '히루딘'이라는 물질을 함께 뱉어요. 이 물질은 아픔에 둔하게 만들고, 피를 굳지 않게 만들어요.

③ 히루딘 때문에 알레르기 반응이 일어난다

모기가 자리를 떠나도 히루딘은 몸속에 남아요. 그러면 우리 몸의 면역 체계가 반응하면서 알레르기 반응(▶303쪽)이 일어나고, 물린 부분이 빨갛게 붓고 가려워요.

> 아픔과 가려움 중 어느 쪽이 더 견디기 쉬울까요?

찬물이 담긴 컵에 맺힌 물방울의 정체는?

자연

8월 24일
읽은 날: 월 일

💡 궁금증 해결!

컵 주변에 있던 수증기가 차갑게 식으면서 물방울로 맺힌다.

차가운 음료를 담았을 때만 물방울이 생겨요.

🔍 찾았다, 비밀!

① 공기 중 수증기의 양은 정해져 있다

공기 중에는 수증기가 떠다녀요. 공기에 머물 수 있는 수증기의 양은 온도에 따라 달라져요. 온도가 내려갈수록 머물 수 있는 수증기의 양은 점점 줄어들어요.

② 공기가 식으면 수증기는 물이 된다

차가운 물이 담긴 컵을 방에 두면 컵 주변 공기가 차게 식어요. 그러면 공기가 잡고 있을 수 있는 수증기의 양이 확 줄어들지요. 남겨진 수증기는 물이 되어서 컵 표면에 물방울로 맺혀요.

③ 공기 중 수증기의 양을 나타내는 습도

날씨 예보에서는 습도 수치를 알려 주어요. 습도는 일정 온도에서 공기가 머금을 수 있는 최대의 수증기량을 기준으로 실제 수증기량의 비율을 나타내요.

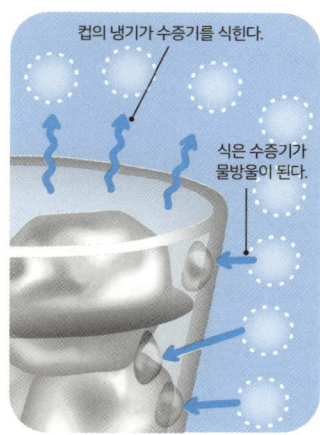

공기가 차가워지면 수증기의 양이 적어져요.

컵의 냉기가 수증기를 식힌다.

식은 수증기가 물방울이 된다.

 일상과학

소화기는 어떻게 불을 끌까?

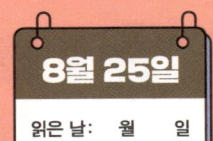
8월 25일
읽은 날: 월 일

? 퀴즈

❶ 불에 타는 물체를 파괴한다.
❷ 불과 공기를 만나지 못하게 한다.
❸ 불을 소화기 내부로 빨아들인다.

정답 ❷ 불이 타오를 때 필요한 산소를 차단한다.

물을 끼얹는 방법만 불을 끌 수 있는 건 아니에요.

🔍 찾았다, 비밀!

① 불을 끄는 세 가지 방법

불이 활활 타오르려면 타는 물체, 산소, 열이 필요해요. 불을 끄려면 불에 타는 물체를 제거하거나, 공기 속 산소를 없애거나, 온도를 낮춰야 하지요.

물을 뿌리는 방법은 상황에 따라 역효과를 불러올 수도 있어요.

② 화재에 대응하는 분말 ABC 소화기

소화기는 화재 상황에 따라 사용하는 종류가 다양해요. 가장 익숙한 분말 ABC(에이비시)소화기는 물과 기름, 전기 설비 등 다양한 원인으로 일어나는 화재에 대응할 수 있어요.

③ 인산암모늄으로 공기를 차단

분말 ABC 소화기 안에는 인산암모늄 가루와 그것을 뿜어내기 위한 가스가 들어 있어요. 불을 향해 발사된 인산암모늄 가루는 불에 공기가 닿지 못하도록 차단해서 소화시켜요.

전구는 어떻게 빛날까?

8월 26일
읽은 날: 월   일

궁금증 해결!

전구의 필라멘트에서 전자가 빛을 낸다.

지금은 LED(엘이디) 전구가 대세가 되었어요.

 찾았다, 비밀!

① 백열전구 속 필라멘트

백열전구는 에디슨(▶262쪽)이 발명한 이후, 오랫동안 사용되었어요. 백열전구에 들어 있는 필라멘트는 텅스텐 금속으로 만든 선을 소용돌이 모양으로 꼬아 놓은 거예요.

교토의 대나무를 사용한 전구는 약 1,200시간 동안 빛을 내요.

교토에서 자란 대나무

대나무를 그을려 만든 탄소 섬유 필라멘트

② 필라멘트 속 전자가 부딪히며 빛난다

전구가 빛나는 이유는 필라멘트 덕분이에요. 필라멘트에 전류를 흘리면 전자(▶393쪽)가 텅스텐의 원자(▶314쪽)와 부딪혀서 전자가 가진 에너지 일부가 빛에너지로 변해요. 이렇게 변한 빛에너지가 전구를 밝히는 거예요.

③ 일본 대나무를 사용한 에디슨 전구

에디슨이 맨 처음 상품화했던 백열전구에는 그을린 대나무로 만든 필라멘트를 사용했어요. 이때 전 세계에서 100종류 이상의 대나무를 모아 실험해 보고, 일본 교토에 있는 이와시미즈 하치만궁의 대나무를 사용했어요.

수박을 두드리면 익었는지 알 수 있을까?

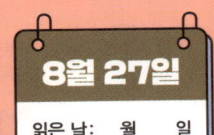

8월 27일

읽은 날: 월 일

❓ 퀴즈

❶ 전혀 알 수 없다.
❷ 숙성 정도와 당도 모두 알 수 있다.
❸ 숙성 정도는 알 수 있다.

정답 ❸ 얼마나 잘 익었는지는 가늠해 볼 수 있다.

소리를 들으면 뭐든지 알 수 있을까요?

🔍 찾았다, 비밀!

① 수박을 두드려 봐!

마트 판매대에는 잘 익은 수박과 덜 익은 수박이 섞여 있어요. 이때 수박을 두드려 나는 소리로 잘 숙성된 수박을 골라낼 수 있어요.

② 잘 익은 수박은 낮은 소리가 난다?

수박을 통통 두드렸을 때 보통 덜 익은 수박은 높은 소리가 나고, 잘 익은 수박일수록 낮은 소리가 울려요. 단, 두드리는 소리가 너무 낮으면 지나치게 익어서 속이 곯았을지도 몰라요.

③ 속 빈 수박은 진동이 전해지지 않는다?

속에 공간이 생겨서 과육이 꽉 차 있지 않은 수박이 있어요. 수박 한쪽에 손을 대고 반대쪽을 가볍게 두드렸을 때, 손에 진동이 전해지지 않으면 거의 백발백중 속 빈 수박이에요.

맛있는 수박을 찾는다고 마트에서 파는 모든 수박을 두드리면 실례예요!

제비는 왜 여름에만 나타날까?

8월 28일
읽은 날: 월 일

궁금증 해결!

제비는 봄·여름이면 남쪽에서 북쪽으로 이동하는 철새다.

우리나라에서 시원한 휴가를 보내려고 여름에 찾아오는 거예요.

제비는 1년 동안 여름과 겨울 두 번 이동하며 지내요.

찾았다, 비밀!

① 계절마다 다른 지역을 찾아가는 제비

어떤 새는 계절마다 사는 지역을 옮겨요. 이러한 새를 '철새'라고 부르지요. 제비 역시 철새로, 겨울에는 남쪽으로 이동해 비교적 따뜻한 지역에서 지내요.

② 봄·여름에 찾아오는 여름새

봄이나 초여름이 되면 제비는 우리나라로 날아와 새끼를 키우고 가을로 접어들면 다시 남쪽으로 여행을 떠나요. 봄부터 초여름에 걸쳐 남쪽에서 날아와 번식하고 가을에 다시 남쪽으로 날아가는 철새를 '여름새'라고 해요. 왕새매, 뻐꾸기가 여름새예요.

③ 가을·겨울에 찾아오는 겨울새

두루미는 여름에는 북쪽의 추운 지역에서 새끼를 기르고, 겨울에는 한반도를 거쳐 따뜻한 남쪽으로 이동해요. 이처럼 가을에 북쪽에서 날아와 우리나라에서 겨울을 보내고, 봄에 다시 북쪽으로 가서 여름을 보내는 철새를 '겨울새'라고 해요. 철새 가운데는 도요새나 물떼새처럼 여행하는 도중에 잠깐 들리는 새도 있어요.

여름에는 시원한 우리나라에 찾아온다.

겨울에는 따뜻한 남쪽으로 이동한다.

공기가 없는 우주에서 태양은 어떻게 타오를까?

우주·지구

8월 29일
읽은 날: 월 일

궁금증 해결!

태양의 핵융합 반응이 타오르는 것처럼 보일 뿐이다.

화염처럼 보이는 것은 사실 뜨거운 가스예요!

찾았다, 비밀!

① 태양은 수소 가스가 모인 별

별의 정체에 대한 질문을 받으면 지구처럼 암석으로 이루어진 행성을 떠올리기 쉬워요. 그런데 태양은 단단한 암석으로 이루어진 지구와 달리 수소라는 기체가 모여서 생긴 가스별이에요.

② 중심부에서 일어나는 핵융합

태양의 중심부는 온도가 약 1,500만 도에 이를 만큼 상당히 높아요. 압력은 2,500억 기압에 달할 정도예요. 이러한 고온 고압 상태에서 네 개의 수소 원자(▶314쪽)가 달라붙으며 헬륨 원자가 생기는 핵융합 반응이 일어나요.

③ 핵융합으로 발생하는 빛과 열

핵융합이 일어나면 많은 에너지가 발생하면서 빛과 열이 생겨요. 태양이 이글이글 타는 것처럼 보이는 이유예요.

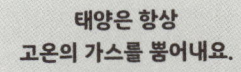

태양은 항상 고온의 가스를 뿜어내요.

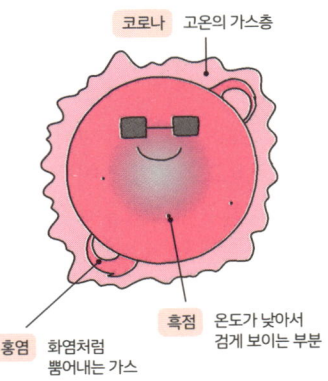

코로나 — 고온의 가스층
홍염 — 화염처럼 뿜어내는 가스
흑점 — 온도가 낮아서 검게 보이는 부분

운동 신경은 훈련하면 좋아질까?

8월 30일 읽은 날: 월 일

❓ 퀴즈

여러분은 신경을 단련할 수 있다고 생각하나요?

❶ 운동 신경을 단련하면 움직임이 빨라진다.
❷ 운동 신경을 단련하면 힘이 강해진다.
❸ 운동 신경은 단련할 수 없다.

> 정답 ❸ 운동 신경은 뇌의 명령을 근육에 전달하는 신경으로 단련할 수 없다.

🔍 찾았다, 비밀!

뇌의 신호를 운동 신경이 전달해서 근육이 움직여요.

① 운동 신경은 단련할 수 없다

운동 신경은 몸을 움직이라는 뇌의 명령을 근육에 전달하는 매개예요. 운동 신경의 구조나 작용 방식은 누구나 동일해요. 하지만 운동 신경 자체를 단련할 수 없어요.

② 동작은 반복하면 자연스러워진다

운동을 잘하는 방법 가운데 하나는 올바른 동작을 반복해서 몸이 기억하게 만드는 거예요. 동작을 여러 번 반복하면 뇌의 명령에 따라 몸을 자연스럽게 움직일 수 있어요.

③ 근육과 유연성은 기를 수 있다

운동 신경 자체를 단련할 수는 없어요. 하지만 근육을 단련해서 몸의 움직임을 재빠르게 만들거나, 유연성을 길러서 몸이 움직일 수 있는 범위를 넓히면 운동을 더 잘할 수 있어요.

자연 - 물속에서도 소리가 들릴까?

8월 31일
읽은 날: 월 일

❓ 퀴즈

❶ 들린다.
❷ 들리지 않는다.
❸ 온도에 따라 다르다.

정답 ❶ 소리는 물질이 있으면 전달되기 때문에 물속에서도 소리를 들을 수 있다.

수영장에서 헤엄치던 기억을 떠올려 보세요.

🔍 찾았다, 비밀!

자기 목소리는 귀로만 듣는 게 아니에요. 소리가 뼈를 진동시키는 소리까지 들어요.

① 물질을 통해 전달되는 소리

소리는 물질이 흔들리며 전달되는 파장이에요. 물질이 없는 텅 빈 우주에서는 소리를 들을 수 없어요. 반대로 기체인 공기, 고체인 금속, 액체인 물처럼 어떤 상태이든지 물질이 있다면 소리는 전달돼요.

② 소리는 고체와 액체를 통해서도 전달된다

기차가 덜컹덜컹 기찻길을 울리며 지나는 소리를 들어 본 적 있나요? 이 소리는 기찻길이라는 고체를 통해서 나는 소리예요. 물속에서는 소리가 물이라는 액체를 통해 전달돼요.

③ 물질에 따라 다른 소리의 전달 속도

소리가 전달되는 속도는 물질마다 달라요. 보통 고체, 액체, 기체 순으로 소리를 빠르게 전달해요. 예를 들어 소리의 빠르기는 공기 중에서 초속 약 340미터, 물속에서 초속 약 1,480미터, 철은 초속 약 5,290미터예요.

 일상과학

전자레인지는 어떻게 음식을 데울까?

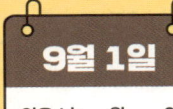
9월 1일
읽은 날: 월 일

궁금증 해결!

음식의 물 분자를 진동시켜서 음식을 따뜻하게 데운다.

전자레인지를 사용하면 불 없이도 음식을 뜨겁게 만들 수 있어요.

찾았다, 비밀!

① 물 분자를 진동시키는 전자레인지

전자레인지 속에 있는 '마그네트론'이라는 장치는 '마이크로파'라는 전파를 만들어 내요. 전자레인지를 작동시키면 마이크로파가 음식물 속 물 분자(▶129쪽)를 진동시키지요.

② 분자가 흔들리면 발생하는 마찰열

마이크로파의 영향으로 물 분자가 마구 흔들리면 서로 부딪치면서 마찰열이 발생해요. 불 없이도 음식을 따뜻하게 데우는 비결은 바로 '마찰열'이에요.

마이크로파가 닿은 음식 속에서 물 분자가 서로 부딪쳐요.

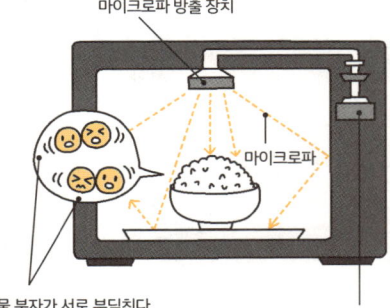

마이크로파 방출 장치
마이크로파
물 분자가 서로 부딪친다.
마그네트론

③ 수분 없는 음식은 데워지지 않는다

한편 수분이 없는 유리나 도자기는 데워지지 않아요. 전자레인지를 작동하면 용기가 뜨거워지는 이유는 음식물의 열이 그릇에 전도되기 때문이에요. 반면 금속은 마이크로파와 반응해서 불꽃이 튀므로 전자레인지 안에 넣고 작동시키면 매우 위험해요.

발명

이임학
(1922~2005)

9월 2일
읽은 날: 월   일

❓ 어떤 사람일까?

세계가 인정한
한국 출신의 천재 수학자

> 22세의 젊은 나이에 경성대학 수학과 교수로 임용됐어요.

👤 대단한 과학자!

> 2005년에 과학기술인 명예의 전당에 헌액되었어요.

① 수학과 교수가 된 수학 천재

함경남도 함흥에서 태어난 이임학은 경성제국대학에 입학했어요. 대학 시절 '수학 천재'로 이름을 알리던 그는 해방 이후 22세의 나이에 경성대학의 수학과 교수로 임용됐어요.

② 세계를 놀라게 만든 한국 출신 수학자

1947년 이임학은 남대문 시장에서 미국 수학회지를 주워서 읽다가, 막스 초른이라는 수학자가 제시한 미해결 문제를 풀어 막스 초른에게 편지를 보냈어요. 편지에 감명한 막스 초른은 이임학의 이름으로 미국 수학회지에 논문을 투고했고, 이를 계기로 이임학은 세계적인 명성을 얻게 되었어요.

③ 캐나다 유학에서 캐나다 귀화까지

1953년 캐나다 브리티시컬럼비아대학교(UBC)는 이임학에게 장학금을 약속하며 유학을 제안했어요. 이임학은 캐나다로 건너가 수학 연구를 계속하며 수학사 발전에 남다른 족적을 남겼어요. 한국 정부는 그를 귀국시키려고 여권을 몰수했지만, 캐나다 정부가 그에게 시민권과 영주권을 주면서 이임학은 캐나다인으로서 캐나다에 남게 됐어요.

치즈가 쭉쭉 늘어나는 비결은?

9월 3일
읽은 날: 월 일

궁금증 해결!

그물 모양의 단백질 덕분에 쭉쭉 늘어난다.

한 번 녹았던 치즈는 다시 데워도 잘 늘어나지 않아요.

찾았다, 비밀!

① 그물 구조로 이루어진 치즈

치즈에는 '카세인'이라는 단백질이 많아요. 카세인은 서로 달라붙어 그물 구조를 이루고 있어요.

② 뜨거워지면 부드러워지는 카세인

카세인은 열을 가하면 부드러워져요. 치즈를 굽거나 튀기면 카세인의 그물 구조가 유연해지면서 쉽게 변형되어 쭉쭉 늘어나지요.

③ 늘어나지 않는 치즈도 있다

오랫동안 숙성시킨 치즈는 카세인의 그물 구조가 분해되어 별로 늘어나지 않아요. '유화제'라는 물질이 많이 첨가된 치즈도 그물 구조가 깨져 있어서 쉽게 늘어나지 않아요.

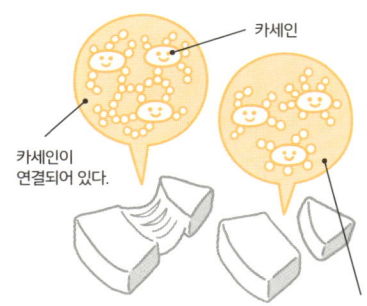

카세인이 그물처럼 연결되어 치즈가 잘 늘어나요.

카세인
카세인이 연결되어 있다.
카세인이 분리되어 있다.

9월

덩굴 식물은 왜 무언가를 감을까?

생물

9월 4일
읽은 날: 월 일

❓ 퀴즈

❶ 돌돌 감아서 동물을 죽이려고.
❷ 돌돌 감아서 몸을 지탱하려고.
❸ 돌돌 감아서 집을 부수려고.

정답 ❷ 덩굴 식물은 자기의 몸을 지탱하기 위해서 덩굴로 감고 올라간다.

덩굴 식물을 키울 때는 지지대를 세워 주면 좋아요.

🔍 찾았다, 비밀!

위로 높게 자랄수록 햇빛을 많이 쬘 수 있어요.

① 물체를 휘감으며 자라는 덩굴 식물

덩굴 식물은 다른 물체를 돌돌 휘감거나 거기에 붙어서 자라는 식물을 말해요. 예를 들어 오이와 나팔꽃은 각각 덩굴손과 덩굴줄기를 사용해서 물체를 휘감아요.

② 몸을 지탱하게 만드는 덩굴손과 덩굴줄기

덩굴 식물은 덩굴손이나 덩굴줄기로 다른 물체를 꽉 붙들기 때문에 두꺼운 줄기가 따로 필요하지 않아요. 양분을 줄기를 만드는 데 쓰는 다른 식물과 달리 덩굴 식물은 덩굴을 뻗치는 데 사용하여 쭉쭉 뻗어 나가요.

③ 자극을 받으면 바뀌는 성장 방향

덩굴손은 가지나 잎이 변해서 생긴 기관이에요. 덩굴손은 외부의 자극을 받거나 어딘가에 닿으면 바로 성장을 멈추고 반대쪽으로 자라요. 이러한 방식으로 식물이나 건물을 휘감으며 올라가지요.

일본에서는 왜 지진이 자주 일어날까?

9월 5일
읽은 날:　월　일

궁금증 해결!

일본 주변 바다와 육지는
지진이 일어나기 쉬운 환경이다.

> 일본은 전 세계에서 특히 지진이 자주 발생하는 나라로 유명해요.

찾았다, 비밀!

① 움직임을 멈추지 않는 지각

지구 표면은 암석으로 이루어진 여러 개의 지각으로 덮여 있어요. 지각은 조금씩 움직여 다양한 현상을 발생시키는데 이를 '지각 운동'이라고 해요. 지각이 움직여 서로 부딪치면 융기하거나 침강하고, 모양이 변형되거나 화산 또는 지진 활동을 일으켜요.

② 지각 운동이 일으키는 지진

지각이 안쪽으로 끌려 들어가다가 가라앉는 힘을 버티지 못해서 약한 부분(단층)이 끊어져 어긋나면 내륙형 지진이 일어나요. 한편 미끄러진 지각이 원래의 위치로 되돌아가려는 힘은 해구형 지진을 일으키지요.

> 일본은 지진을 일으키는 여러 개의 지각이 충돌하는 장소에 위치해 있어요.

지각이 다른 지각 아래로 끌려 들어간다.

북아메리카판
유라시아판
태평양판
필리핀판

③ 네 개의 지각이 맞물린 일본 주변

일본은 네 개의 지각이 맞물리는 경계 부분에 자리해 있어요. 태평양 쪽에서는 해구형 지진이 여러 번 발생했어요. 또 내륙형 지진도 전국 각지에서 발생해요.

꿈은 왜 금방 잊어버릴까?

9월 6일 읽은 날: 월 일

? 퀴즈

❶ 저장할 기억의 양을 조절하려고.
❷ 잠에서 깬 후 기억이 섞이지 않게 하려고.
❸ 좋지 않은 일을 떠올리지 않으려고.

정답 ❷ 꿈을 잊지 않으면 실제 기억과 섞여서 혼동을 일으킨다.

얼토당토않은 꿈까지 모두 기억한다면 너무 힘들지 않을까요?

🔍 찾았다, 비밀!

꿈은 기억을 바탕으로 나타나요.

① 수면의 종류는 두 가지

수면은 깊게 잠드는 '비(非)렘수면'과 얕은 잠을 자는 '렘수면' 두 가지로 나눠요. 비렘수면은 몸과 뇌가 모두 쉬는 상태이고, 렘수면은 몸만 쉬는 상태예요. 수면 중에는 이 두 가지 상태가 여러 차례 반복되지요.

② 꿈을 꾸면서 기억을 정리한다?

꿈은 주로 렘수면일 때 꿔요. 렘수면 상태에서 뇌는 꿈을 꾸며 낮에 일어났던 일들을 정리하고 기억하는 일을 한다고 추측해요.

③ 기억의 혼란을 막으려고 꿈을 잊는다

잠에서 깨고 나서도 꿈이 너무 선명하면 실제 기억과 마구잡이로 섞이며 혼란에 빠질 수 있어요. 특별한 신경이 일부러 꿈을 기억에서 지운다는 주장이 있어요.

회오리와 태풍의 차이는 무엇일까?

자연

9월 7일
읽은 날: 월 일

궁금증 해결!

회오리는 구름 아래쪽에 생기는 소용돌이 모양의 상승 기류이다.

회오리 위에는 반드시 엄청나게 큰 구름이 있어요.

구름을 향해 일어난 상승 기류가 회전하면서 회오리가 발생해요.

찾았다, 비밀!

① 태풍으로 발생하는 회오리

태풍은 지름이 수백 킬로미터에 이르는 거대한 저기압이에요. 태풍처럼 거대한 저기압이 만든 적란운 아래에서는 회오리가 나타나기도 해요.

② 적란운 아래에서 상승 기류 발생

대기가 불안정하면 적란운 쪽으로 상승 기류(위쪽으로 움직이는 공기의 흐름)가 생겨요. 이때 다른 방향으로 흐르는 공기가 주변에서 불어오면 상승 기류가 회전하기 시작해요.

③ 상승 기류가 소용돌이를 그리며 회오리로 변신

적란운을 향해 올라간 상승 기류의 회전이 강해지면, 구름 아래의 공기가 빙글빙글 돌며 소용돌이를 만들어요. 이것이 회오리예요. 회오리가 일으키는 바람의 힘은 무척 강해요. 어떤 회오리는 초속 100미터 정도의 힘을 내면서 건물을 날려 버릴 때도 있어요.

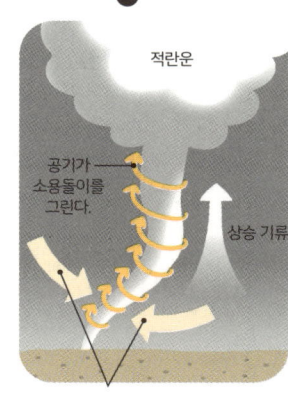

적란운
공기가 소용돌이를 그린다.
상승 기류
각기 다른 방향에서 공기가 불어온다.

일상과학

텔레비전은 어떻게 신호를 받아 방송할까?

9월 8일
읽은 날: 월   일

❓ 퀴즈

❶ 영상과 소리를 빛 상태로 받는다.
❷ 영상과 소리를 전파 상태로 받는다.
❸ 영상과 소리를 진동 상태로 받는다.

정답 ❷ 전파로 바뀐 영상과 소리의 신호를 받는다.

사람의 몸으로는 느끼지 못하는 물질을 내보내지요.

🔍 찾았다, 비밀!

N(엔) 서울타워는 텔레비전 방송을 송출하려고 세운 우리나라 최초의 전파탑이에요.

① 전파탑이 전파에 정보를 실어 보낸다

텔레비전 방송국에서는 영상과 소리를 전기 신호로 바꿔서 전파탑을 통해 전파의 형태로 여러 곳으로 보내요. 이처럼 땅 위에 세워진 전파탑을 활용한 방송을 지상파 방송이라고 해요.

② 잡음이 많았던 아날로그 방송

2012년까지 지상파 방송은 영상과 소리를 통째로 신호로 변환한 아날로그 방송이었어요. 하지만 이 방식은 잡음이 섞이기 쉽고, 멀리까지 날아가지 않으며, 보낼 수 있는 정보의 양이 적다는 점 등 여러 단점이 많았어요.

③ 잡음이 적고 많은 정보를 송출할 수 있는 디지털 방송

아날로그 방송이 종료되고 디지털 신호를 사용하는 디지털 방송이 시작되었어요. 디지털 신호는 영상과 소리를 0과 1로 표현하는 방식으로, 아날로그 방송의 결점을 대부분 극복했어요.

발명

이휘소 (1935~1977)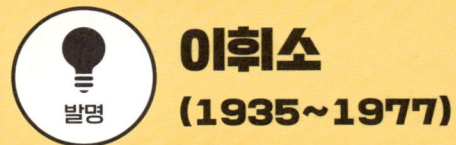

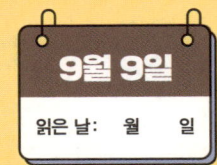
9월 9일
읽은 날: 월   일

? 어떤 사람일까?

한국이 낳고
세계가 인정한 천재 물리학자

> 게이지 이론을 다시 규격화하는 등 세계 물리학 발전에 크게 이바지했어요.

👤 대단한 과학자!

> 이휘소는 사후 대한민국 정부로부터 국민훈장 동백장을 수훈받고, 2006년에는 과학기술인 명예의 전당에 헌액됐어요.

① 장학생으로 떠난 미국 유학

1935년 서울에서 태어난 이휘소는 1952년 서울대학교 화학과에 수석으로 입학했어요. 입학 후 화학보다 물리학에 큰 관심을 가진 이휘소는 1955년 주한미군 부인회의 장학생으로 선발되어 미국 마이애미대학교 물리학과에 편입했어요.

② 왕성한 연구를 자랑한 세계적 물리학자

이휘소는 낮이나 밤이나 연구에 몰두했어요. 작성한 연구 논문만 110편에 이르고, 성과도 무척 뛰어났지요.

③ 노벨상에 근접했던 우리나라 출신 과학자

이휘소의 연구 내용을 토대로 노벨상을 수상한 과학자만 일곱 명에 달해요. 1968년에 미국 국적을 취득한 이후에도 우리나라 과학 인재 양성 및 시설 확충을 위해 애썼어요. 하지만 1977년에 미국 일리노이에서 일어난 불의의 교통사고로 42세라는 이른 나이에 세상을 떠나고 말았어요.

동결 건조 식품은 어떻게 만들까?

음식

9월 10일
읽은 날: 월 일

❓ 퀴즈

❶ 음식을 얼리고 기압을 높여서 말린다.
❷ 음식을 얼리고 기압을 낮춰서 말린다.
❸ 음식을 햇볕에 쬐어서 말린다.

정답 ❷ 음식을 얼려서 건조하고, 얼음을 그대로 증발시킨다.

딱딱하고 바삭바삭한 것이 동결 건조 식품의 특징!

🔍 찾았다, 비밀!

① 인스턴트식품에 사용되는 기술

동결 건조는 음식을 바싹 말리는 기술이에요. 동결 건조 기술은 인스턴트식품의 건더기, 인스턴트커피를 만들 때 유용하게 쓰이고 있어요.

수분이 빠져나간 만큼 가볍기 때문에 가방에 쏙 넣고 다니기도 좋아요.

② 얼리고 기압을 낮춰서 만드는 동결 건조 식품

동결 건조 식품을 만들려면 수분이 들어 있는 음식을 영하 30도 이하의 온도에서 얼리고, 기압을 0에 가까운 수준으로 확 낮춰요. 그러면 음식 속 수분이 냉동인 상태에서 증발하면서 건조되지요.

③ 맛과 향까지 고스란히 보존한다

동결 건조 식품은 냉동 상태에서 수분이 증발하기 때문에 맛과 향이 물과 함께 날아갈 일이 없어요. 덕분에 본연의 맛과 향을 간직한 상태로 오랫동안 보존할 수 있지요.

거미는 왜 거미줄에 걸리지 않을까?

생물

9월 11일
읽은 날: 월 일

💡 궁금증 해결!

끈적끈적한 거미줄에 걸린 먹잇감은 아무리 발버둥을 쳐도 결국 거미의 입 속으로 꿀꺽!

두 종류의 거미줄을 사용해서 거미줄에 걸리지 않고 이동한다.

🔍 찾았다, 비밀!

거미집은 점액 덩어리가 붙어 있는 노란색 거미줄과 세로 방향의 끈적이지 않는 거미줄로 이루어져 있어요.

끈적이지 않는 세로 방향 거미줄
끈적거리는 노란색 거미줄
점액 덩어리(점구)

① 거미의 배 끝에서 나오는 거미줄

거미는 배 끝에 있는 실샘에서 거미줄을 만들어요. 몸속에서는 액체였던 물질이 몸 밖으로 나오는 순간 거미줄로 변해요. 거미줄은 거미집을 만들 때나 먹이를 잡을 때 사용해요. 또 거미줄을 길게 늘여서 멀리 떨어진 장소로 날아가듯이 이동하기도 하지요.

② 거미는 두 가지 거미줄을 사용한다

거미는 끈적거리는 거미줄과 끈적거리지 않는 거미줄을 교체해서 사용해요. 끈적이지 않는 거미줄은 중심에서 바깥쪽으로 나가는 세로줄을 만들 때 사용하고, 끈적이는 거미줄은 세로줄 사이를 소용돌이 모양으로 메울 때 사용해요.

③ 세로줄만 밟으면서 이동하는 거미

거미는 자기가 만든 거미줄 위를 다닐 때 끈적이지 않는 세로줄만 골라서 밟아요. 끈적이는 가로줄에 먹잇감이 걸리면 먹이에 침을 뿌려 부드럽게 만들어 빨아 먹어요.

9월

별마다 색과 밝기가 다른 이유는?

9월 12일
읽은 날: 월 일

❓ 퀴즈

❶ 지구에서 떨어진 거리에 따라 다르다.
❷ 태양의 빛이 비치는 정도에 따라 다르다.
❸ 외계인의 기지가 있고 없고에 따라 다르다.

정답 ❶ 거리와 표면 온도에 따라 보이는 모습이 달라진다.

여러 가지 빛깔이 반짝일수록 밤하늘이 아름다워요!

🔍 찾았다, 비밀!

지구에서 보이는 별빛은 몇 년 전의 빛이에요. 그만큼 별은 멀리 있어요.

① 별은 지구에 가까울수록 밝게 보인다

우주에서 스스로 빛을 내는 별을 '항성'이라고 불러요. 항성과 지구 사이의 거리는 저마다 달라요. 같은 양의 빛을 내는 항성이라면 지구에서 가까울수록 더 밝게 보여요.

② 크기와 빛의 양은 제각각이다

항성의 크기와 발산하는 빛의 양은 항성마다 달라요. 또 시간이 오래 지나면 항성의 밝기가 변하기도 해요. 그래서 지구에서 바라보는 항성의 밝기는 저마다 달라요.

③ 온도에 따라 색깔이 다른 항성

항성마다 겉모습이 다르듯 표면 온도 역시 제각각이에요. 항성마다 색깔이 달리 보이는 것은 표면 온도의 차이 때문이기도 해요. 약 3,000도면 빨간색으로 보이고, 그보다 온도가 올라갈수록 주황색, 노란색, 하얀색으로 보여요. 20,000도를 넘으면 어스름한 파란색으로 보여요.

심장은 계속 뛰어도 지치지 않는다?

9월 13일
읽은 날: 월 일

궁금증 해결!

튼튼한 근육으로 이루어져서 계속 뛰어도 지치지 않는다.

잠들었을 때 심장이 뛰지 않으면 큰일 나겠지요.

찾았다, 비밀!

① 잠을 잘 때도 뛰는 심장

심장은 피를 온몸으로 내보내는 펌프 역할을 하는 신체 기관이에요. 피가 멈추지 않도록 잠을 자는 동안에도 변함없이 뛰어요. 심장을 움직이도록 명령하는 건 뇌가 아니라 심장 자체이기 때문이에요.

② 쉽게 지치지 않는 심장 근육

심장은 멈추지 않고 끊임없이 힘차게 움직여야 해요. 그래서 지구력이 뛰어난 '심근'이라는 두꺼운 근육으로 이루어져 있어요.

심장은 피를 받아들이고 내보내는 순환 작용을 반복해요.

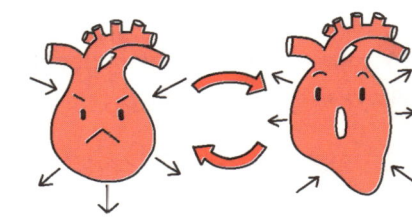

피가 들어온다.   피를 내보낸다.

③ 수축과 이완을 반복하는 심근

심근은 수축해서 피를 심장 밖으로 내보내요. 심근이 수축했다 이완하면서 긴장이 느슨해지면 혈액이 다시 심장으로 흘러들어요. 심장은 이렇게 24시간 심근을 움직여 피를 온몸에 순환시켜요.

자연 · **신기루는 왜 생길까?**

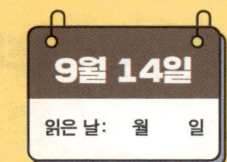

9월 14일
읽은 날: 월 일

퀴즈

❶ 빛이 공기에 굴절되면서 생긴다.
❷ 공기가 빛에 굴절되면서 생긴다.
❸ 빛과 공기가 서로 굴절되면서 생긴다.

정답 ❶ 공기의 온도가 달라지는 경계에서 빛이 굴절되면서 신기루가 일어난다.

> 사막에서 오아시스 신기루가 생기는 이야기 들어 봤어요?

찾았다, 비밀!

> 신기루는 극지방의 바다처럼 땅과 공기의 온도차가 큰 장소에서 관찰하기 쉬워요.

① 빛의 굴절이 만드는 신기루

신기루는 빛의 굴절에 의해 공중이나 땅에 없는 것이 있는 것처럼 보이는 현상이에요. 하늘 위쪽이나 아래쪽에 거꾸로 뒤집혀 보이기도 하고, 위로 뻗어나가는 듯 보이기도 해요. 신기루는 빛이 온도 차이가 심해서 공기층이 불안정한 곳에서 잘 일어나요.

② 하늘 위로 보이는 상위 신기루

위쪽에 따뜻한 공기가 머물고, 아래에 차가운 공기가 고여 있을 때 빛은 그 경계면에서 아래쪽으로 굴절해요. 그러면 주변 경치가 하늘 위에 거꾸로 뒤집혀서 보이거나 위로 길게 늘어난 듯이 보여요.

③ 실제보다 아래에 보이는 하위 신기루

한편 위쪽에 차가운 공기가 있고, 아래쪽에 따뜻한 공기가 자리 잡고 있을 때는 빛이 경계에서 위쪽으로 굴절해요. 그러면 주변 경치가 실제 장소보다 아래쪽으로 거꾸로 뒤집혀 보여요.

휴대 전화의 원리는 무엇일까?

9월 15일
읽은 날: 　월　　일

궁금증 해결!

전파가 기지국과 교환국을 거쳐서 상대방의 전화기로 이동한다.

전화 통화를 하려면 많은 설비가 갖춰져야 해요.

찾았다, 비밀!

① 전파를 주고받아 통화한다

휴대 전화는 기지국과 전파를 주고받으면서 통화를 할 수 있는 무선 전화기예요. 우리나라에는 기지국이 약 150만 개 설치되어 있어요. 각 기지국은 일정한 지역의 범위를 담당해요.

② 교환국이 차례로 연결하는 신호

휴대 전화로 전화를 걸면 가장 가까운 기지국이 전파를 받아서 전기 신호로 바꿔 교환국으로 보내요. 전기 신호는 많은 교환국을 거치며 상대방에게 가장 가까운 기지국에 도착해요.

③ 가까운 기지국으로 전파 송신

상대방에게 가까운 기지국은 교환국으로부터 전기 신호를 받아 다시 전파로 바꾸어 수신자 휴대 전화로 전달해요. 수신자가 착신하면 휴대 전화로 이야기를 나눌 수 있지요.

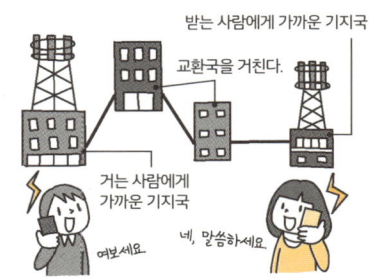

휴대 전화에서 발신한 전파가 기지국과 교환국을 거쳐 상대방에게 닿아요.

발명

마리 퀴리
(1867~1934)

9월 16일
읽은 날: 월 일

? 어떤 사람일까?

노벨상을 두 번이나 수상한 여성 과학자

> 마리는 방사선에 너무 많이 노출되어서 사망했어요.

대단한 과학자!

> 마리 퀴리는 노벨상 최초의 여성 수상자이기도 해요.

① 어렵게 프랑스 대학에 진학

마리는 폴란드의 바르샤바에서 태어났어요. 당시 폴란드에서는 여자가 대학에 입학하는 것이 금지되어 있었어요. 마리는 프랑스 유학을 결심했고, 파리의 소르본대학교에 진학해서 물리학 연구에 몰두했어요.

② 방사성 원소를 차례로 발견

마리는 대학을 졸업한 후 소르본대학교 교수인 피에르 퀴리를 만나 결혼을 했어요. 그 후 부부가 힘을 모아 방사선(▶304쪽)이 흘러나오는 방사성 원소를 연구하면서 폴로늄, 라듐 등 여러 방사성 원소를 발견했어요.

③ 온 가족이 노벨상 수상자

마리와 피에르는 1903년에 함께 노벨 물리학상을 받았어요. 마리는 피에르가 세상을 떠난 뒤 1911년에 노벨 화학상도 받았지요. 연구를 도와주었던 딸 부부는 1935년에 노벨 화학상을 받아 온 가족이 노벨상을 받았답니다.

 음식

냉동식품은 왜 썩지 않을까?

9월 17일
읽은 날: 월 일

? 퀴즈

❶ 온도가 낮으면 미생물이 활동할 수 없다.
❷ 온도가 낮으면 음식이 싱싱해진다.
❸ 온도가 낮으면 썩었다가 다시 신선해진다.

정답 ❶ 미생물이 활동할 수 없게 되면 음식은 썩지 않는다.

음식이 썩는 현상은 미생물 때문이구나.

🔍 찾았다, 비밀!

곰팡이는 어디에나 생길 수 있지만 온도와 습도를 관리하면 피할 수 있어요.

① 음식을 부패시키는 곰팡이와 세균

대부분의 음식은 그대로 두면 곰팡이나 세균 등 미생물의 활동으로 분해되어 썩어요. 미생물의 독이 들어간 썩은 음식을 먹으면 몸에 탈이 나지요.

② 신선도가 오래 유지되는 냉동식품

냉동식품은 수분과 유분이 얼어 버릴 만큼 낮은 온도에서 보관하는 방법으로 미생물의 활동을 억제해요. 특히 급속 냉동 과정을 거치면 음식의 신선도를 유지할 수 있어요.

③ 썩지는 않지만 맛이 없어진다?

냉동식품은 썩지 않지만 시간이 지나면서 수분이 달아나 음식이 마르거나, 산소에 닿아 산화되면서 본연의 맛을 잃기도 해요.

도마뱀은 어떻게 벽을 기어오를까?

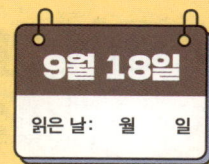

9월 18일
읽은 날: 월 일

궁금증 해결!

발가락 털과 벽 사이에 특별한 힘이 작용한다.

도마뱀 발바닥이라니, 좀 징그러울 것 같아….

찾았다, 비밀!

① 비밀은 발바닥에 난 털

도마뱀이 벽이나 유리 창문 위에서 미끄러지지 않고 자유자재로 움직일 수 있는 비밀은 발바닥에 있어요. 도마뱀의 발바닥에는 '융선'이라는 도드라진 신체 기관이 있고, 융선 표면에 수억 개의 미세한 털이 자라 있어요.

② 물체와 물체가 달라붙는 힘

도마뱀 발바닥 털과 벽 사이에는 분자 사이의 힘, '분자간력'이 발생해요. 분자간력이란 물체를 이루는 분자(▶129쪽) 사이에 나타나는 서로 달라붙는 힘을 말해요. 털 한 가닥마다 분자간력이 작용해 도마뱀은 떨어지거나 미끄러지지 않아요.

③ 벽을 타지 못하는 도마뱀도 있다?

도마뱀은 나무에서 사는 종과 땅에서 사는 종이 있어요. 발바닥이 잘 발달한 쪽은 나무 위에 사는 도마뱀이에요. 땅에 사는 도마뱀은 나무 위에 사는 도마뱀처럼 벽을 잘 타지 못해요.

도마뱀은 다섯 개의 발가락에 달린 융선과 털 덕분에 벽에 달라붙어 기어 다닐 수 있어요.

발가락에 특히 많은 융선이 있다.

일상과학

긴급 지진 속보는 어떻게 보도될까?

9월 19일
읽은 날: 월   일

? 퀴즈

❶ 지진이 일어난 직후에 속보를 내보낸다.
❷ 지진이 일어나기 직전에 속보를 내보낸다.
❸ 지진이 일어나기 직전과 직후에 속보를 내보낸다.

정답 ❶ 지진의 흔들림이 멀리까지 전달되기 전에 속보를 내보내 위험을 알린다.

> 속보를 들으면 즉시 책상 아래로 피하도록 해요.

🔍 찾았다, 비밀!

> 진원지와 가까우면 속보가 발표되기 전에 S파가 도착할 수도 있구나.

① 지진의 흔들림이 전달되기까지 시간이 걸린다

지진은 땅이 흔들리는 일이에요. 지진이 일어나 지진파가 시작되어 멀리까지 전달되려면 어느 정도 시간이 필요해요. 지진파는 두 가지가 있어요. 먼저 도착하는 P(피)파는 진폭이 작고 세로 방향으로 움직여요. 다음으로 도착하는 S(에스)파는 진폭이 크고 가로 방향으로 움직여요.

② 흔들림을 신속하게 파악하여 알리는 지진 속보

전국 곳곳에 지진의 움직임을 관측하는 지진계가 설치되어 있어요. 지진계가 P파를 잡아내면, 정보가 기상청으로 전달되어 각지에서 발생할 지진의 크기를 재빨리 계산해요. 그리고 S파가 도달하기 전에 긴급 지진 속보를 알리지요.

③ 속보가 지진보다 늦는 경우도 있다

하지만 긴급 지진 속보는 지진이 일어나고 난 뒤에 알려지기 때문에 진원지에서 가까운 곳은 S파가 지진 속보보다 먼저 도착하기도 해요.

column 05
중요한 과학키워드

진도와 매그니튜드

3가지 핵심 포인트

❶ 진도는 지진으로 인해 지면에 전달되는 진동의 세기이다.
❷ 매그니튜드는 지진의 규모를 나타내는 척도이다.
❸ 매그니튜드와 진도의 크기는 반드시 비례하지 않는다.

> 진도 9.0 규모의 동일본 대지진처럼 일본에서는 진도 7에 달하는 지진이 여러 번 일어났어요.

> 진도는 매그니튜드뿐 아니라 얼마나 깊은 곳에서 지진이 시작됐는지 등 여러 가지 조건에 따라 달라져요.

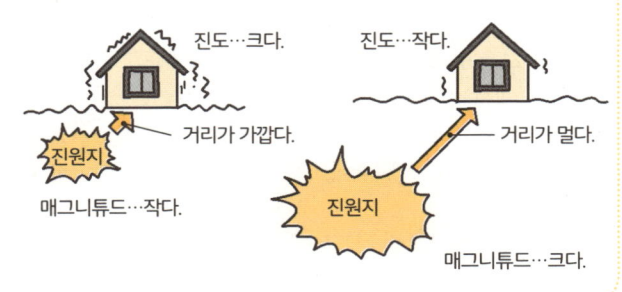

진도…크다.
거리가 가깝다.
진원지
매그니튜드…작다.

진도…작다.
거리가 멀다.
진원지
매그니튜드…크다.

> 예고 없이 불시에 찾아오는 지진을 피하기는 어려워요. 지진 속보에 항상 귀를 기울이면서 안전 수칙에 따라 행동해야 해요.

> 지진을 예측하거나 피해를 줄이기 위한 기술은 계속 발전하고 있어요.

비행기를 타면 왜 귀가 먹먹해질까?

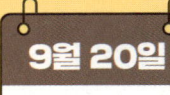

궁금증 해결!

기압이 낮은 장소에서는 고막이 안쪽에서 바깥쪽으로 압박을 받는다.

감기에 걸려서 귀 상태가 나쁠 때는 증상이 더 심해져요.

찾았다, 비밀!

① 10킬로미터 높이에서 나는 비행기

비행기는 보통 10킬로미터 이상의 높이에서 비행해요. 지표면에서 높이 떨어질수록 공기가 옅어지고, 기압도 낮아져요. 10킬로미터 이상 높이에서의 기압은 지표면의 약 4분의 1 정도에 불과해요.

② 비행기 안은 지상보다 기압이 낮다

공기가 적으면 동물은 숨을 쉴 수 없기 때문에 비행기 내부는 외부보다 기압을 높게 유지해요. 그래도 지표면과 비교하면 기압이 훨씬 낮아요.

③ 고막이 몸 안쪽의 압박을 받는다

귓속에는 소리의 진동을 속귀 쪽으로 전달하는 고막이라는 얇은 막이 있어요(▶187쪽). 비행기를 타고 하늘을 날 때는 몸속 기압이 몸 밖의 기압보다 높아져요. 공기는 고기압에서 저기압으로 이동하므로, 몸속 공기도 몸 밖으로 나가려고 하지요. 이때 귀의 고막이 공기의 움직임으로 밀려나다 보니 귀가 먹먹해지는 현상이 생기는 거예요.

높은 곳에서는 기압이 내려가므로 고막이 몸 안쪽에서 압박을 받아요.

고막
안쪽의 기압에 밀려 압박을 받는다.

안과 밖의 기압이 균형을 유지한다.

자연

세계에서 가장 강력했던 태풍은?

9월 21일
읽은 날:　월　일

❓ 퀴즈

❶ 1959년 제15호 태풍: 이세만
❷ 1979년 제20호 태풍: 팁
❸ 2019년 제19호 태풍: 하기비스

정답 ❷ 1979년에 발생한 제20호 태풍 팁은 지금까지 관측된 태풍 가운데 기압이 가장 낮다.

어떤 태풍이든 사람에게는 무서운 자연 현상이에요.

🔍 찾았다, 비밀!

허리케인과 사이클론은 태풍과 다른 장소에서 발생한 저기압이에요.

① 비와 눈을 뿌리는 저기압

기압이 낮은 장소를 저기압이라고 해요. 바람은 고기압에서 저기압으로 불어 상승 기류가 발생하고, 저기압 위에 구름이 생겨요. 그래서 저기압 주변에는 악천후가 자주 발생해요.

② 가장 기압이 낮았던 1979년의 제20호 태풍

태풍은 강한 저기압의 일종이에요. 기압이 낮을수록 태풍의 바람이 강력해져요. 지금까지 발생한 태풍 중 가장 기압이 낮았던 태풍은 1979년에 일본에 엄청난 피해를 남긴 제20호 태풍 '팁'이에요.

③ 가장 바람이 맹렬했던 2013년의 태풍

한편 바람의 세기가 가장 빠른 태풍은 2013년에 발생한 제30호 태풍 '바이루'예요. 최대 순간 풍속은 105미터퍼 세크(㎧)로 세계 최대급으로 알려져 있어요.

 **일상과학**

내비게이션은 위치를 어떻게 파악할까?

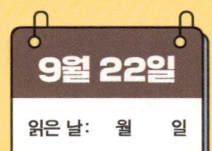

궁금증 해결!

인공위성의 정보를 받아서 현재 위치를 확인한다.

우리나라는 미국의 위성 항법 시스템을 함께 이용하고 있어요.

찾았다, 비밀!

① 20,000킬로미터 높이에서 보내는 신호

지구 주변에는 많은 인공위성이 떠다녀요. 그중에서도 GPS(지피에스) 위성처럼 수신자의 위치 신호를 파악하는 위성 시스템을 GNSS(지엔에스에스)라고 해요.

② 위성에서 받은 정보로 위치를 계산

위성이 발사하는 신호에 직접적인 위치 정보가 담겨 있지는 않아요. 신호를 받기까지 걸린 시간으로 위성과의 거리를 계산하고 위치를 가늠하는 것이지요. 보통 자동차의 내비게이션은 오차를 줄이기 위해서 네 대의 위성에서 정보를 받아요.

네 대의 위성 신호를 모아 위치를 계산해요.

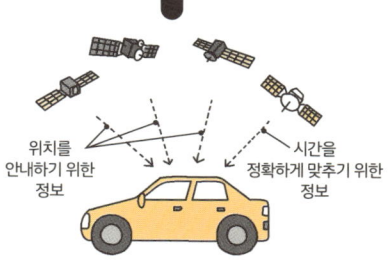

위치를 안내하기 위한 정보

시간을 정확하게 맞추기 위한 정보

③ 신호가 닿지 않을 때는 자동차에 탑재된 기능을 사용

요즘은 거의 모든 곳에서 위성 신호가 잡히지만, 터널이나 지하 같은 장소는 연결이 끊어지기도 해요. 그런 장소에서는 자동차의 센서 정보와 신호가 끊기기 전의 정보를 바탕으로 위치를 계산해요.

조지프 존 톰슨
(1856~1940)

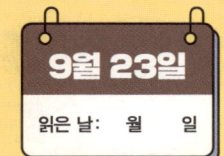

9월 23일
읽은 날: 월 일

발명

❓ 어떤 사람일까?

원자보다 작은 전자를 발견한
원자물리학 발전의 개척자

> 처음에는 물리학이 아니라 공학을 공부했어요.

👤 대단한 과학자!

① 원자보다 작은 전자를 발견

톰슨은 영국 맨체스터에서 태어났어요. 케임브리지대학의 캐번디시 연구소에서 진공 유리관에 전기를 흘렸을 때 나타나는 선이 음전기를 띤 입자의 흐름이라는 사실을 증명했어요.

> 물질을 구성하는 원자가 더욱더 세밀하게 분할될 수 있다는 사실을 세상에 알린 거예요.

② 전자를 이용한 원자 모형을 만들다

톰슨은 발견한 입자에 '전자'(▶393쪽)라고 이름 붙였어요. 톰슨은 전자가 원자(▶314쪽)에서 나온다고 생각해서 독자적인 원자 모형을 고민했어요. 톰슨이 완성한 원자 모형은 실제 원자 모형과 달랐지만, 원자물리학 발전에 크게 기여했어요.

③ 수많은 물리학자를 길러 내다

톰슨은 실험을 통해 전자의 존재를 증명하고, 전자의 질량을 측정하여 원자 모형을 고안한 성과를 인정받아 1906년에 노벨 물리학상을 받았어요. 톰슨이 소장으로 있던 캐번디시 연구소에 우수한 연구자가 많이 모였는데, 원자핵의 존재를 발견하고 원자 모형을 발표하여 1908년에 노벨 화학상을 수상한 러더퍼드(▶306쪽)도 그중 한 사람이에요.

연근은 왜 구멍이 뚫려 있을까?

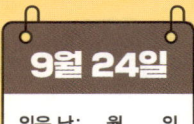

9월 24일
읽은 날: 월 일

궁금증 해결!

연근의 구멍은 숨 쉴 공기가 지나는 구멍이다.

연못의 바닥까지 공기를 보내야 해요!

찾았다, 비밀!

① 길게 구멍이 뚫려 있는 연근

연근을 칼로 잘라서 단면을 보면, 많은 구멍이 뚫려 있는 것을 확인할 수 있어요. 구멍의 개수는 연근의 두께에 따라 다르지만 대체로 8~10개 정도예요.

② 연못 바닥의 진흙에 파묻힌 연근

연근은 물 위에 둥글고 커다란 잎을 펼친 연꽃의 줄기가 변한 것이에요. 마치 뿌리처럼 연못 바닥 진흙 속에 파묻혀 있는데, '땅속줄기'라고 해요.

③ 구멍에 공기가 통해서 죽지 않는 연꽃

연꽃은 식물이라서 공기가 필요해요. 하지만 연못의 진흙 바닥 속에는 공기가 거의 없어요. 대신 잎으로 흡수한 공기가 줄기 구멍을 통해 드나들게 해서, 산소를 공급하고 공기를 순환시키며 물속에서도 썩지 않고 자라지요.

땅속에 있는 연근은 공기를 잘 드나들게 하기 위해서 구멍이 뚫려 있어요.

동물이 사람보다 빨리 자란다?

9월 25일 읽은 날: 월 일

퀴즈

❶ 사람보다 수명이 길어서 빨리 자란다.
❷ 성장 속도에 차이는 없다.
❸ 사람보다 수명이 짧아서 빨리 자란다.

> 사람은 느리게 자라는 동물이라고 생각하면 되겠구나.

정답 ❸ 동물은 사람보다 수명이 짧아서 성장 속도가 사람보다 빠르다고 여겨진다.

찾았다, 비밀!

> 갈라파고스의 코끼리거북은 사람보다 훨씬 오래 살아요. 평균 수명이 100세도 넘어요!

① 수명이 짧은 동물은 성장이 빠르다

성장 속도는 수명과 관련이 있어요. 개와 고양이는 10~13년 정도를 산다고 해요. 80세가 넘는 인간의 평균 수명보다 훨씬 짧은 만큼 다 자라기까지 걸리는 시간도 짧아요.

② 심장의 빠르기가 수명을 결정한다?

덩치가 큰 동물일수록 몸에 혈액이 퍼지는 데 걸리는 시간이 길어서 심장 박동이 느려요. 반면 덩치가 작은 동물일수록 심장 박동이 빨라요. 심장 박동이 빠르면 생명체의 물질대사가 활발하게 이루어져 에너지를 많이 사용하므로 그만큼 수명이 짧아져요. 이에 따르면 덩치가 작은 동물의 수명이 짧은 이유를 설명할 수 있어요.

③ 수명이 다른 이유는 아무도 모른다

그런데 모든 동물이 죽을 때까지 심장이 뛰는 횟수가 같다는 주장도 있어요. 또 덩치가 작아도 오래 사는 동물이 있어서 동물 종류에 따라 수명이 다른 이유는 아직 완벽하게 밝혀지지 않았어요.

별자리 위치는 왜 계절마다 바뀔까?

우주·지구

9월 26일
읽은 날: 월 일

? 퀴즈

❶ 지구가 팽이처럼 자전하므로.
❷ 지구가 태양 주변을 공전하므로.
❸ 지구가 거대한 자석이라서.

정답 ❷ 태양과 별자리의 위치 관계가 바뀌기 때문이다.

별자리는 북반구와 남반구에서 완전히 반대로 보여요.

🔍 찾았다, 비밀!

별자리의 위치가 아니라, 우리가 사는 지구가 움직이는 거예요.

① 계절마다 변하는 태양과 별자리의 위치

지구가 태양 주변을 공전해서 태양과 지구와 별자리의 위치는 계절마다 달라져요. 같은 시간에 같은 위치에 나타나는 별자리는 계절에 따라 함께 바뀌지요.

② 한밤중 남쪽 하늘에 보이는 별자리

우리나라에서 오후 9시쯤에 남쪽 하늘을 바라보면 봄에는 사자자리, 여름에는 거문고자리, 가을에는 페가수스자리, 겨울에는 황소자리가 나타나요. 계절별로 보이는 별자리는 매년 반복돼요.

③ 별자리가 같은 위치에 오는 시간은 조금씩 빨라진다

남쪽 하늘에 보이는 별자리 중 하나를 정해서 매일 같은 시간에 관찰하면, 한 달에 30도의 각도로 시계 방향을 따라 움직이는 듯이 보여요. 그리고 특정 별자리가 같은 위치에서 보이는 시간은 하루에 4분, 한 달에 2시간씩 빨라져요.

 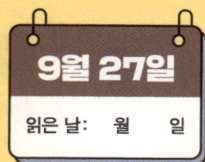

밀가루와 달걀을 못 먹는 사람이 있다?

9월 27일
읽은 날: 월 일

궁금증 해결!

특정 음식에 알레르기가 반응하면 먹기가 힘들다.

꽃가루 알레르기는 꽃가루에 반응해서 나타나는 알레르기예요.

찾았다, 비밀!

비만 세포가 만드는 히스타민이 알레르기 반응의 원인이에요.

① 면역이 나쁜 방향으로 작동하는 알레르기

우리 몸은 밖에서 들어온 세균이나 불순물로부터 건강을 지키려고 반응을 일으켜요. 이를 '면역 체계'라고 해요. 그런데 특정 자극에 면역 체계가 과민 반응을 일으키기도 해요. 알레르기가 바로 여기에 해당해요.

② 알레르겐에 몸이 반응한다

알레르기를 일으키는 세균이나 독소를 '알레르겐'이라고 불러요. 알레르겐이 몸에 들어오면 우리 몸은 항체를 만들어요. 항체는 비만 세포※와 결합하고, 여기에 알레르겐이 달라붙으면 알레르기 반응을 일으키는 히스타민을 방출하지요.

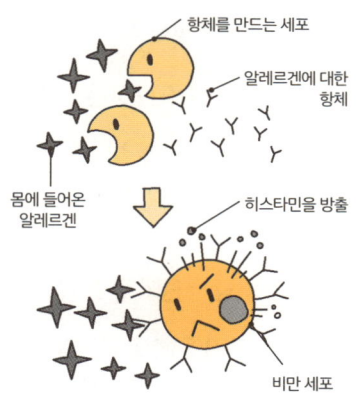

항체를 만드는 세포
알레르겐에 대한 항체
몸에 들어온 알레르겐
히스타민을 방출
비만 세포

※비만 세포: 알레르기 반응과 관련이 있는 백혈구의 일종.

③ 생명을 위협하는 알레르기

어떤 사람은 밀가루나 달걀과 같은 특정 음식에 알레르기 반응을 보여요. 심하면 두드러기나 호흡 곤란처럼 격한 증상을 보이고 생명이 위독해지기도 해요.

자연

방사능은 무서운 물질일까?

9월 28일
읽은 날: 월 일

❓ 퀴즈

❶ 방사능 물질에서 차가운 방사선이 나온다.
❷ 방사능 물질에서 몸에 해로운 방사선이 나온다.
❸ 방사능 물질에서 물건을 태우는 방사선이 나온다.

정답 ❷ 방사선은 인체에 여러 가지 안 좋은 영향을 미친다.

> '방사능'이 아니라 '방사선'이 영향을 주는 거예요.

🔍 찾았다, 비밀!

> 이로운 점도 있지만 해로운 때도 있어요. 좋은 방향으로 잘 다뤄야 하지요.

① 방사선을 이루는 작은 입자와 전자파

방사능이란 방사선을 방출하는 성질을 말해요. 방사선은 주로 방사성 물질에서 흘러나오는 작은 입자 혹은 전자파 등을 아우르는 말이에요.

② 강력한 방사선의 영향력

방사선은 우리 몸에 닿으면 몸을 구성하는 세포와 세포 속 DNA(디엔에이)(▶380쪽)를 부수는 성질이 있어요. 방사선에 많이 노출되면 목숨을 잃기도 해요. 원자력 발전소에서 사고가 발생하면 초강력 방사선이 누출되어 큰 피해를 일으켜요.

③ 우리 생활에 유용하게 쓰이기도 하는 방사선

한편 세포를 파괴하는 방사선의 능력을 활용해서 암을 치료하기도 해요. 엑스레이에 사용하는 X선도 방사선의 일종이에요.

 일상과학

확성기로 말하면 소리가 커질까?

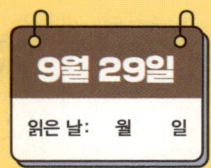
9월 29일
읽은 날: 월 일

 궁금증 해결!

소리가 한 방향으로 증폭되어 크게 들린다.

확성기 소리는 옆쪽과 뒤쪽에서는 잘 들리지 않아요.

 **찾았다, 비밀!**

① 목소리는 사방으로 퍼져 나간다

우리 입에서 나오는 목소리는 사방팔방으로 퍼져 나가요. 거리가 조금 떨어져 있어도 목소리를 들을 수 있지만, 거리가 멀어지는 만큼 소리는 작아져요.

② 소리를 집중시키는 확성기

확성기는 소리를 크고 멀리까지 들리게 만드는 기구예요. 스포츠 경기장에서 응원할

소리의 방향을 앞으로 고정하고, 고깔 모양을 따라 소리가 전달되는 구조예요.

여러분~

고깔의 길이가 길어질수록 소리가 퍼지지 않고 전달된다.

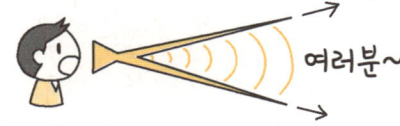
여러분~

때, 학교나 마을 회관에서 안내 방송을 할 때 등 많은 곳에서 사용되고 있지요. 확성기는 사방으로 퍼지는 소리를 한 방향으로 집중해서 나아가게 만들어요.

③ 소리가 커지도록 유도하는 확성기의 구조

확성기는 원통이 아니라 점점 벌어지는 원뿔 모양이에요. 목소리가 확성기 안에 갇히지 않고 앞으로 잘 전달되도록 만들어졌지요. 만약 앞쪽이 오므라져 있다면 목소리가 확성기 밖으로 빠져나가기 힘들 거예요.

어니스트 러더퍼드
(1871~1937)

9월 30일
읽은 날: 월 일

❓ 어떤 사람일까?

방사선의 정체와 원자의 구조를 밝힌 핵물리학의 선구자

> 훌륭한 제자를 키우는 일에도 힘을 쏟았어요.

👤 대단한 과학자!

① 영국에서 물리학을 연구

러더퍼드는 뉴질랜드의 브라이트워터에서 태어났어요. 뉴질랜드의 대학에서 물리학을 공부하고 졸업 후에는 영국으로 건너가 연구를 계속했어요.

② 방사선의 세 가지 종류를 밝히다

1898년부터 방사선(▶304쪽)을 연구해 α(알파)선, β(베타)선, γ(감마)선 세 가지 방사선을 발견했어요. 그리고 α선이 헬륨 원자(▶314쪽)의 원자핵이라는 사실과 각각의 성질을 실험을 통해 증명해 냈어요.

③ 핵물리학의 선구자

α선을 사용한 실험을 바탕으로 원자 모형을 제안했어요. 이는 원자의 내부 구조를 해명하는 실마리가 되었어요. 1908년에 노벨 화학상을 받은 러더퍼드는 이후 핵물리학의 선구자로 불려요.

> 다만 러더퍼드의 원자 모형도 완벽하지는 않았어요.

10월

생물

물고기는 왜 손으로 잡기 어려울까?

10월 1일
읽은 날: 월 일

궁금증 해결!

물고기가 몸을 지키려고 점액을 분비해 비늘이 무척 미끄럽다.

물고기는 비늘이 미끄러워 손으로 잡으면 쉽게 놓쳐요.

찾았다, 비밀!

최근 물고기 점액의 특징에서 아이디어를 얻어 배에 윤활제를 사용하는 기술이 개발되고 있어요.

① 비늘을 미끄럽게 만드는 물고기의 점액

물고기는 피부에서 점액을 분비해요. 점액은 끈적끈적하고 손으로 잡기 어려울 만큼 미끄러워요. 물고기에 따라 점액을 분비하는 양은 서로 달라요.

② 점액을 활용한 물고기의 생존 방법

점액의 미끄러운 성질 덕분에 물고기는 물속에서 적은 에너지로 이동해요. 또 물속 기생충과 세균으로부터 몸을 보호하기도 해요.

③ 비늘이 없으면 더욱 커지는 점액의 중요성

미꾸라지나 장어처럼 비늘이 없는 물고기는 점액을 더욱 많이 분비해 몸을 보호해요. 만약 미꾸라지나 장어의 점액이 많이 벗겨지면, 세균에 쉽게 노출되어 생명에 큰 위협을 받을 수 있어요.

생물

호랑이 줄무늬는 무슨 역할을 할까?

10월 2일
읽은 날: 월 일

? 퀴즈

❶ 눈에 잘 띄게 만든다.
❷ 눈에 띄지 않도록 만든다.
❸ 수컷이 암컷의 눈길을 끌도록 만든다.

정답 ❷ 호랑이의 줄무늬는 정글에서 호랑이가 다른 동물 눈에 띄지 않도록 위장 효과를 발휘한다.

줄무늬는 호랑이가 사냥할 때 도움이 돼요!

🔍 찾았다, 비밀!

사자는 초원에 살아서 몸에 무늬가 없고, 호랑이는 숲에 살기 때문에 무늬가 있어요.

① 정글에 사는 호랑이

호랑이는 주로 아시아 지역의 깊게 우거진 숲속에서 다른 동물을 사냥하며 살아요. 우리 눈에는 호랑이의 노란색과 검은색 줄무늬가 숲속에서 지내기에 무척 화려해 보여요.

② 호랑이를 감춰 주는 줄무늬

하지만 먹잇감이 되는 동물 대다수는 세상을 흑백으로 봐요. 동물들 눈에는 빽빽하게 자란 나무와 호랑이의 줄무늬를 구분하기 어렵지요. 호랑이의 줄무늬처럼 자연환경과 비슷하게 되어 있는 몸 색깔을 '보호색'이라고 해요.

③ 발견되지 않게 모습을 감추는 보호색

호랑이의 보호색이 사냥을 위한 것이라면, 자신의 몸을 보호하기 위한 보호색도 있어요. 예를 들어 얼룩말의 줄무늬는 여럿이 모여 있을 때 맹수가 한 마리씩 구별해 내기 힘들게 만들어요.

우리나라에서도 오로라를 볼 수 있을까?

우주·지구

10월 3일
읽은 날: 월 일

❓ 퀴즈

❶ 우리나라 어디에서든 볼 수 있다.
❷ 우리나라 어디에서도 보기 힘들다.
❸ 강원도에서만 볼 수 있다.

정답 ❷ 우리나라에서는 오로라를 보기 어렵다.

> 보통은 북극과 남극 지역에서 볼 수 있어요.

🔍 찾았다, 비밀!

> 캐나다와 핀란드처럼 북극과 가까운 나라에서는 오로라를 관찰할 수 있어요!

① 태양이 뿜어내는 태양풍

태양은 빛 이외에 '플라스마'라는 전기를 띤 작은 입자를 우주로 방출해요. 플라스마가 방출되는 흐름을 '태양풍'이라고 해요. 태양풍은 우주를 지나 지구에도 닿아요.

② 태양풍이 지구에 쏟아져서 생기는 오로라

태양풍은 지구에 도달하면 남극과 북극으로 쏠려요. 이는 지구의 자력이 남극과 북극에서 강하게 나타나기 때문이에요. 남북극에 쏠린 플라스마는 지구 공기층과 부딪히면서 빛을 내는데, 이게 오로라의 정체예요.

③ 비교적 오로라를 보기 쉬운 북극권

비교적 오로라를 보기 쉬운 북극권에 있는 나라로는 아이슬란드, 노르웨이, 캐나다 등이 있어요. 반면 북극과 떨어진 우리나라에서는 오로라를 보기가 매우 힘들어요.

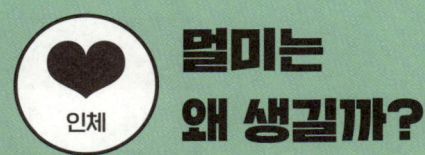

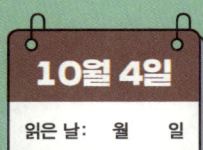

멀미는 왜 생길까?

 궁금증 해결!

타고 있는 물체가 움직이면 뇌가 혼란에 빠져 멀미가 난다.

> 자동차와 같은 탈것은 두 발로 걷는 인간의 신체와 다르게 움직여요.

찾았다, 비밀!

① 회전을 느끼는 반고리관

우리 귓속에는 몸의 회전을 감지하는 '반고리관'이라는 기관이 있어요. 반고리관은 세 개의 고리가 연결된 모양으로 내부는 림프액으로 채워져 있어요.

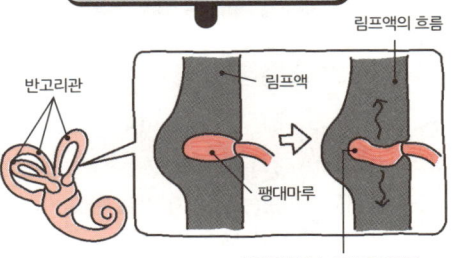

② 림프액으로 감지하는 회전

몸이 회전하면 반고리관 속의 림프액이 움직여요. 림프액이 흘러 팽대마루라는 기관을 자극하면 뇌가 몸의 회전을 감지하고 회전의 방향과 속도를 인지해요.

③ 멀미는 뇌가 혼란스럽다는 증거

자동차를 타면 평소에 경험하지 못하던 속도를 느껴요. 더욱이 굽은 도로를 지나면서 한쪽으로 기울거나 이쪽저쪽으로 번갈아가면서 치우치면 뇌는 눈으로 보는 정보와 반고리관으로 느끼는 정보를 동시에 받아들이면서 혼란에 빠져요. 이렇게 뇌가 혼란에 빠져 속이 메스껍고 어지러워지는 현상이 바로 '멀미'예요.

저녁노을은 왜 붉게 보일까?

10월 5일
읽은 날: 월 일

? 퀴즈

❶ 서쪽 하늘은 원래 공기가 붉은색이다.
❷ 저녁이 되면 태양이 붉게 변한다.
❸ 붉은빛이 우리가 있는 곳에 도착한다.

정답 ❸ 저녁에는 여러 빛깔 중 붉은색의 빛이 우리에게 많이 도달해서 노을이 붉게 보인다.

낮에 하늘이 파란색으로 보이는 이유는 햇빛 중 푸른빛이 눈에 많이 닿기 때문이에요.

🔍 찾았다, 비밀!

햇빛은 언제나 변함없지만 상황에 따라 우리 눈에 닿는 빛이 바뀌는 거예요.

① 쉽게 흩어지는 푸른빛

햇빛에는 여러 가지 색깔의 빛이 섞여 있어요. 빛은 지구를 감싸고 있는 공기에 부딪혀 여러 방향으로 퍼져요. 빛이 입자를 만나 사방으로 흩어지는 현상을 '산란'이라고 해요. 낮에는 푸른빛이 강하게 산란해서 하늘이 파랗게 보여요.

② 저녁이면 푸른빛은 공기층을 통과하지 못한다

저녁에는 해가 뉘엿뉘엿 넘어가면서 빛이 비스듬히 들어오기 때문에 빛이 통과해야 하는 공기층이 낮보다 두꺼워요. 파장이 짧은 푸른빛은 두꺼운 공기층을 통과하지 못해 우리가 있는 곳까지 닿지 못해요.

③ 저녁에는 붉은빛이 하늘을 물들인다

반면 파장이 긴 붉은빛은 두터운 공기층을 통과해요. 덕분에 우리가 있는 곳까지 무사히 도달하지요. 저녁노을이 붉은색을 띠는 이유예요.

 일상과학

종이 기저귀는 어떻게 오줌을 흡수할까?

10월 6일
읽은 날: 월 일

궁금증 해결!

여러 가지 소재를 사용해 오줌을 흡수하고 가둔다.

기저귀는 물이 새지 않는 소재로 만들어요.

찾았다, 비밀!

① 그물 모양의 고분자 흡수체

종이 기저귀는 흡수성이 높은 '고분자 흡수체'를 넣어 만들어요. 고분자 흡수체의 구조는 매우 촘촘한 그물 모양이에요.

② 많은 물을 저장할 수 있다

고분자 흡수체는 물을 흡수해 반고체 상태로 변해요. 고분자 흡수체는 원래 자신의 부피보다 수백 배에서 천 배만큼의 물을 흡수할 수 있어요. 이러한 원리로 오줌이 밖으로 새지 않아요.

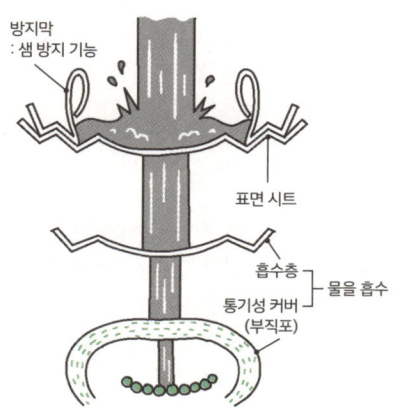

종이 기저귀는 여러 층의 구조라서 오줌이 샐 틈이 없어요.

방지막: 샘 방지 기능
표면 시트
흡수층
통기성 커버 (부직포)
물을 흡수

고분자 흡수체: 물을 가둔다.

③ 활용도가 높은 고분자 흡수체

많은 물을 담을 수 있는 고분자 흡수체는 종이 기저귀 외에도 음식을 차갑게 유지하는 보냉팩이나 공업용 제품에도 이용되어요.

물질은 무엇으로 이루어져 있을까?

10월 7일
읽은 날: 월 일

궁금증 해결!

세상의 모든 물질은 원자라는 작은 입자로 이루어져 있다.

사람도 원자의 집합체라고 할 수 있어요.

찾았다, 비밀!

① 원자는 물질을 이루는 가장 작은 입자

원자는 물질을 이루는 가장 작은 입자예요. 어떤 물질을 더 이상 쪼갤 수 없을 때까지 쪼개면 결국 원자가 남지요. 원자는 전자(▶393쪽)라는 입자가 원자핵 주위를 맴도는 구조예요.

② 양성자 수가 원자의 번호

원자핵은 양성자와 중성자가 결합한 형태예요. 원자핵 내 양성자의 수가 원자 번호의 기준이에요. 예를 들어 양성자가 하나인 수소 원자는 원자 번호가 1이고, 양성자가 두 개인 헬륨 원자는 원자 번호가 2예요.

③ 원자 번호가 클수록 무겁다

원자는 양성자가 많을수록 무거워져요. 철의 원자 번호가 26이고, 금의 원자 번호가 79라는 것은 금이 철보다 양성자가 많다는 뜻으로, 금이 훨씬 무겁다는 것을 나타내지요.

원자핵 속의 양성자 개수는 전자의 수와 같아요.

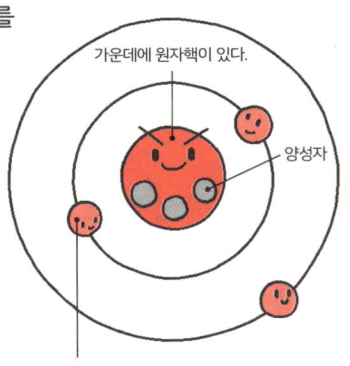

가운데에 원자핵이 있다.
양성자
전자가 원자핵 주변을 돈다.

감자를 먹으면 왜 방귀가 나올까?

10월 8일 읽은 날: 월 일

? 퀴즈

> 방귀를 나오지 않게 하는 방법은 없을까요?

❶ 장운동이 활발해진다.
❷ 간 작용이 활발해진다.
❸ 혈액 일부가 가스로 바뀐다.

정답 ❶ 감자의 식물 섬유가 장의 운동을 촉진해서 방귀가 나온다.

🔍 찾았다, 비밀!

> 방귀는 장이 건강하다는 증거! 너무 오래 참으면 몸에 좋지 않아요.

① 장 속에 사는 수많은 세균

우리 몸의 장 속에는 수많은 세균이 살아요. 장내 세균은 소화액만으로 미처 소화되지 못한 음식물을 분해해서 소화를 돕거나 비타민을 합성하고, 외부로부터 침입한 균의 공격을 막는 역할을 해요.

② 장내 세균이 음식 찌꺼기를 분해하면 방귀가 된다

장내 세균이 음식 찌꺼기를 분해하면 인돌, 스카톨, 메탄 등 가스가 발생해요. 가스들이 음식을 먹으면서 삼킨 공기와 섞여서 항문으로 빠져나가는 현상이 바로 방귀예요.

③ 감자의 식물 섬유가 장운동을 활발하게 한다

감자가 가진 식물 섬유 성분은 장내 세균의 활동을 촉진시켜요. 감자를 먹으면 음식물의 분해가 활발하게 진행되어 방귀가 많이 나와요.

식물의 가시에는 어떤 기능이 있을까?

10월 9일
읽은 날: 월 일

💡 궁금증 해결!

선인장, 장미, 쐐기풀처럼 날카로운 가시가 있는 식물은 생각보다 많아요.

몸을 지키는 무기, 물의 증발을 막는 장치 등 여러 역할을 담당한다.

🔍 찾았다, 비밀!

① 동물의 위협을 막는 보호 장치

선인장은 특히 가시가 많은 식물이에요. 동물은 가시가 많으면 먹기 어려워서 피해요. 이 덕분에 선인장은 야생에서 살아남을 수 있어요.

② 원래는 잎이었던 식물의 가시

선인장은 사막의 건조한 지대에서 자라는 사막 식물이에요. 선인장의 가시는 잎이 변한 것으로 줄기가 메마르지 않게 도와요. 가시는 잎에 비해 표면적을 줄인 만큼 물의 증발을 최대한 막을 수 있어요.

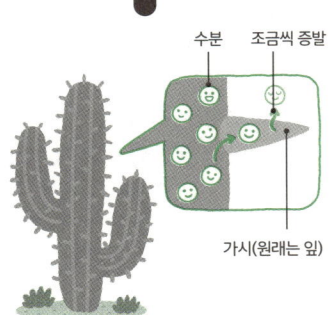

표면적이 좁은 가시에서는 수분이 잘 증발하지 않아요.

수분 조금씩 증발

가시(원래는 잎)

③ 아직 밝혀지지 않은 장미 가시의 역할

아름다운 꽃을 피우는 장미도 줄기에 가시가 자라 있어요. 다만, 장미 가시의 역할은 분명하게 알려지지 않았어요. 선인장처럼 동물이 다가오지 못하게 하거나, 가시를 갈고리처럼 사용해서 줄기를 지탱하려는 목적이 아닐까 추측해요.

우주·지구

임무를 완료한 인공위성의 미래는?

10월 10일
읽은 날: 월 일

? 퀴즈

❶ 그대로 우주에 방치된다.
❷ 우주 비행사가 가져온다.
❸ 태양 빛에 녹아 사라진다.

정답 ❶ 낡은 인공위성은 우주에 떠 있는 상태로 버려진다.

우주도 지구처럼 쓰레기 문제로 골치 아파요.

🔍 찾았다, 비밀!

① 우주에 넘쳐나는 우주 쓰레기

고장이 나거나 더 이상 필요가 없어진 인공위성은 그대로 우주에 버려져요. 우주를 맴도는 인공위성과 로켓의 잔해를 '우주 쓰레기'라고 해요.

쓰레기와 충돌하지 않기 위해서 세계 각국이 상황을 감시하고 있어요.

② 매우 위험한 우주 쓰레기

수많은 우주 쓰레기가 지구 주변을 빠른 속도로 돌고 있어요. 아무리 작은 크기라고 해도 우주 비행사가 탄 로켓 등과 충돌하면 큰 사고로 이어지고 말아요.

③ 우주 쓰레기를 줄이는 연구

우주 쓰레기 때문에 일어나는 사고를 미리 예방하기 위해서 최대한 우주 쓰레기가 생기지 않게 만들거나, 청소하는 기능을 가진 인공위성을 개발하는 연구가 진행되고 있어요.

체온은 몇 도까지 올라가도 괜찮을까?

10월 11일
읽은 날: 월 일

❓ 퀴즈

❶ 38도
❷ 41도
❸ 45도

정답 ❷ 41도를 넘으면 신체 조직에 이상이 생기기 시작한다.

> 40도를 넘지 않으면 아직 괜찮다고 할 수 있겠지만….

🔍 찾았다, 비밀!

> 발열은 세균과 바이러스를 없애기 위해 싸우고 있다는 증거예요.

① 발열은 몸을 지키는 신체 반응

질병을 일으키는 세균과 바이러스가 몸속에 들어오면, 신체 곳곳에서 몸을 지키기 위한 다양한 반응이 나타나요. 열이 나는 것도 몸을 지키는 반응 중 하나예요.

② 세균과 바이러스를 퇴치하는 면역 세포

면역 세포는 몸속에 들어온 세균과 바이러스를 공격해요. 면역 세포는 높은 온도에서 더욱 활발하게 활동하므로, 우리 몸은 체온을 높여서 면역 세포를 활성화시켜 세균과 바이러스를 제거해요.

③ 체온이 41도에 다다르면 위험하다?

사람의 체온이 41도까지 올라도 열로 인한 직접적인 피해가 발생하지는 않아요. 하지만 체온이 더 높아지면 피부에서 수분이 증발해 몸속 수분이 부족해져요. 또 장기들은 제대로 기능하지 않으며, 뇌가 손상을 입어 잘못하면 생명까지 잃을 수도 있어요.

 자연

산꼭대기가 산 아래보다 추울까?

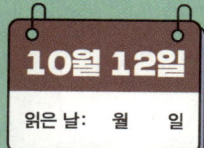
10월 12일
읽은 날: 월   일

궁금증 해결!

산꼭대기의 온도는
산 아래보다 낮아서 춥다.

등산할 때는 기온 변화를 잘 살펴야 해요.

 찾았다, 비밀!

① 산 위보다 산 아래가 따뜻하다

산 아래는 햇볕을 받아 데워진 땅이 주변 공기의 온도를 높여서 따뜻해요. 반면 산 위는 바람이 강하게 부는 경우가 많아서 따뜻한 공기가 머물지 못하고 날아가 버려요.

② 기압이 낮은 산 위

산 위는 공기가 별로 없어요. 중력의 영향으로 공기가 고도가 낮은 곳에 모이기 때문이에요. 따라서 산 위는 기압이 낮아 공기의 부피가 커져요.

산 위는 기압이 낮아서 산 아래에서 올라온 공기가 팽창해요.

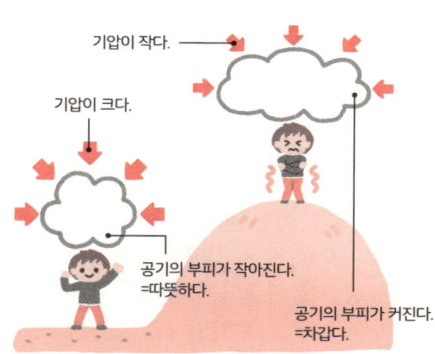

③ 부피가 팽창하면 내려가는 온도

기압이 낮은 산 정상에서 공기의 부피는 팽창해요. 공기가 팽창하면서 에너지를 사용하므로 공기의 온도는 내려가요.

일상과학

열기구는 어떻게 공중에 떠 있을까?

10월 13일
읽은 날: 월 일

💡 궁금증 해결!

공기를 뜨겁게 데워서 팽창시키는 방법으로 떠오른다.

열기구는 공기를 뜨겁게 데우는 버너가 꼭 필요해요.

공기를 팽창시켜서 기구 속에서 공기를 쫓아내요.

🔍 찾았다, 비밀!

① 온도에 따라 변하는 공기의 무게

온도가 올라가면 공기의 무게는 가벼워지고, 온도가 내려가면 공기는 무거워져요. 열기구는 온도에 따라 크고 작아지는 공기의 무게를 이용해서 떠오르기도 하고, 내려가기도 해요.

② 버너로 공기를 데운다

열기구 속에는 공기가 들어 있어요. 하늘에 떠오를 때는 버너를 사용해서 열기구 속 공기를 따뜻하게 데워요. 온도가 올라가 공기가 팽창하면 가벼워져서 하늘에 둥실 떠오르지요.

차가운 공기가 수축한다.

따뜻한 공기가 팽창한다.

③ 공기를 식혀서 착륙하는 열기구

다시 땅으로 내려가고 싶을 때는 기구 위쪽에 뚫려 있는 작은 구멍으로 따뜻한 공기를 배출해요. 또 버너를 꺼서 기구 속 공기를 차갑게 식혀 공기를 무겁게 만들지요.

발명

윌버 라이트·오빌 라이트
(1867~1912)·(1871~1948)

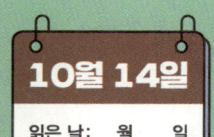
10월 14일
읽은 날: 월 일

❓ 어떤 사람일까?

세계에서 처음으로 비행기를 타고 비행에 성공한 라이트 형제

라이트 형제 중 동생은 세계 최초로 비행기 사고를 일으킨 인물이기도 해요.

👤 대단한 과학자!

① 자전거 가게를 운영하며 비행기 연구

라이트 형제는 미국 오하이오에서 태어났어요. 두 사람 모두 기계를 좋아해서 기계 장난감과 자전거를 파는 가게를 운영했어요. 두 사람은 독일의 비행기 연구가인 오토 릴리엔탈이 사람이 탈 수 있는 글라이더를 개발한 것에 영향을 받아서 비행기 연구를 시작했어요.

1903년 시험 비행에서 약 260미터를 날았어요.

② 세계에서 처음으로 엔진을 장착한 비행기를 개발

여러 번 실험을 되풀이한 끝에 라이트 형제는 '라이트 플라이어'라는 비행기를 완성했어요. 그리고 1903년에 역사상 처음으로 엔진을 사용한 비행기의 비행에 성공했어요.

③ 없어서는 안 될 중요한 교통수단이 된 비행기

그 후 비행기 제작 기술은 눈부신 발전을 거듭했어요. 군용기가 개발되었고, 사람을 태우는 여객기와 물건을 나르는 수송기까지 등장했지요. 오늘날 비행기는 우리 생활에서 아주 중요한 교통수단으로 자리매김했어요.

생선을 말리면 더 맛있어진다?

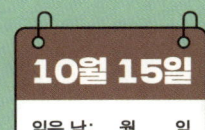

궁금증 해결!

생선을 말리면 감칠맛 성분이 더욱 진해지거나 많아진다.

수분이 날아가서 썩을 위험도 줄어들어요.

찾았다, 비밀!

① 생선을 말려서 만드는 건어물

생선 등을 말린 것을 '건어물'이라고 해요. 생선을 건어물로 만들면 오랫동안 보관할 수 있을 뿐만 아니라 더 맛있어져요.

② 수분을 제거하면 풍부해지는 감칠맛

건어물이 가진 감칠맛의 첫 번째 비결은 수분 제거예요. 수분이 빠지면 효소의 작용으로 생선의 단백질이 감칠맛 성분으로 바뀌면서 풍미가 더욱 진해져요.

③ 소금물에 적시면 바싹 마르지 않는다

생선 건어물을 만들 때는 소금물에 담가요. 그러면 생선 껍데기가 부풀어서 수분이 너무 많이 빠져나가는 현상을 막아 주어요. 건어물이면서 바싹 마르지 않아 탱탱한 식감을 유지할 수 있어요.

수분이 빠져나가서, 더욱 짙은 감칠맛이 나요.

동물은 충치가 안 생긴다?

10월 16일
읽은 날: 월   일

❓ 퀴즈

❶ 태어날 때부터 충치가 있다.
❷ 보통은 충치가 안 생긴다.
❸ 육식 동물만 충치가 생긴다.

정답 ❷ 동물 먹이에는 충치의 원인이 되는 당분이 없다.

충치의 원인은 역시 달콤한 음식이었군.

🔍 찾았다, 비밀!

① 충치의 주요 원인은 당분

충치를 만드는 결정적인 원인은 설탕과 같은 당분이에요. 입안의 충치균(스트렙토코쿠스 무탄스)이 당분을 양분으로 삼아 이빨을 녹이는 산을 내뿜어 충치가 생겨요.

② 야생 동물은 충치가 잘 안 생긴다

야생 동물이 먹는 음식에는 당분이 거의 없어요. 그래서 충치가 생길 가능성이 적어요. 하지만 사냥을 하다가 엄니가 부러지면 세균이 침투해 이빨이 썩기도 해요.

③ 동물원에 사는 동물은 충치가 생기기 쉽다

동물원에 있는 동물은 야생 동물보다 충치가 생기기 쉬워요. 동물원에서는 몰래 당분이 들어간 음식을 던져 주는 관람객이 간혹 있어요.(아무 먹이나 주면 안 돼요!) 또, 동물원의 동물은 야생 동물보다 수명이 긴 경우가 많은데, 그만큼 치아를 오래 사용하기 때문에 치아가 닳아서 충치가 생길 가능성이 높아요.

반려동물도 과자를 먹이면 충치가 생길 수 있으니 주의해야 해요.

우주·지구

달의 모양은 왜 계속 변할까?

10월 17일
읽은 날: 월 일

💡 궁금증 해결!

빛이 닿는 부분에 따라
눈에 보이는 달의 모습이 달라진다.

달은 스스로 빛을 내지 않아요.

🔍 찾았다, 비밀!

① 태양 빛을 반사해서 빛을 내는 달

달은 스스로 빛을 내지 않고 태양의 빛을 반사해서 빛나요. 따라서 태양을 향한 쪽은 빛을 반사해서 밝지만, 반대쪽은 어두워요.

② 매일 바뀌는 달의 모양

달은 지구 주변을 약 30일에 걸쳐서 한 바퀴씩 돌고 있어서 태양과 달과 지구의 위치 관계가 매일 달라져요. 그래서 우리에게 보이는 달의 밝은 부분도 매일 바뀌지요.

③ 보름달과 초승달과 삭

달의 전체 모습이 보이면 '보름달', 달의 일부만 가늘게 보이면 '초승달'이에요. 밝은 부분이 전혀 보이지 않으면 '삭'이라고 불러요.

달의 위치가 바뀌면 태양 빛이 닿는 부분도 달라져요.

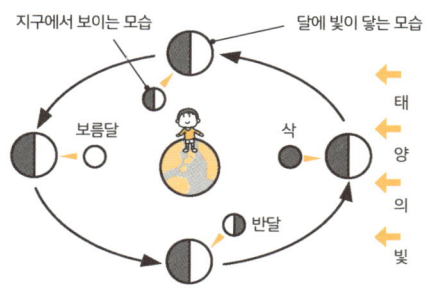

사람은 몇 살까지 살 수 있을까?

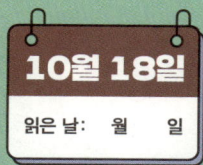

10월 18일
읽은 날: 월 일

? 퀴즈

100세도 충분히 장수했다고 할 수 있지만, 더 오래 살 수도 있어요.

❶ 약 120세
❷ 약 140세
❸ 약 160세

정답 ❶ 세포 분열의 한계로 짐작할 때 약 120세가 최대 수명으로 여겨진다.

🔍 찾았다, 비밀!

병에 걸리지 않고, 건강한 상태로 마지막을 맞이할 수 있으면 좋겠어요.

① 세포는 분열하며 새로 태어난다

생물의 몸은 세포가 모여서 이루어져요. 세포는 하나의 세포가 두 개로 나뉘는 세포 분열을 반복하면서 항상 새로운 세포로 다시 태어나지요.

② 50번밖에 분열하지 못하는 사람의 세포

하지만 동물은 세포가 분열할 수 있는 횟수가 정해져 있어요. 사람의 경우는 50번 정도예요. 50번 가까이 분열한 세포는 새로 태어나지 못하고 생명력을 잃지요.

③ 사람의 최대 수명은 120세?

장기와 피부 세포가 최대 분열 횟수에 도달하면 노화가 시작되고 죽음에 다가가게 되어요. 세포 분열 횟수로 미루어 짐작하면, 사람은 최대 약 120세까지 살 수 있다고 해요.

자연

구급차 사이렌에는 높낮이가 있다?

10월 19일
읽은 날: 월 일

💡 궁금증 해결!

구급차가 멈춰 있으면 어디에서 들어도 같은 소리로 들려요.

구급차가 이동하면서 앞과 뒤에서 들리는 소리의 파장이 다르다.

🔍 찾았다, 비밀!

① 평소에는 어디에서나 같은 소리

소리가 퍼지는 흐름과 흐름의 간격을 '파장'이라고 해요. 파장이 짧을수록 소리는 높게 들리고, 길수록 낮게 들려요. 멈춰 있는 구급차의 사이렌은 어느 장소에서나 같은 소리로 들려요.

② 구급차 앞쪽에서는 높은 소리

구급차가 달리는 방향에서는 파장이 짧고, 반대쪽은 길어져요.

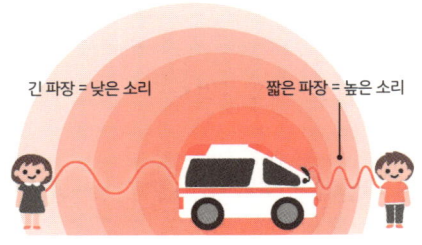

긴 파장 = 낮은 소리   짧은 파장 = 높은 소리

구급차가 달리면 앞쪽에 달린 사이렌을 구급차가 따라가는 모양이 되기 때문에 구급차의 앞쪽 파장이 짧아져요. 그래서 구급차가 가까이 다가오면 소리가 높게 들려요.

③ 뒤쪽에서는 소리의 파장이 길어진다

한편 구급차의 뒤쪽은 사이렌에서 멀어지므로 파장이 길어지고 원래 소리보다 낮게 들려요. 이처럼 움직이는 물체의 앞뒤에서 파장이 달라지는 현상을 '도플러 효과'라고 해요.

일상과학 — 철길 아래에는 왜 자갈이 깔려 있을까?

10월 20일
읽은 날: 월 일

? 퀴즈

❶ 철길이 녹스는 현상을 방지한다.
❷ 철길이 가라앉는 것을 막는다.
❸ 열차가 탈선해도 주변 피해를 줄인다.

> 정답 ❷ 열차의 무게를 분산해서 철길이 바닥에 박히지 않도록 한다.

열차의 무게를 지탱하는 방법이에요.

🔍 찾았다, 비밀!

밸러스트로 사용하는 자갈의 크기가 너무 크거나 너무 작으면 효과가 떨어져요.

① 철길이 가라앉지 않게 돕는 밸러스트

철도의 선로에 깔거나 콘크리트에 섞는 자갈을 '밸러스트'라고 해요. 밸러스트는 균형을 잡기 위해 바닥에 놓는 무거운 물체예요. 철길에 사용하는 밸러스트는 단단한 돌을 깨서 만든 자갈이에요. 침목※을 고정하고, 열차의 무게를 바닥 전체로 넓게 분산시켜 철길이 가라앉는 현상을 방지해요.

※ 침목: 철길 아래에 까는 나무 혹은 콘크리트 토막.

② 진동과 소음도 감소시킨다

밸러스트 사이사이 빈 공간은 열차가 이동하면서 발생하는 충격을 흡수해요. 덕분에 진동이나 소음을 감소시키지요.

③ 빈틈이 있으면 물 빠짐도 좋아진다

밸러스트의 빈 공간은 비가 내렸을 때 물이 빠져나가는 길이 되기도 해요. 배수 기능이 좋아서 빗물이 고이지 않기 때문에 철길을 보호하는 역할을 하지요.

비행기는 어떻게 하늘을 날까?

발명

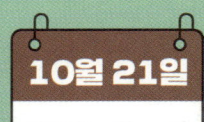

10월 21일
읽은 날: 월   일

궁금증 해결!

날개 위 공기가 옅어지면서 위쪽으로 떠오르는 힘이 생긴다.

> 비행기 날개는 평범한 널판이 아니란 소리로군요!

찾았다, 비밀!

① 날개 위아래의 공기 흐름이 다르다

라이트 형제(▶321쪽)가 만든 평평한 비행기 날개와 달리, 지금의 비행기 날개는 옆에서 보면 위쪽이 부풀어 오른 구조예요. 날개 앞쪽에서 공기가 불어오면 날개 위로는 공기가 빠르게 흐르면서 옅어지고 날개의 아래는 공기가 천천히 흘러서 짙어져요.

② 비행기를 밀어올리는 양력

공기는 짙은 쪽에서 옅은 쪽으로 흐르기 때문에 날개 아래에서 위쪽으로 공기가 움직이면서 비행기를 밀어 올리는 힘이 생겨요. 이것을 '양력'이라고 해요. 비행기는 양력을 이용해서 떠올라요.

③ 추진력을 만드는 프로펠러와 가스

공기의 흐름을 만들기 위해서는 비행기를 힘차게 나아가게 하는 추진력이 필요해요. 비행기는 프로펠러를 회전시키고, 가스를 내뿜으면서 앞으로 전진해 추진력을 얻어요.

날개 모양 때문에 위아래에서 공기 흐름의 차이가 생겨요.

날개의 단면
위쪽: 공기의 흐름이 빠르다.
위로 향하는 양력
아래쪽: 공기의 흐름이 느리다.

맛국물은 무엇일까?

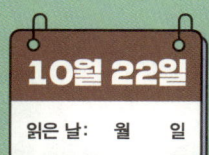

읽은 날: 월 일

퀴즈

음식에서 빼놓을 수 없는 맛이에요!

❶ 감칠맛 액체
❷ 단맛 액체
❸ 짠맛 액체

정답 ❶ 다시마나 말린 생선, 고기 등을 사용해서 감칠맛 성분을 뽑아낸 액체를 말한다.

찾았다, 비밀!

다시마와 가다랑어를 찌면 감칠맛이 가득한 맛국물을 만들 수 있어요.

① 감칠맛 성분이 녹아 있는 맛국물

우리가 느끼는 맛에는 단맛, 짠맛, 신맛, 쓴맛과 더불어 감칠맛이 있어요. 멸치, 다시마, 조개 등 감칠맛을 내는 재료를 우려내서 맛을 낸 국물을 '맛국물'이라고 해요.

② 감칠맛을 내는 다양한 재료

감칠맛을 내는 재료는 각각 다른 성분을 가지고 있어요. 대표적으로 다시마의 '글루타민산', 고기와 생선의 '이노신산', 버섯의 '구아닐산' 등이에요. 맛국물을 낼 때 사용하는 재료를 바꾸면 맛국물의 맛도 달라져요.

③ 일본인이 발견한 감칠맛 성분

일본인은 오랜 옛날부터 맛국물을 사용해서 요리에 감칠맛을 더했어요. 글루타민산도 일본인 연구자가 발견했지요. 감칠맛을 의미하는 '우마미(Umami)'라는 일본어는 전 세계에서 쓰이는 용어가 되었어요.

박쥐는 왜 거꾸로 매달릴까?

10월 23일
읽은 날: 월 일

궁금증 해결!

땅에 똑바로 설 수 없어서 발가락을 걸고 매달려서 쉰다.

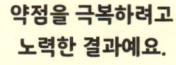
약점을 극복하려고 노력한 결과예요.

찾았다, 비밀!

① 하늘을 날려고 다리 근육을 버린 박쥐

박쥐는 사람과 같은 포유류지만 새처럼 하늘을 날 수 있어요. 하늘을 날려면 가벼워야 하고, 날개를 움직이는 근육이 필요해요. 박쥐는 비행에 중요하지 않은 다리 근육을 최소한만 남기면서 진화했어요.

② 박쥐는 땅을 걸을 수 없다

다리 근육이 쇠퇴한 탓에 박쥐는 땅 위를 걸을 수 없어요. 대신 발가락을 걸고 거꾸로 매달려서 힘들이지 않고 쉬는 방법을 택했어요.

③ 오줌을 쌀 때는 손으로 매달린다

박쥐는 거꾸로 매달린 모습이 기본 자세예요. 하지만 대소변을 볼 때는 손으로 지탱하며 엉덩이를 아래쪽으로 향하게 자세를 고쳐요.

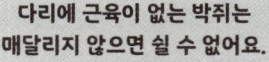
다리에 근육이 없는 박쥐는 매달리지 않으면 쉴 수 없어요.

발가락을 건다.
서 있기 위한 근육이 부족하다.

우주·지구

토성 고리는 무엇으로 이루어져 있을까?

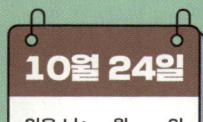

10월 24일

읽은 날: 월 일

❓ 퀴즈

❶ 얼음 조각
❷ 가스
❸ 도넛

정답 ❶ 토성의 고리는 얼음 조각이 대다수이다.

> 고리 속은 여러 가지 물질이 뒤섞여 있어요.

🔍 찾았다, 비밀!

> 토성뿐만 아니라 천왕성과 해왕성도 고리가 있어요.

① 얼음 조각이 모인 토성 고리

토성의 고리를 천체 망원경으로 관찰하면 몇 개의 고리가 평평하게 펼쳐져서 줄무늬처럼 보여요. 각 고리는 몇 센티미터에서 몇 미터 크기인 얼음 조각으로 이루어져 있어요. 토성 고리의 두께는 수십에서 수백 미터예요.

② 혜성의 파편으로 만들어진 토성 고리

토성 고리가 생긴 이유에는 여러 가지 가설이 있어요. 그중 토성 주위를 돌던 위성에 혜성이 부딪혀서 부서지며 생긴 파편이 고리가 되었다는 의견이 가장 많은 지지를 받고 있어요.

③ 남겨진 얼음 조각이 고리가 되었다?

또, 토성과 위성이 만들어지면서 한데 모였던 물질 중에서 우주에 남겨진 얼음 조각이 고리가 되었다는 가설도 있어요.

인체

레몬을 보면 왜 침이 고일까?

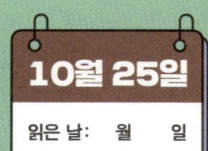
10월 25일
읽은 날: 월 일

궁금증 해결!

뇌가 레몬의 맛을 기억해서 보기만 해도 침이 나온다.

갓난아기라면 레몬을 봐도 침이 나오지 않아요.

찾았다, 비밀!

① 침을 분비하게 만드는 레몬의 신맛

레몬에는 신맛을 내는 구연산이 많이 들어 있어요. 레몬을 먹으면 구연산의 맛을 옅게 만들어서 자극을 줄이려고 침이 많이 나와요.

② 신맛을 알면 보기만 해도 침이 나온다

뇌는 레몬을 먹고 느낀 신맛을 기억해 두어요. 그 이후에는 레몬을 보거나 생각하기만 해도 침이 분비되어요. 만약 레몬을 한 번도 먹어 본 적이 없다면 레몬을 봐도 침이 나오지 않아요.

보기만 해도 신맛에 대한 기억이 되살아나요.

① 레몬을 본다.
② 먹었을 때의 맛이 생각난다.
③ 침이 나온다.

③ 반복하면 반응이 빨라지는 조건 반사

이처럼 같은 일을 여러 번 되풀이하면서 경험을 학습한 뇌가 자동으로 명령을 내리게 되어 반응하는 현상을 '조건 반사'라고 해요.

소리가 울리지 않는 방은 어떻게 만들까?

자연

10월 26일
읽은 날: 월 일

❓ 퀴즈

❶ 소리를 흡수하는 소재로 벽을 만든다.
❷ 스피커 소리로 소리를 덮는다.
❸ 방을 물속에 잠기게 한다.

정답 ❶ 외부에서 들어오는 소리를 막기 위해 소리를 잘 흡수하는 재료를 사용한다.

> 콘서트홀은 방음실과 반대로 소리가 잘 울리도록 만들어요.

🔍 찾았다, 비밀!

① 물체에 부딪혀서 되돌아오는 소리

소리는 물체에 부딪히면 되돌아와요. 만약 방에서 소리를 내면 벽에 부딪혀 울리지요. 목욕탕을 떠올리면 이해가 쉬워요. 소리가 잘 울려서 노래를 부르면 실력이 뛰어난 것처럼 들려요.

> 넓은 방보다 목욕탕에서 소리가 더 잘 울려요.

② 소리의 울림을 줄이는 방음실

소리가 벽에 부딪혀서 울리면 전기 제품이나 악기의 정확한 소리를 측정하기 어려워요. 소리를 검사하는 등의 특수한 상황이라면 소리가 울리지 않는 방음실을 사용해요.

③ 울퉁불퉁한 방음실의 벽면

방음실의 벽은 소리를 잘 전달하지 않는 소재로 만들어요. 벽면은 평평하지 않고 파도처럼 굴곡진 형태예요. 울퉁불퉁한 표면으로 소리를 흡수하여 반사되지 않도록 해요.

 일상과학

헬리콥터는 어떻게 제자리 비행을 할까?

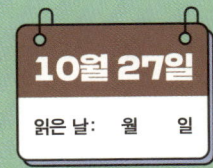

궁금증 해결!

날개의 회전 속도를 조절해 제자리에서 비행할 수 있다.

위로도 아래로도 가지 않도록 조절하지요.

찾았다, 비밀!

① 회전 날개로 뜨는 힘을 만든다

헬리콥터는 회전 날개를 뱅글뱅글 돌려서 아래쪽에 공기 흐름을 만들고 이를 이용해서 위로 들어 올리는 양력을 얻어요. 회전 날개가 빠르게 돌아갈수록 공기가 거세게 흐르고 양력도 커져요.

② 힘의 균형을 조절하는 날개의 회전 속도

회전 날개가 돌아가는 속도를 조절하고 양력과 중력(▶36쪽) 사이의 균형을 맞추면 공중에서 멈출 수 있어요. 이처럼 날면서 공중에 멈추는 것을 '제자리 비행'이라고 해요.

③ 회전 날개를 기울여서 자유롭게 날아간다

앞으로 나아갈 때는 회전 날개를 앞쪽으로 기울여서 공기가 뒤쪽으로 흘러가게 해요. 헬리콥터는 회전 날개가 기우는 방향에 따라서 앞뒤 양옆으로 자유롭게 이동할 수 있어요.

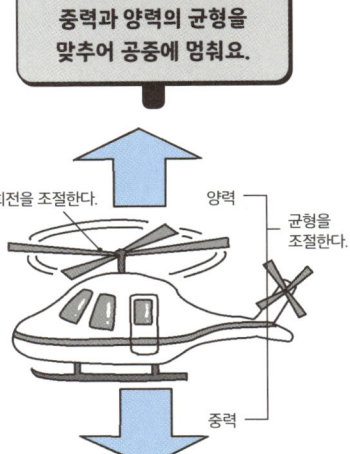

날개 회전의 빠르기로 중력과 양력의 균형을 맞추어 공중에 멈춰요.

발명

알베르트 아인슈타인
(1879~1955)

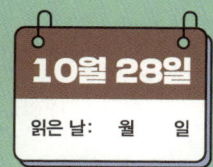
10월 28일
읽은 날: 월 일

? 어떤 사람일까?

물리학의 기초인 상대성 이론을 주장한 위대한 물리학자

원자 폭탄을 반대하는 운동을 펼친 것으로도 유명해요.

대단한 과학자!

① 특허청에서 일하면서 멈추지 않았던 연구

아인슈타인은 독일의 울름에서 태어났어요. 어릴 적부터 물리와 수학을 잘했고, 대학 졸업 후에는 특허청에서 근무하며 물리 연구를 계속했어요.

물리학의 상식을 뒤집은 '20세기의 가장 위대한 물리학자' 라고도 불려요.

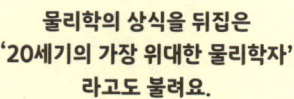

② 빛의 속도는 변하지 않는다는 놀라운 발견

1905년 아인슈타인은 역사적인 논문을 완성했어요. 논문의 핵심은 '시간의 흐름과 공간의 크기는 입장에 따라 다르고, 오직 빛의 속도만 변화가 없다'라는 내용이었지요. 이를 '특수 상대성 이론'이라고 해요.

③ 우주의 비밀을 밝힐 실마리 제공

그로부터 11년 후 특수 상대성 이론을 발전시킨 '일반 상대성 이론'을 발표했어요. 두 가지 상대성 이론은 블랙홀(▶346쪽)을 비롯한 우주의 비밀을 밝혀낼 때 필요한 매우 중요한 이론이에요.

콩나물은 원래 초록색으로 자란다?

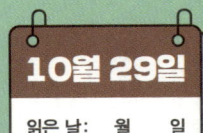

궁금증 해결!

어두운 곳에서 자라면 초록색 색소가 생성되지 않는다.

> 초록색 색소는 광합성을 위한 성분이에요.

찾았다, 비밀!

> 같은 종류여도 밝은 곳에서 키우면 싹이 나오고, 어두운 곳에서 키우면 콩나물이 돼요.

① 평범한 콩나물은 초록색?

콩나물이나 숙주나물은 콩, 녹두 등의 콩류를 기른 채소예요. 콩나물도 보통 식물처럼 키우면 햇빛을 받아 양분을 만드는 광합성을 하므로, 초록색 색소가 생겨 초록색으로 자라요.

햇빛을 쬔다.
싹이 나온다.
콩나물이 된다.
물만으로 키운다.

② 빛을 받지 않으면 하얗게 된다

콩나물과 숙주나물은 빛이 닿지 않는 그늘진 장소에서 길러요. 그러면 광합성이 불가능해져서 초록색 색소가 생기지 않고 새하얀 상태 그대로 자라요. 콩나물과 숙주나물은 싹이 나오고 일주일이 지나면 시장에 출하해요.

③ 햇빛을 받지 않으면 식감이 좋아진다

어두운 곳에서 키우면 세포 하나하나가 커져서, 다른 식물처럼 평범하게 키웠을 때보다 촉촉하고 부드러워요. 그래서 일부러 어두운 환경에서 콩나물을 키워요.

공룡의 몸집은 왜 거대했을까?

생물 | 10월 30일 | 읽은 날: 월 일

? 퀴즈

❶ 먹잇감이 풍부했다.
❷ 사람이 공룡의 유전자를 조작했다.
❸ 지구가 지금보다 컸다.

> 가장 커다란 공룡은 몸길이가 약 30미터나 되었대요!

정답 ❶ 공룡이 먹고 남을 만큼 먹이가 풍부해 공룡의 몸집이 커졌다고 여겨진다.

🔍 찾았다, 비밀!

> 현재 육지에 사는 동물 가운데 가장 큰 아프리카코끼리의 몸길이는 겨우 6미터에 불과해요.

① 풍부하고 다양했던 먹이 환경

공룡은 땅 위에서 살았던 동물치고 몸집이 아주 거대했어요. 공룡이 살던 시대는 지금보다 식물이 자라기 좋은 환경이었어요. 풍부하고 다양한 먹이 덕분에 초식 공룡은 몸집을 키울 수 있었어요.

② 거대한 공룡이 호흡하는 방법

공룡은 폐뿐만 아니라 '기낭'이라는 주머니를 사용해서 호흡했다고 여겨져요. 거대한 공룡의 몸은 많은 산소를 필요로 하는데, 폐로만 호흡하는 것보다 기낭을 함께 사용해서 호흡의 효율을 높일 수 있었어요.

③ 사냥을 하려고 몸을 키운 육식 공룡

초식 공룡의 몸이 거대해지자 몸집이 작은 육식 공룡은 사냥하기가 어려워졌어요. 먹잇감인 초식 공룡이 집채만큼 커지면서 육식 공룡도 덩달아 몸을 키웠다는 가설이 있어요.

우주·지구

지구 말고 물이 흐르는 별이 또 있을까?

10월 31일
읽은 날: 월 일

❓ 퀴즈

❶ 모든 별에는 물이 존재한다.
❷ 많은 별에서 물이 발견된다.
❸ 물은 지구에만 있다.

정답 ❷ 태양계에는 물이 있는 별이 많다.

화성에도 옛날에는 물이 흘렀으리라 추측해요.

🔍 찾았다, 비밀!

① 물이 많은 태양계의 별들

태양계에는 얼음 상태인 경우도 포함하면 물이 있는 별이 많아요. 그중에서도 토성의 위성인 엔켈라두스, 목성의 위성인 유로파에는 생명 활동에 사용할 수 있는 물이 있다고 해요.

유로파는 표면을 뒤덮은 얼음 속에 액체 상태인 물이 있다고 알려져 있어요.

② 태양계 바깥 행성에도 물이 있다

1990년 이후 천체 관측 기술의 발전 덕분에 태양계 바깥의 행성이 차례로 발견되었어요. 이러한 행성 중에는 물이 있을 가능성이 높은 행성도 더러 있어요.

③ 물의 흔적은 생명체 생활의 조건이자 근거

생명이 살아가려면 공기와 물이 필요해요. 물이 있는 별에는 생물이 살고 있거나 살았을 가능성을 생각해 볼 수 있어요.

예방 주사는 왜 맞을까?

11월 1일
읽은 날: 월 일

궁금증 해결!

바이러스 항체를 만들어 바이러스에 감염될 확률을 낮춘다.

독감 예방 주사는 겨울이 본격적으로 시작되기 전에 맞으면 좋아요.

찾았다, 비밀!

① 면역 체계를 이용하는 예방 주사

바이러스가 몸에 침입하면 면역 체계는 바이러스 항체를 만들고 바이러스를 물리쳐요. 바이러스 항체가 만들어지면 이후에 같은 바이러스가 몸에 침입하더라도 감염되지 않아요.

② 예방 주사로 맞는 백신

예방 주사에 사용되는 약을 백신이라고 해요. 특정 질병에 효과가 있는 백신을 주사하면, 신체에서 면역 반응이 일어나 질병에 맞설 항체가 생겨요.

소량의 바이러스를 주사하면 몸 안에 바이러스 항체가 생겨요.

백신에 들어 있는 바이러스의 일부
전용 항체를 만든다.
실제 질병의 바이러스
미리 만들어 둔 항체로 물리친다.

③ 하나의 백신은 하나의 질병에만 효과가 있다

백신에는 바이러스나 세균이 가진 독성을 약하게 조절한 '생백신', 감염력을 제거한 '불활성 백신'이 있어요. 어떤 백신이든 정해진 질병에만 효과를 발휘해요. 그래서 다른 질병에는 전혀 소용이 없어요.

구름과 안개는 무엇이 다를까?

자연

11월 2일
읽은 날: 월 일

❓ 퀴즈

❶ 성분은 같지만 발생 장소가 다르다.
❷ 발생 장소는 같지만 성분이 다르다.
❸ 성분과 발생 장소 모두 다르다.

정답 ❶ 구름과 안개는 모두 물방울로 이루어져 있지만 발생 장소가 다르다.

> 안개는 지면과 가까운 곳에서도 볼 수 있어요.

🔍 찾았다, 비밀!

> 지면의 물방울이 뜨거워져 피어오르듯 아른아른 움직이는 현상은 아지랑이예요.

① 구름과 안개의 정체는 물방울

구름과 안개는 성분이 같아요. 둘 다 공기 중에 포함된 수증기가 차갑게 식으면서 생긴 물방울이 한데 모이면서 만들어져요.

② 하늘 위면 구름, 땅 위면 안개

구름과 안개는 발생하는 장소가 달라요. 구름은 높은 하늘의 공기가 식으면서 공기 속 수증기가 물방울이 되어 뭉쳐져 나타나요. 안개는 땅에 머무는 공기가 차가워지면서 수증기가 물방울로 변해서 생겨요.

③ 산에서는 구별하기 어렵다

구름과 안개를 분명하게 구분하기 어려운 장소도 있어요. 높은 산에 걸린 구름은 산꼭대기에 선 사람에게는 땅에 닿아 있으니 안개로 보이고, 산기슭에서 바라보는 사람에게는 산 위에 있으니 구름으로 보여요.

일상과학

광케이블과 일반 전선의 차이는 무엇일까?

11월 3일
읽은 날: 월 일

? 퀴즈

❶ 광케이블이 전달하는 정보량이 더 많다.
❷ 일반 전선이 전달하는 정보량이 더 많다.
❸ 전달하는 정보량이 똑같다.

정답 ❶ 광케이블은 빛을 이용하기 때문에 더 많은 정보를 전달할 수 있다.

> 빛의 힘을 빌리면 전기보다 편리해요.

🔍 찾았다, 비밀!

> 광섬유는 전선보다 가늘다는 장점도 있어요.

① 인터넷에 사용되는 광케이블

컴퓨터는 케이블로 연결된 회선을 통해 인터넷에 접속해요. 예전에는 일반적인 전선을 사용했지만, 요즘에는 광케이블을 이용해요.

② 전기를 사용하는 전선, 빛을 사용하는 광케이블

일반 전선을 사용한 케이블은 구리선 가닥을 다발로 모아 만든 통신선이에요. 전기 신호를 이용해 정보를 주고받아요. 한편 광케이블은 광섬유 다발을 묶어서 만들어요. 빛을 깜빡거려서 정보를 주고받아요.

③ 빛의 점멸 신호로 많은 정보를 보낸다

빛이 깜빡이는 점멸 신호를 이용하면 전기 신호보다 훨씬 많은 정보를 한 번에 보낼 수 있어요. 또 광케이블 신호는 쉽게 약해지지 않아서 멀리 떨어져 있어도 정확하게 정보를 전달해요.

발명

타임머신을 실제로 만들 수 있을까?

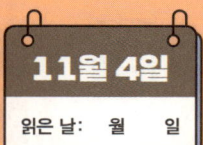

11월 4일
읽은 날: 월 일

💡 궁금증 해결!

실제로 만들기는 어렵지만 이론적으로는 가능하다.

> 미래에 사는 사람이 이미 왔다 갔을 가능성은?

🔍 찾았다, 비밀!

① 움직이면 시간이 느리게 흐른다?

특수 상대성 이론(▶335쪽)에 따르면 빛의 속도는 항상 일정해요. 그런데 빛을 쫓으면 당연히 그만큼 빛의 속도가 느려 보여야 하는데, 이상하게도 빛의 속도는 변하지 않아요. 그 이유는 빛을 따라잡으려고 움직이는 사람의 시간이 느리게 흐르기 때문이에요.

② 빛의 속도 절반만큼 움직이면 시간은?

예를 들어 빛의 속도(초속 30만 킬로미터) 반절 정도의 빠르기로 움직이면, 시간은 약 0.87배 정도 빠르기로 흘러요. 만약 1년이라는 시간 동안 빛의 절반 속도로 움직이면 실제로 흐른 시간은 10개월 반밖에 되지 않아요.

> 고속으로 움직이면 주변보다 시간의 흐름이 느려져요.

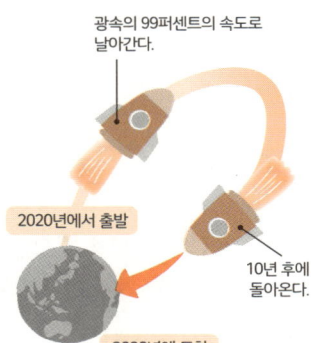

광속의 99퍼센트의 속도로 날아간다.
2020년에서 출발
10년 후에 돌아온다.
2090년에 도착

③ 어쩌면 미래로 갈 수 있을지도 모른다?

이러한 생각을 응용하면 미래에 갈 수 있을 법해요. 하지만 빛처럼 빠르게 움직이는 탈것을 만들기란 만만치 않아요. 또 과거로 시간을 되돌리는 것은 훨씬 어려워요.

새우와 게를 삶으면 왜 빨갛게 변할까?

11월 5일
읽은 날: 월 일

궁금증 해결!

가지고 있던 빨간 색소가 열을 받으면 빨갛게 변한다.

연어의 속살이 붉은색인 것도 같은 색소를 갖고 있기 때문이에요.

찾았다, 비밀!

① 빨간 색소를 가진 새우와 게

새우와 게의 몸에는 '아스타크산틴'이라는 붉은 색소가 있어요. 새우와 게가 살아 있을 때에는 아스타크산틴이 단백질과 결합하여 검은색을 띠어요.

② 삶으면 붉게 변하는 아스타크산틴

새우와 게를 삶거나 구우면 붉게 변해요. 아스타크산틴은 열을 받으면 단백질과 분리되어 원래의 붉은 색깔로 돌아오기 때문이에요.

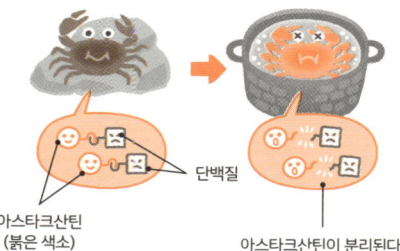

삶으면 빨간 색소와 단백질의 결합이 약해져요.

아스타크산틴 (붉은 색소)
단백질
아스타크산틴이 분리된다.

③ 먹이에서 아스타크산틴을 저장한다

새우와 게는 아스타크산틴을 가지고 태어나지 않아요. 플랑크톤을 비롯한 먹이를 먹으면 먹이에 있던 아스타크산틴이 몸에 저장되지요. 아스타크산틴이 없는 사료를 먹고 자란 새우와 게는 몸에 아스타크산틴이 없으므로 삶아도 붉게 변하지 않아요.

고래는 왜 몸집이 클까?

11월 6일
읽은 날: 월   일

? 퀴즈

❶ 차가운 바다에서 살아서.
❷ 따뜻한 바다에서 살아서.
❸ 상어에게 잡아먹히지 않으려고.

> 정답 ❶ 차가운 바다에서는 몸이 큰 편이 살아남기에 유리하다.

남극해의 수온은 거의 0도! 사람의 몸으로는 버틸 수 없는 온도예요.

🔍 찾았다, 비밀!

① 처음에는 육지에 살았던 고래

원래 육지에 살았던 고래는 5,000만 년 전쯤부터 물속으로 터전을 옮기면서 지금의 모습으로 진화했어요. 서식지를 옮기면서 몸집이 지금처럼 커졌어요.

② 체온 유지에 적합한 거대한 몸집

동물은 몸집이 클수록 적에게 공격받을 위험이 사라지고, 차가운 물속에서도 체온을 유지하기 쉬워요. 또, 몸집이 크면 먹이를 찾아서 아주 멀리까지 헤엄칠 수도 있어요.

③ 몸집이 작으면 적은 먹이로 살아간다

거대한 몸집을 유지하려면 엄청나게 많은 먹이가 필요해요. 돌고래를 비롯한 일부 고래는 적게 먹어도 충분하게끔 몸집을 너무 키우지 않는 방향으로 진화했어요.

1년 동안 북쪽에서 남쪽으로 수천 킬로미터를 이동하는 고래도 있어요.

블랙홀의 정체는 무엇일까?

11월 7일
읽은 날: 　월　　일

궁금증 해결!

무거운 별이 폭발하여 생기는, 강력한 중력을 지닌 천체이다.

블랙홀의 가장 유력한 후보는 백조자리에 있어요.

찾았다, 비밀!

① 초신성이 폭발하고 생긴 블랙홀

태양의 약 30배 이상의 무게를 가진 별은 진화의 마지막 단계에서 폭발을 일으킨 뒤, 자신의 중력(▶36쪽)을 이기지 못하고 중심을 향해 빨려 들어가듯 쪼그라들어요. 이러한 과정으로 생긴 천체가 작지만 강력한 '블랙홀'이에요.

② 밀도가 커질수록 커지는 중력

천체가 물체를 끌어당기는 중력은 천체의 밀도가 클수록 커져요. 크기는 작지만 무거운 블랙홀은 밀도가 엄청나게 커서 물체는 물론이고 빛까지 집어삼켜요.

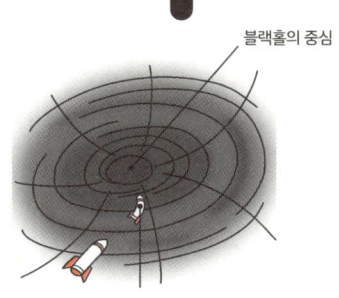

블랙홀은 중심부에 가까운 곳일수록 매우 세게 빨아들여요.

블랙홀의 중심

중심에 가까운 부분이 길게 늘어난다.

③ 2019년에 성공한 블랙홀 촬영

2019년에 세계에서 처음으로 블랙홀을 직접 촬영하는 데 성공했어요. 이전까지는 블랙홀에서 흘러나오는 전파 등을 통해서 겨우 관측하는 수준이었어요. 블랙홀이 빛을 흡수하기 때문에 오랜 시간 동안 실제 모습을 확인할 수 없었지요.

긴장하면 왜 심장이 두근거릴까?

11월 8일
읽은 날: 월 일

❓ 퀴즈

1. 혈액의 양이 많아진다.
2. 신체 활동이 억제된다.
3. 신체 활동이 활발해진다.

정답 ❸ 긴장하면 몸의 활동을 활성화시키는 교감 신경이 작용해 심장이 두근거린다.

> 긴장하면 땀이 나는 이유도 마찬가지예요.

🔍 찾았다, 비밀!

① 몸의 활동을 조절하는 자율 신경

우리 몸에는 심장 박동, 호흡, 소화와 같은 신체 일부를 자동으로 움직이도록 조절하는 신경이 있어요. 바로 '자율 신경'이에요. 자율 신경은 '교감 신경'과 '부교감 신경' 두 가지로 나뉘어요.

② 몸의 활동을 재촉하는 교감 신경

신체 활동을 활성화하는 자율 신경은 교감 신경이에요. 교감 신경이 자극을 받으면 근육의 움직임이 많아지면서 호흡과 심장이 빨라지고 땀이 나요.

③ 기분에 민감하게 반응하는 자율 신경

자율 신경은 우리 기분에 무척 민감해요. 만약 우리 몸이 긴장하게 되면 교감 신경이 작용하여 심장이 두근두근 뛰고 숨이 가빠져요.

> 부교감 신경은 몸을 안정시킬 때 작용해요.

 자연

겨울에는 왜 입김이 하얗게 보일까?

11월 9일
읽은 날: 월 일

💡 궁금증 해결!

하얀 입김의 정체는 냉각되면서 물방울로 변한 수증기다.

수증기는 눈에 보이지 않아요.

🔍 찾았다, 비밀!

① 입김에 들어 있는 수분

우리가 내뱉는 입김에는 수분이 들어 있어요. 다만 수분은 기체인 수증기 상태라서 눈에 보이지 않아요.

② 수증기가 적은 겨울 공기

공기에 녹아 있을 수 있는 최대 수증기의 양은 정해져 있고, 온도가 낮아질수록 최대 수증기의 양은 적어져요. 기온이 낮은 겨울이면 공기가 머금을 수 있는 수증기의 양이 매우 적어요.

③ 미처 섞이지 못한 수증기가 하얀 입김이 된다

몸에서 나오는 입김은 겨울의 차가운 공기보다 많은 수증기를 담고 있어요. 입김이 차가운 공기를 만나 온도가 갑자기 내려가고, 겨울의 찬 공기에 받아들여지지 못한 수증기는 물방울로 변해 우리 눈에 하얗게 보여요.

밖으로 나와 차갑게 식은 수증기가 미세한 물방울로 바뀌어요.

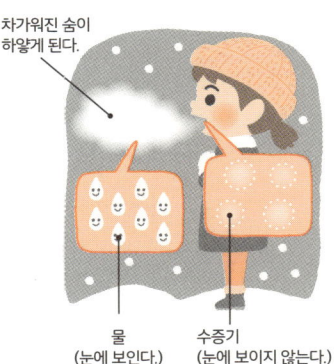

차가워진 숨이 하얗게 된다.

물 (눈에 보인다.)
수증기 (눈에 보이지 않는다.)

일상과학 디지털카메라는 어떻게 사진을 찍을까?

11월 10일
읽은 날: 월 일

❓ 퀴즈

❶ 물을 이용해서 기록한다.
❷ 거울을 이용해서 기록한다.
❸ 센서를 이용해서 기록한다.

정답 ❸ 세 종류 센서의 반응 차이를 색깔로 기록한다.

사진을 자세히 보면 많은 색깔의 입자가 나란히 늘어선 모습을 볼 수 있어요.

🔍 찾았다, 비밀!

① 카메라 렌즈 속에 센서가 있다

빨간색, 파란색, 초록색의 빛을 '빛의 삼원색'이라고 해요. 이 세 종류의 빛으로 모든 색을 표현할 수 있어요. 카메라의 렌즈 속에는 빛의 삼원색에 반응하는 화상 센서가 장착되어 있지요.

② 세 종류의 센서로 이루어진 화상 센서

화상 센서는 세 개의 센서로 이루어져 있고, 세 가지 색깔과 일대일로 반응해요. 그리고 렌즈에 들어온 색에 따라 센서는 각각 다른 전기 신호를 내보내요.

③ 카메라 한 대에 수백만~수천만 개의 화상 센서가 있다

한 대의 디지털카메라에 있는 화상 센서의 숫자는 수백만~수천만 개예요. 각각의 센서가 내보내는 전기 신호의 차이를 색깔로 기록하여 사진으로 저장해요.

카메라의 구조는 사람의 눈과 매우 닮았어요.

발명

에른스트 루스카
(1906~1988)

11월 11일
읽은 날: 월   일

? 어떤 사람일까?

전 세계에서 처음으로
전자 현미경을 발명한 물리학자

> 첫 발명부터 노벨상을 받기까지 55년이 걸렸어요.

대단한 과학자!

① 새로운 아이디어로 현미경 발명

> 첫 발명 이후 2년 만에 전자 현미경의 성능을 향상시키는 데 성공했어요.

루스카는 독일의 하이델베르크에서 태어났어요. 전자 공학을 연구하면서 전기가 통하는 코일을 사용하여 전자(▶393쪽)의 흐름(전자선)을 굴절시키는 렌즈를 만들면 어떨까 생각했어요. 이러한 생각을 바탕으로 1931년에 세계에서 처음으로 전자 현미경을 발명했어요.

② 전자 현미경을 꾸준히 개량해 노벨상 수상

루스카는 꾸준히 연구해서 처음에는 17배였던 현미경 배율을 2년 후에는 1만 2,000배로 높였어요. 전기 기술 회사에서 일하면서도 현미경 개량에 몰두했고, 훗날 노벨 물리학상을 받았어요.

③ 바이러스를 볼 수 있는 전자 현미경

전자 현미경으로 그동안 볼 수 없었던 것도 새롭게 볼 수 있게 되었어요. 감기의 원인이 되는 바이러스도 그중 하나였어요.

참마를 만지면 왜 가려울까?

음식

11월 12일
읽은 날: 월 일

궁금증 해결!

참마가 가진 물질이 피부를 찔러 간지럽다.

> 피부를 찌르는 물질은 참마 중심부에는 별로 없어요.

찾았다, 비밀!

① 옥살산칼슘을 가진 참마

참마에는 옥살산칼슘이라는 물질이 들어 있어요. 옥살산칼슘은 우리 눈에 보이지 않을 만큼 작지만, 바늘처럼 뾰족하게 생겼어요.

② 가려움을 유발하는 옥살산칼슘

참마를 맨손으로 만지면 옥살산칼슘의 결정이 피부를 찔러 신경을 자극하기 때문에 우리는 가렵다고 느껴요. 괭이밥이나 파인애플도 옥살산칼슘을 가지고 있어요.

> 참마의 성분 결정은 바늘처럼 뾰족해요.

옥살산칼슘의 결정

③ 가려움을 줄이는 온수와 식초

옥살산칼슘은 열과 산에 약하기 때문에 따뜻한 물에 가려운 부위를 담그거나, 산의 일종인 식초를 바르면 가려움이 가라앉아요. 만지기 전에 손에 식초를 발라 두는 것도 가려움을 줄이는 효과적인 방법이에요.

생물

숲은 왜 낙엽으로 뒤덮이지 않을까?

11월 13일
읽은 날: 월 일

궁금증 해결!

낙엽은 여러 동물을 거치며 점점 작아진다.

동물들이 활동하면서 점점 푹신푹신한 땅으로 변해요.

찾았다, 비밀!

① 결국 흙이 되는 낙엽

가을이 되면 숲에는 낙엽이 수북하게 쌓여요. 하지만 가을에만 나뭇잎이 떨어지는 건 아니에요. 언제나 푸르른 상록수는 계절과 상관없이 일 년 내내 잎을 떨어뜨려요. 숲이 낙엽으로 가득 채워지지 않는 이유는 땅에 떨어진 낙엽이 흙으로 변하기 때문이에요.

② 낙엽을 먹는 공벌레와 지렁이

땅에 떨어진 나뭇잎은 먼저 공벌레와 지렁이 같은 작은 동물의 먹이가 되어요. 소화되고 남은 찌꺼기는 작은 똥으로 배출되어 흙과 뒤섞이지요.

③ 곰팡이와 세균이 만드는 양분

공벌레와 지렁이의 똥은 곰팡이와 미생물이 분해해서 양분으로 바꿔요. 새롭게 생긴 양분은 숲의 식물들이 흡수해서 성장하는 데 사용하지요.

낙엽은 온갖 생물들의 힘으로 점점 잘게 쪼개져요.

공벌레와 지렁이가 먹는다.

곰팡이와 세균이 분해한다.

우주·지구
지구는 언제 태어났을까?

11월 14일
읽은 날: 월 일

❓ 퀴즈

❶ 약 200만 년 전
❷ 약 46억 년 전
❸ 약 100억 년 전

정답 ❷ 지구는 약 46억 년 전에 태양 주변을 떠도는 먼지와 가스가 한데 모여서 생겼다.

지구가 태어나지 않았으면, 사람도 없었겠지요.

🔍 찾았다, 비밀!

갓 태어난 지구는 지금의 모습과는 전혀 달랐어요. 불타오르는 행성이었거든요.

① 약 138억 년 전 우주

우주는 지금으로부터 약 138억 년 전에 생겼다고 해요(▶22쪽). 우주가 탄생하고 수억 년이 지나 우주를 떠다니는 먼지와 가스가 뭉쳐서 별이 생겼고, 이러한 별들이 모여서 은하를 이루었어요.

② 약 46억 년 전에 태어난 태양

약 46억 년 전쯤 여러 은하 중 한 곳에서 먼지와 가스가 모여 태양이 생기기 시작했어요. 시간이 지나자 온도와 압력이 높아지면서 지금과 같은 형태로 변했어요.

③ 태양과 비슷한 시기에 태어난 지구

그 무렵 태양 주변에는 많은 먼지가 있었어요. 이 먼지가 여기저기에서 서로 부딪치고 뭉쳐서 커지는 과정을 반복하면서 지구를 비롯한 여러 행성이 태어났어요.

 인체

나이가 들면 왜 흰머리가 날까?

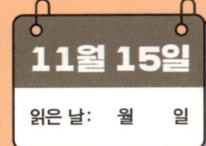
11월 15일
읽은 날: 월 일

궁금증 해결!

나이가 들면 머리카락에 들어 있는 검은 색소가 점차 줄어든다.

> 검은 색소가 털 속에 파고들어 털이 까맣게 자라요.

찾았다, 비밀!

① 머리카락을 검게 만드는 멜라닌

우리 몸에 자라는 털에는 '멜라닌'이라는 검은 색소가 들어 있어요. 머리카락이 검은 이유는 바로 멜라닌 때문이에요.

② 노화로 생기는 흰머리

털이 모근에서 자랄 때 색소 세포(멜라노사이트)에 의해 생성된 멜라닌이 털 속에 파고들어요. 나이가 들면 멜라닌이 줄어들어 머리카락이 하얗게 세요.

> 나이를 먹으면 검은 색소를 만드는 세포가 활동하지 않아요.

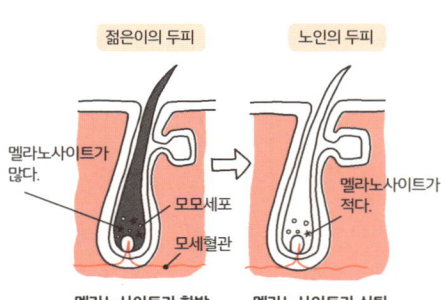

젊은이의 두피 — 멜라노사이트가 많다. 모모세포, 모세혈관. 멜라노사이트가 활발

노인의 두피 — 멜라노사이트가 적다. 멜라노사이트가 쇠퇴

③ 유전, 피로, 영양 부족으로도 자라는 흰머리

파릇파릇한 젊은 나이에 흰머리가 자라서 놀라기도 해요. 젊을 때 흰머리가 자라는 중요한 원인은 스트레스나 피로, 다이어트로 인한 영양 부족 등이에요.

자연 - 높은 곳에서 뛰어내리면 발이 더 아프다?

11월 16일
읽은 날: 월 일

❓ 퀴즈

❶ 떨어지는 속도가 빨라지므로.
❷ 무서운 만큼 아픔을 느껴서.
❸ 공기와의 마찰이 커지므로.

정답 ❶ 중력에 이끌려 떨어지는 속도가 빨라진다.

> 땅에 닿기까지 시간이 오래 걸리면 무슨 일이 생길까요?

🔍 찾았다, 비밀!

> 높은 곳에서 물체를 던지면 낮은 곳에서 던질 때보다 더 빠르게 떨어지는 것도 같은 이유예요.

① 높을수록 커지는 낙하 속도와 충격

높은 장소에서 뛰어내리면 낮은 장소에서 떨어지는 것보다 훨씬 더 아파요. 높은 곳에서 떨어지면 낙하 속도가 더 빨라서 충격이 그만큼 커지기 때문이에요.

② 중력에 의해 빨라지는 낙하 속도

물체가 위에서 아래로 떨어지는 것은 중력(▶36쪽)이 작용하기 때문이에요. 낙하 속도는 중력의 영향을 받아 일정한 주기로 빨라져요. 이 주기를 '가속도'라고 부르지요.

③ 낙하 시간이 길수록 충격이 커진다

지구의 중력으로 생기는 가속도의 크기는 9.8미터퍼 세크제곱(㎧)이에요. 1초마다 속도가 9.8미터씩 빨라진다는 말이에요. 따라서 높은 곳에서 뛰어내리면 땅에 닿을 때까지 시간이 오래 걸리고, 그만큼 낙하 속도와 충격이 커져요.

일상과학 — 일반 전구와 LED 전구의 차이는 무엇일까?

11월 17일
읽은 날: 월 일

? 퀴즈

❶ 똑같다.
❷ 밝기가 다르다.
❸ 빛을 내는 원리가 다르다.

정답 ❸ 일반 전구와 LED(엘이디) 전구는 빛을 내는 물질이 다르다.

전구 속에 각각 다른 물질이 들어 있어요.

🔍 찾았다, 비밀!

LED는 빨간색, 노란색을 띤 초록색, 파란색 순서로 발명되었어요.

① 필라멘트가 빛나는 일반 전구

일반 전구, 즉 백열전구 속에는 텅스텐이라는 금속으로 만든 필라멘트가 들어 있어요. 필라멘트에 전류가 흐르면 전구가 빛을 내요.

② 발광 다이오드가 빛나는 LED 전구

LED 전구 속에는 발광 다이오드 칩이 들어 있어요. 발광 다이오드 칩은 음전기를 띤 n(엔)형 반도체와 양전기를 띤 p(피)형 반도체를 맞붙여서 만들어요.

③ 고효율로 빛을 내는 LED 전구

발광 다이오드 칩에 전기를 흘리면 양전기와 음전기가 두 종류 반도체의 경계에 모여요. 두 종류의 전기가 만나면 전기 에너지의 일부가 빛으로 바뀌지요.

column 06
중요한 과학키워드

반도체

3가지 핵심 포인트

반도체는 불순물의 양, 열과 빛의 영향을 받아 흐르는 전류의 양이 크게 달라져요.

❶ 금속처럼 전기가 통하는 물질을 '도체'라고 한다.
❷ 고무처럼 전기가 거의 통하지 않는 물체를 '절연체'라고 한다.
❸ '반도체'는 도체와 절연체의 중간 성질을 띤다.

실리콘은 대표적인 반도체예요. 불순물을 섞어서 전류가 흐르는 구조를 만들었어요.

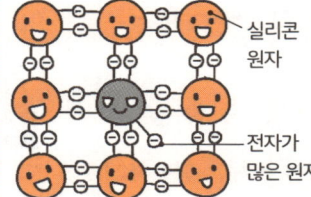

n형 반도체 — 전자가 이동해서 전류가 흐른다. 실리콘 원자 / 전자가 많은 원자

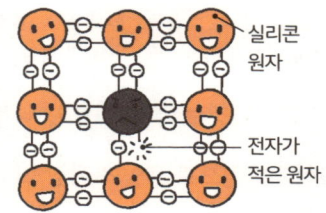

p형 반도체 — 전자가 부족한 부분을 다른 전자로 메우면서 전류가 흐른다. 실리콘 원자 / 전자가 적은 원자

반도체는 다양한 제품에 사용되는 IC(아이시, 집적회로)의 재료예요. 스마트폰에도 들어 있어요.

반도체 구조에는 불순물이 전혀 없는 물이 필요해요. 엄격하게 관리해서 생산된 반도체가 제품에 사용되지요.

발명 | 전자 현미경은 어떻게 미세한 부분까지 볼까?

11월 18일
읽은 날: 월 일

궁금증 해결!

빛보다 파장이 짧은 전자선을 사용한다.

바이러스와 세포 내부는 전자 현미경으로만 관찰할 수 있어요.

고성능 전자 현미경은 대규모 장치가 필요해요.

찾았다, 비밀!

① 빛을 사용해서 물체를 보는 광학 현미경

일반적인 광학 현미경은 물체를 통과한 빛으로 작은 물체를 관찰해요. 빛은 파동의 한 종류로 파장은 400~800나노미터(1만 분의 4~8밀리미터)예요.

② 빛의 파장보다 작은 물체는 볼 수 없는 광학 현미경

광학 현미경으로는 빛의 파장보다 작은 물체는 정확하게 관찰할 수 없어요. 파동이 관찰 대상보다 훨씬 커서 빛이 제대로 반사되지 않기 때문이에요.

③ 파장보다 작은 물체를 볼 수 있는 전자 현미경

루스카(▶350쪽)가 발명한 전자 현미경은 빛 대신 전자(▶393쪽)의 흐름(전자선)을 발사해요. 고성능 전자 현미경의 경우 전자선의 파장은 0.002나노미터(10억 분의 2밀리미터) 정도예요. 덕분에 광학 현미경으로는 볼 수 없는 훨씬 작은 물질을 관찰할 수 있어요.

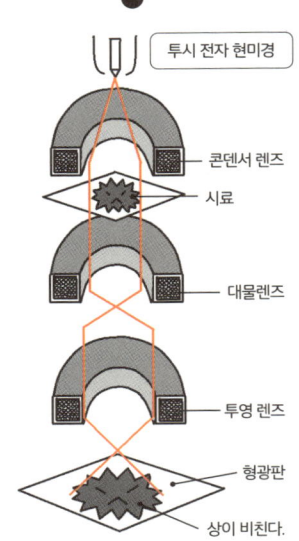

투시 전자 현미경
콘덴서 렌즈
시료
대물렌즈
투영 렌즈
형광판
상이 비친다.

음식

곤약은 무엇으로 만들까?

11월 19일
읽은 날: 월 일

❓ 퀴즈

❶ 구약나물이라는 식물
❷ 곤약조개라는 조개
❸ 곤약물고기라는 생선

정답 ❶ 구약나물의 땅속줄기를 가루 내어 만든다.

> 탱탱한 질감은 어떻게 생길까요?

🔍 찾았다, 비밀!

> 곤약 만들기에 이렇게 많은 정성이 들어갈 줄이야!

① 곤약을 이루는 수분과 식이섬유

곤약의 96~97퍼센트는 수분이에요. 나머지는 대부분 몸에 흡수되지 않고, 장을 편안하게 만드는 식이섬유예요.

② 곤약 원료는 구약나물

곤약의 원료는 구약나물이라는 식물이에요. 곤약을 만들 때는 먼저 구약나물의 땅속줄기를 가루 내어 물과 함께 반죽해요. 그리고 반죽에 석회유※를 넣고 끓인 다음 굳혀요.

※석회유: 수산화칼슘을 10배 정도의 물에 섞어서 죽처럼 만든 흰색 액체.

③ 일부 나라에서만 먹는 곤약

전 세계에서 곤약을 먹는 나라는 한국, 일본, 중국 등 동아시아와 동남아시아의 몇몇 나라뿐이에요. 곤약은 칼로리가 적어서 건강 식품으로 인기가 많아요.

열매가 열리는 은행나무가 따로 있다?

11월 20일
읽은 날: 월   일

? 퀴즈

❶ 나이가 많은 나무
❷ 열매가 달리자마자 누군가 수확한 나무
❸ 암나무와 수나무의 차이

정답 ❸ 열매와 씨앗은 암나무에만 생긴다.

식물의 열매는 왜 열리는지 알고 있나요?

🔍 찾았다, 비밀!

뽕나무나 소철 같은 나무도 암나무와 수나무로 나뉘어요.

① 은행이 열리는 은행나무

공원이나 길가에서 많이 보이는 은행나무는 가을이 되면 황금색 열매가 열려요. 열매 속 씨앗이 바로 은행으로, 음식으로 먹기도 하고 약으로도 사용해요.

② 열매가 열리는 암나무와 열리지 않는 수나무

은행나무를 자세히 살펴보면 열매가 바글바글 열리는 나무와 아무것도 열리지 않는 나무가 있다는 사실을 발견할 수 있어요. 이는 은행나무가 암나무와 수나무로 나뉘기 때문이에요.

③ 수은행나무를 가로수로 심는 이유

수나무에는 꽃가루를 만드는 수꽃만 피고, 은행은 암나무에만 열려요. 은행은 냄새가 너무 고약해서 최근에는 열매가 열리지 않는 수은행나무만 가로수로 심는 경우가 많아요.

서릿발은 땅에서 올라온 수분이다?

우주·지구

11월 21일
읽은 날: 월 일

궁금증 해결!

서릿발은 땅속의 수분이 얼어서 솟아오른 것이다.

우리나라 남쪽 지역에서 비교적 서릿발이 잘 생겨요.

찾았다, 비밀!

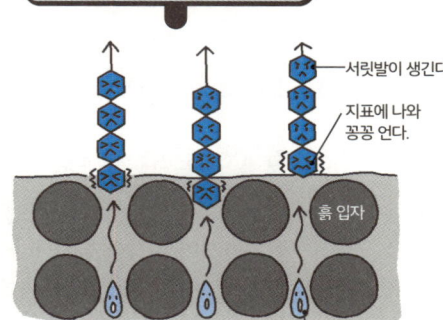

땅속에서 올라온 수분이 지표로 흘러나와 얼어붙어요.

서릿발이 생긴다.
지표에 나와 꽁꽁 언다.
흙 입자
수분이 흙 속 빈틈을 통과해서 올라간다.

① 땅을 들어 올리는 흙 속 얼음

땅속은 수분으로 가득해요. 기온이 내려가면 지표와 가까운 수분이 꽁꽁 얼어요. 물은 얼음이 되면 부피가 커지는데, 그 영향으로 땅이 살짝 부풀어요.

② 서릿발 물이 차례로 얼어붙는다

땅속 깊숙한 곳에 있는 물도 흙의 조그만 빈틈을 지나 위쪽으로 끌어올려지며 지표와 가까운 곳에서 얼음이 돼요. 이러한 과정을 되풀이하며 얼음이 위쪽으로 점점 길어져서 서릿발이 생긴답니다.

③ 물이 위쪽으로 올라가는 모세관 현상

땅 아래에 있는 물이 땅 위로 빨려 올라가는 이유는 좁은 틈 사이를 기어오르는 물의 성질 때문이에요. 이처럼 물과 같은 액체가 좁다란 틈 사이로 상승하는 현상을 '모세관 현상'이라고 해요.

책상다리를 하면 왜 다리가 저릴까?

인체

11월 22일
읽은 날: 월 일

? 퀴즈

❶ 다리에 피가 많이 흐르게 된다.
❷ 다리에 피가 흐르기 힘들다.
❸ 다리 온도가 높아진다.

정답 ❷ 다리에 피가 충분히 순환되지 않아서 신경 활동이 나빠진다.

혈액은 몸에 필요한 영양소와 산소를 전달하는 역할을 해요.

🔍 찾았다, 비밀!

팔베개하고 누울 때도 마찬가지로 신경 기능이 무뎌져요.

① 피가 흐르지 못하면 생기는 문제들

우리 몸은 피가 구석구석까지 영양소와 산소를 옮겨 주어서 건강하게 지낼 수 있어요. 만약 혈액이 특정한 부위에 흐르지 않는다면 신체 활동에 치명적인 영향을 끼쳐요. 심하면 세포와 조직이 썩기도 해요.

② 혈액이 흐르기 힘든 책상다리

무릎에는 발끝까지 혈액을 보내는 혈관이 지나가요. 책상다리는 무릎을 접으면서 혈관도 좁게 만들어서 혈액이 무릎을 지나 발끝까지 퍼지기 어려워져요.

③ 신경의 기능이 나빠지면 저린다

특히 무릎 아래쪽 신경으로 향하는 혈액의 흐름이 방해를 받으면 통증이 발생하고 열을 전달하는 신경의 기능이 나빠져요. 그러면 무릎 밑 감각이 둔해지고 저려요.

과자 봉지는 산에서 부풀어 오른다?

11월 23일
읽은 날: 월 일

궁금증 해결!

산 위쪽 기압이 낮아서
과자 봉지가 빵빵해진다.

과자 봉지 안에 과자만 있다고 생각한 건 아니지요?

찾았다, 비밀!

① 언제나 기압에 눌리는 물질들

지구상의 모든 물체는 항상 공기의 압력에 눌리고 있어요. 공기가 물체를 누르는 압력을 '기압'이라고 해요.

② 기압과 균형을 이루는 압력

지상에 있는 물체는 밖에서 누르는 힘만큼 안쪽에서도 밀어내면서 형태를 유지해요. 기압에 눌려 납작해지지 않는 이유예요. 과자 봉지는 과자와 함께 포장된 질소 덕분에 찌부러지지 않아요.

산꼭대기는 기압이 낮아서 바깥에서 누르는 공기의 힘이 약해요.

기압이 낮다.
기압이 높다.
과자 봉지가 부푼다.

③ 기압이 낮아지는 산 위

고도가 높은 산은 땅보다 기압이 낮아요. 예를 들어 한라산 정상의 기압은 평지의 일반적인 기압의 80퍼센트 수준이에요. 기압은 낮아졌는데 봉지 안쪽에서 바깥을 향해 밀어내는 압력은 변하지 않아서, 봉지 속 기압이 산 위의 기압보다 커지면서 과자 봉지가 빵빵하게 부풀게 되지요.

 인체

자고 일어나도 계속 피곤한 건 정상일까?

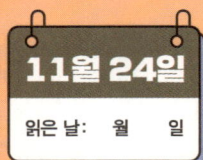
11월 24일
읽은 날: 월 일

❓ 퀴즈

❶ 사람은 언제 일어나도 늘 피곤하다.
❷ 안 피곤하다고 생각하면 사실 피곤하지 않다.
❸ 충분히 자지 않으면 자고 일어나도 피곤하다.

정답 ❸ 피로가 풀리도록 충분히 자야 일어났을 때 피곤하지 않다.

사람마다 적절한 수면 시간과 주기는 조금씩 다를 수 있어요.

🔍 찾았다, 비밀!

① 다섯 단계로 나뉘는 수면의 과정

수면은 자고 깨는 단순한 과정이 아니라 다섯 단계가 반복해서 발생해요. 수면의 1·2단계는 가수면 단계로 작은 소리에도 잠에서 깨기 쉬워요. 3단계가 되면 뇌파가 규칙적으로 변하고 맥박·혈압이 안정되고, 4단계에서는 숙면에 들어요. 3·4단계에서는 주변 소음에도 쉽게 잠이 깨지 않아요.

② 주기를 반복하는 수면 단계

수면은 1~4단계의 비렘수면과 5단계의 렘수면 단계로 나뉘어요. 렘수면 이후에는 다시 1단계부터 수면의 단계를 반복해요. 수면 단계가 반복하는 주기는 보통 1시간에서 1시간 30분이에요. 숙면을 취하는 3·4단계에서 강제로 기상하면 피로감이 클 수 있어요.

③ 렘수면이 충분해야 피로가 덜하다

렘수면 단계에서 근육은 편하게 이완하지만 자율 신경계는 활발하게 활동해요. 렘수면 단계에서 수면 전의 기억과 감정을 정리해요. 렘수면을 거치면서 피로와 스트레스를 해소하므로, 렘수면을 충분히 확보해야 자고 일어나서도 피곤하지 않아요.

유카와 히데키
(1907~1981)

발명

11월 25일
읽은 날: 월   일

❓ 어떤 사람일까?

양성자와 중성자를 연결하는 중간자의 존재를 예상한 일본의 물리학자

일본 최초의 노벨상 수상자예요.

👤 대단한 과학자!

① 대학에서 물리학을 공부하다

유카와 히데키는 일본 도쿄에서 태어났어요. 책을 읽으며 물리학을 알게 되어 깊이 빠져들었고, 지금의 교토대학 전신인 교토제국대학에서 물리학을 공부했어요.

② 원자핵에 남겨진 수수께끼

물질을 이루는 원자(▶314쪽)의 중심인 원자핵은 양성자와 중성자로 구성되어 있다는 사실이 당시에 알려진 과학 이론이었어요. 양성자와 중성자가 분리되지 않는 이유는 아무도 설명하지 못했어요.

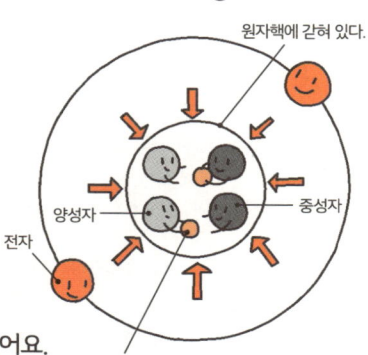

원자핵 속의 양성자와 중성자는 중간자로 연결되어 있어요.

원자핵에 갇혀 있다.
양성자
중성자
전자
중간자를 주고받으면서 힘이 생긴다.

③ 중간자의 존재를 예상해서 노벨상 수상

유카와 히데키는 대학을 졸업한 후 연구를 계속하면서 양성자와 중성자를 연결하는 중간자가 있으리라 추측했어요. 훗날 히데키의 가설이 증명되면서 1949년에 노벨 물리학상을 받았어요.

베이킹파우더를 넣은 팬케이크는 왜 부풀까?

음식

11월 26일
읽은 날: 월 일

궁금증 해결!

베이킹파우더에서 이산화탄소가 나와서 반죽이 부풀어 오른다.

베이킹파우더는 베이킹 소다의 단점을 보완해서 만든 팽창제예요!

찾았다, 비밀!

① 반죽을 부풀리는 베이킹파우더

빵이나 과자를 구울 때 반죽을 부풀리려고 넣는 가루가 '베이킹파우더'예요. 베이킹파우더의 주요 성분은 '탄산수소나트륨'과 '타타르산'이라는 물질이에요.

② 가열하면 이산화탄소를 배출한다

탄산수소나트륨과 타타르산은 뜨거워지면 화학 반응을 일으켜서 물과 이산화탄소, 타타르산 나트륨이라는 물질로 분해돼요.

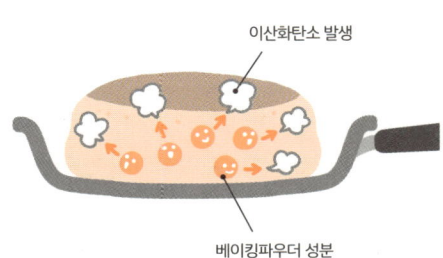

베이킹파우더 성분에서 이산화탄소를 발생시켜 폭신폭신해져요.

이산화탄소 발생
베이킹파우더 성분

③ 이산화탄소 거품으로 반죽이 부푼다

그 가운데 이산화탄소는 기체로 발생하고, 반죽 속에서 거품이 되어요. 이산화탄소의 거품 때문에 반죽이 부풀면서 폭신폭신하고 맛있는 빵과 과자가 만들어져요.

사람이 동물의 병에 걸릴 수 있을까?

11월 27일
읽은 날: 월   일

❓ 퀴즈

❶ 동물이 걸리는 병은 모두 사람도 걸린다.
❷ 어떤 병은 사람도 걸릴 수 있다.
❸ 동물에게 옮는 병은 없다.

> 정답 ❷ 사람이 동물로부터 옮는 병이 있고, 동물이 사람으로부터 옮는 병이 있다.

반려동물과 접촉할 때도 조심해야 해요!

🔍 찾았다, 비밀!

① 사람도 옮는 인수 공통 감염병

동물은 종류에 따라 몸의 구조가 조금씩 다르기 때문에 주로 특정 동물끼리만 병을 옮겨요. 하지만 사람에게 옮길 수 있는 동물의 병도 있지요. 이러한 병을 '인수 공통 감염병'이라고 해요.

② 반려동물도 옮길 수 있는 감염병

인수 공통 감염병에는 쥐에게서 옮는 '페스트', 개에게서 옮는 '광견병', 새에게서 옮는 '앵무병' 등이 있어요.

③ 동물을 만지고 나면 손 씻기

이러한 감염병에 걸리지 않기 위해서는 동물이 병균을 갖고 있을 가능성을 염두에 두고 동물을 만지고 나면 꼭 손을 씻어야 해요. 또 동물에게 물리지 않도록 항상 주의를 기울이는 태도가 중요해요.

사람이 걸렸을 때만 증상이 나타나는 병도 있으니 방심은 금물이에요.

화석은 누가 남긴 흔적일까?

11월 28일
읽은 날: 월 일

궁금증 해결!

흙과 모래에 파묻힌 생물의 유해나 흔적이 화석이 된다.

한반도에서는 수많은 공룡 화석이 발굴되었어요!

찾았다, 비밀!

① 화석은 생물의 흔적

화석은 아주 옛날에 살았던 동물의 흔적이에요. 대개 뼈나 이빨처럼 몸에서 단단한 부분이 발견되지만, 피부나 발자국 혹은 똥이 화석으로 발견되기도 해요.

동물의 사체가 물속에 잠기면 땅에 파묻혀 화석으로 변해요.

① 동물의 사체가 가라앉고 그 위로 흙이 쌓인다.

② 화석이 되고, 지면이 땅 위로 솟아올라 발견된다.

② 흙이나 모래에 파묻혀 만들어지는 화석

생물이 죽어서 바다나 호수에 잠기면 몸 대부분은 부패되어서 사라져요. 하지만 뼈처럼 단단한 부위는 흙이나 모래 속에서 썩지 않고 오랜 시간 형태를 유지해요. 그렇게 아주 긴 시간이 지나면 화석으로 변해요.

③ 산꼭대기에서도 발견되는 화석

화석은 주로 바다나 호수 바닥에 생겨요. 하지만 지진이 일어나서 바다 지형이 솟구치면서 화석이 잠들어 있는 지층이 땅 위로 올라오기도 해요. 지층이 솟아올라 산이 되면 산꼭대기에서 화석이 발견되기도 해요.

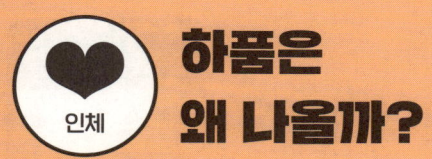
하품은 왜 나올까?
인체

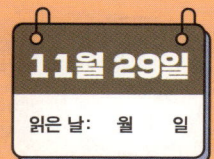
11월 29일
읽은 날: 월 일

❓ 퀴즈

❶ 산소를 들이마시려고 나온다.
❷ 졸음을 쫓으려고 나온다.
❸ 얼굴 근육을 풀려고 나온다.

정답 ❶ 산소를 들이마시는 효과가 있을 것으로 추측된다.

> 옆 사람의 하품을 따라하는 이유도 아직 밝혀지지 않았어요.

🔍 찾았다, 비밀!

> 개나 고양이도 하품을 해요.

① 졸릴 때 자주 나오는 하품

졸리면 하품이 자주 나와요. 졸릴 때 왜 하품이 나오는지에 대한 정확한 이유는 아직 밝혀지지 않았지만, 산소를 들이마시기 위한 활동이라는 가설이 가장 유력해요.

② 산소를 마시라는 뇌의 지시

졸리면 호흡이 느려져서 몸속에 들어오는 산소가 부족해져요. 그 사실을 알아차린 뇌가 공기를 많이 마시라고 신체 기관에 지시하면 하품이 나온다고 해요.

③ 건강 상태가 좋지 않을 때에도 하품을 한다

졸리지 않아도 피곤하거나 몸 상태가 좋지 않거나, 심장과 뇌에 병이 생기면 하품이 자주 나오기도 해요. 모두 산소가 몸 전체에 골고루 퍼지지 않아서 나타나는 현상이에요.

자연

욕조의 물은 왜 윗부분만 뜨거워질까?

11월 30일
읽은 날: 월 일

❓ 퀴즈

아래쪽을 뜨끈하게 데워도 조금 지나면 위쪽이 따뜻해져요.

❶ 뜨거운 물이 위쪽을 좋아한다.
❷ 욕조가 뜨거운 물을 위로 보내도록 만든다.
❸ 뜨거운 물이 가벼워서 위로 오른다.

정답 ❸ 뜨거운 물은 차가운 물보다 가벼워 위로 이동한다.

🔍 찾았다, 비밀!

물 전체를 빠르게 데우고 싶으면 손으로 저으면서 위아래의 물을 섞어 주세요.

① 대류 현상으로 따뜻해지는 목욕물

욕조에 뜨거운 물을 받으면 따뜻한 물이 수도꼭지에서 나오고 욕조 전체에 퍼지면서 따뜻해져요. 이렇게 기체나 액체에서 물질이 이동함으로써 열이 전달되는 현상을 '대류'라고 해요.

② 냉수보다 가벼운 온수

온수는 냉수보다 가벼워요. 온수는 위로, 냉수는 아래로 이동하는 대류가 일어나면서 욕조물의 위쪽이 뜨거워져요.

③ 대류 현상을 이용한 생활의 지혜

난로는 아래에 설치하고, 에어컨은 위에 설치하는 이유 역시 대류 원리에서 찾을 수 있어요. 공기도 물처럼 따뜻하면 위로, 차가우면 아래로 내려가지요.

12월

 일상과학

인터넷은 어떤 원리일까?

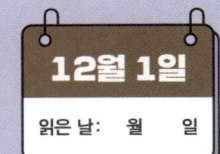
12월 1일
읽은 날: 월 일

궁금증 해결!

전 세계의 컴퓨터와 무선 전자 기기를 서로 연결한다.

지금은 컴퓨터를 포함한 많은 사물이 인터넷으로 연결되어 있어요.

찾았다, 비밀!

개인부터 단체까지 다양한 네트워크가 인터넷 세상에 접속해요.

① 전 세계의 컴퓨터가 연결된다

여러 대의 컴퓨터가 서로 정보를 주고받는 체계를 '네트워크'라고 해요. 인터넷은 전 세계의 컴퓨터와 스마트폰 같은 기계를 연결하는 거대한 네트워크예요.

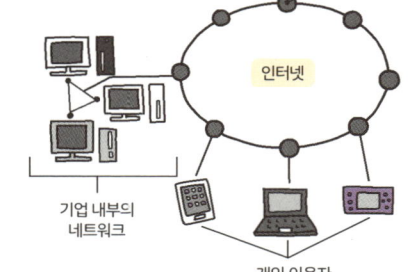

② 케이블을 사용해서 연결하는 인터넷

컴퓨터는 케이블을 꽂아 네트워크 서비스 프로바이더의 통신 회선에 접속해서 인터넷을 이용해요. 프로바이더는 인터넷 서비스를 제공하는 통신 회사를 부르는 말이에요.

③ 케이블이 없어도 접속할 수 있다

최근에는 케이블을 사용하지 않고도 컴퓨터나 스마트폰으로 인터넷에 접속할 수 있어요. 와이파이(Wi-Fi)나 무선 랜(LAN)이라고 불리는 연결 방식은 통신 회선에 연결된 라우터※ 같은 기계와 전파를 주고받으면서 인터넷에 연결해요.

※라우터: 인터넷에 접속할 때 수신처의 주소를 읽고 가장 적절한 경로를 선택하여 다른 통신망으로 전송하는 장치.

발명

고시바 마사토시
(1926~2020)

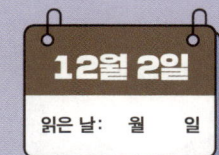
12월 2일
읽은 날:　월　일

? 어떤 사람일까?

태양계 밖에서 다가오는 중성미자를 관측한 물리학자

> 존재가 알려진 후 실제로 발견하기까지 50년 이상 걸렸어요.

🔍 찾았다, 비밀!

① 양성자가 무너지는 모습을 관찰하다

> 중성미자는 전기를 가지고 있지 않은 중성입자 상태이고, 매우 작다는 특징을 따서 지어진 이름이에요.

고시바 마사토시는 일본의 아이치현 도요바시에서 태어났어요. 원자의 구조 등을 연구하면서 양성자(▶314쪽)가 스스로 붕괴하는지 확인하려고 일본 기후현의 카미오카 광산에 '카미오칸데'라는 장치를 설치했어요.

② 중성미자가 우주 탄생의 비밀을 푸는 열쇠?

당시 많은 천문학자가 우주 탄생의 미스터리를 밝히려고, 태양계 밖에서 날아오는 '중성미자'라는 소립자의 관측을 시도했어요. 하지만 중성미자의 관측은 너무나 어려워서 아무도 성공하지 못했어요.

③ 태양계 밖에서 날아온 중성미자 관측에 성공

드디어 1987년 카미오칸데가 전 세계에서 처음으로 중성미자 관측에 성공했어요. 이 성과를 인정받아서 고시바 마사토시는 2002년 노벨 물리학상을 받았어요.

음식

소금물로 입을 헹구면 감기에 효과가 있을까?

12월 3일 읽은 날: 월 일

? 퀴즈

❶ 모든 감기가 낫는다.
❷ 감기 증상에 조금 효과가 있다.
❸ 아무런 효과가 없고, 오히려 악영향을 준다.

정답 ❷ 알맞은 민간요법은 증상을 완화시킬 수도 있다.

> 소금은 세균을 죽이고 염증을 완화하는 살균 효과를 발휘해요.

🔍 찾았다, 비밀!

> 민간요법은 무조건 맞는 것도 아니고, 무조건 틀린 것도 아니에요.

① 사람들의 지혜로 만든 민간요법

현대의학과 달리 옛날 옛적부터 전해 내려온 치료법을 '민간요법'이라고 해요. 감기에 걸렸을 때 따뜻한 생강차를 마시거나, 소금물로 입을 헹구는 방법이 민간요법에 해당해요.

② 병을 이겨 낼 체력을 다져 준다

생강차나 달걀술은 영양이 풍부하고 피의 흐름을 좋게 하는 효과가 있다고 알려져 있어요. 민간요법은 대개 병을 직접 치료하지는 못해요. 다만 증상을 완화시키는 일시적인 효과를 얻을 수는 있어요.

③ 과학적 근거가 없는 민간요법도 많다

술 한 잔으로 감기를 떨쳐 낼 수 있다는 이야기도 있어요. 하지만 이는 사실이 아니에요. 음주는 감기 증상을 완화시키는 데 도움을 주지 않아요. 오히려 감기약과 술을 함께 먹으면 부작용이 발생할 수 있어요.

추운 지역에 살면 몸집이 거대해진다?

12월 4일 읽은 날: 월 일

💡 궁금증 해결!

추운 지역에 사는 동물은 체온을 유지하려고 몸집을 키우면서 진화했다.

북극에 사는 북극곰은 곰 중에서 몸집이 가장 커요!

🔍 찾았다, 비밀!

① 체온을 일정하게 유지하는 동물들

포유류와 조류는 주위의 온도와 상관없이 체온을 늘 따뜻하게 유지해야 살 수 있어요. 추운 지역에 사는 동물은 몸속의 열을 최대한 놓치지 않기 위해 자기만의 방법을 찾아요.

② 몸집이 크면 열이 잘 달아나지 않는다

몸집이 크면 부피당 표면적이 작아져서 열이 잘 달아나지 않아요. 그래서 추운 지역에 사는 곰이나 사슴은 몸집을 키우는 방향으로 진화했어요. 포유류 가운데 추운 지역에 사는 동물일수록 몸집이 거대해지는 법칙을 '베르크만 법칙'이라고 해요.

몸의 부피가 표면적에 비해 클수록 열을 잘 가둘 수 있어요.

부피 표면적
1 : 6

부피 표면적
8 : 24
= 1 : 3

③ 더운 지역의 포유류는 커지기 힘들다

한편 더운 지역에 사는 포유류와 조류는 몸집이 작아요. 몸속의 열을 바로바로 몸 밖으로 내보내려고 귀와 꼬리가 튀어나와 있어요.

 우주·지구

외계인이 정말 있을까?

12월 5일
읽은 날: 월 일

 궁금증 해결!

외계인이 우주 어딘가에 존재할 가능성이 있다.

> 우주는 넓으니까 어딘가에 외계인도 있을지도 몰라요!

찾았다, 비밀!

① 가능성은 제로(zero)가 아니다

우주에 외계인이 산다는 증거는 아직 발견되지 않았어요. 하지만 우주에는 항성과 항성 주변을 도는 행성이 많으므로 외계인이 사는 별이 있을지도 몰라요.

② 외계인이 사는 별의 개수를 계산하는 공식

드레이크라는 미국의 천문학자는 은하(▶215쪽)에서 외계인이 사는 별이 몇 개나 있을지 계산했어요. 은하에서 일 년에 태어나는 별과 생물이 살 수 있는 별의 개수 등으로 계산해요.

> 은하에 외계인이 사는 행성이 100개 있다고 가정할 때, 행성 사이의 거리는 수천 광년이라고 해요.

③ 계산 결과는 과학자마다 제각각

하지만 공식에 집어넣을 숫자를 어떻게 결정하는지에 따라 결과가 완전히 달라져요. 그래서 외계인이 사는 별은 은하에 없다고 말하는 과학자도 있고, 수천 개라고 생각하는 과학자도 있어요.

게임을 많이 하면 눈이 나빠질까?

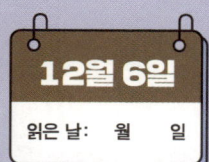

❓ 퀴즈

❶ 어떤 게임이든지 눈에 영향을 미치지 않는다.
❷ 눈이 나빠진다.
❸ 눈이 좋아진다.

> 게임을 할 때 가끔 눈의 피로를 풀어 주면 좋겠지요.

정답 ❷ 가까이에 있는 대상만 오래도록 집중해서 보면 시력이 나빠질 확률이 높다.

🔍 찾았다, 비밀!

> 가까운 곳만 보고 있으면 아무래도 수정체의 움직임이 나빠질 수밖에 없어요.

① 눈에 들어온 빛을 굴절시키는 수정체

눈에는 수정체라는 렌즈가 있어요. 수정체가 두꺼워지거나 얇아지면서 빛이 꺾이는 각도를 조절하는 덕분에 멀리 있는 것과 가까이 있는 것을 또렷하게 볼 수 있어요.

② 가까운 곳만 집중해서 보면 눈이 피곤해진다

가까운 곳을 볼 때는 수정체의 형태를 유지하는 모양체에 힘이 들어가서 수축하고, 수정체를 두껍게 만들어요. 게임을 할 때는 주로 화면을 가까이에 두고 보기 때문에 모양체에 계속 힘이 들어가 눈에 피로가 쌓여요.

③ 눈의 피로가 쌓이면 눈이 나빠진다?

눈이 지치면 일시적으로 앞이 잘 보이지 않아요. 이러한 현상이 오랫동안 반복되면 결국 시력이 떨어질 확률이 높아요.

스케이트를 신으면 빨리 달릴 수 있다?

12월 7일
읽은 날: 월 일

💡 궁금증 해결!

스케이트 바닥에 붙어 있는 날 때문에 얼음에 대한 마찰력이 작다.

> 스케이트가 지나간 자리에 생긴 패인 흔적이 빠른 속도의 비결인가 봐요.

🔍 찾았다, 비밀!

① 물체의 움직임을 방해하는 마찰력

맞대고 있는 물체와 물체 사이에는 서로의 움직임을 방해하는 마찰력이 작용해요. 마찰력은 표면이 매끈매끈할수록 작아져요.

② 마찰력을 줄이는 물

스케이트 바닥에는 날카로운 날이 붙어 있어요. 스케이트를 신고 얼음 위를 지나면 날과 닿는 얼음 표면이 녹아서 날과 얼음 사이에 수막이 생겨요. 수막 덕분에 마찰력이 작아져서 스케이트의 날은 빠르게 앞으로 나아갈 수 있어요.

> 날과 얼음 사이에 수막이 생겨서 마찰력이 작아져요.

스케이트의 날
스케이트장의 얼음

사이 공간에 수막이 생긴다.

③ 날이 얼음을 녹이며 달린다

스케이트 날은 얼음을 파고들기 때문에 왼발로 얼음을 차면, 오른발이 얼음을 녹이면서 앞으로 나아가요. 이렇게 양발을 쉬지 않고 움직이면 먼 거리도 빠르게 미끄러지며 달릴 수 있어요.

발열 내의를 입으면 왜 따뜻해질까?

12월 8일
읽은 날: 월 일

❓ 퀴즈

❶ 땀을 흘리면 따뜻해진다.
❷ 전류를 흘려 보내면 따뜻해진다.
❸ 연료를 넣으면 따뜻해진다.

정답 ❶ 공기 중의 수분이 모여서 액체로 변할 때의 열을 이용한다.

> 몸에서 나오는 땀을 영리하게 활용하는 방법이에요.

🔍 찾았다, 비밀!

> 옷이 스스로 열을 내는 원리가 아니에요.

① 응축열을 이용하는 발열 내의

수증기가 물이 될 때처럼 기체는 액체로 변하면서 열을 발산해요. 이 열을 '응축열'이라고 하지요. 발열 내의는 몸에서 나오는 땀과 응축열을 이용해서 몸을 따뜻하게 만들어요.

② 기체 상태의 땀이 물로 바뀌면서 열이 생긴다

발열 내의는 수분을 잘 흡수하는 성질을 가진 섬유로 만들어요. 몸의 표면에서 기체 상태로 배출된 땀은 섬유에 달라붙어 액체로 변하고 응축열을 발생시켜 체온을 높여요.

③ 열이 섬유 조직 사이에 고인다

열은 섬유 조직 사이의 틈에 쌓여서 몸을 덥혀 줘요. 한편 액체로 변한 땀은 내의 표면 쪽으로 옮겨져서 조금씩 증발하며 공기 중으로 달아나요.

제임스 왓슨
(1928~)

12월 9일
읽은 날: 월 일

? 어떤 사람일까?

생명의 설계도인 DNA(디엔에이)의 구조를 밝혀낸 생물학자

DNA의 정식 이름은 '데옥시리보 핵산'이에요.

대단한 과학자!

① DNA의 구조를 연구하다

왓슨은 미국의 시카고에서 태어난 분자 생물학자로, DNA 연구로 유명해요. DNA는 생물 세포 속에 있는 설계도로 이해하면 쉬워요. 왓슨이 연구를 시작했을 무렵에는 DNA의 구조는 해결되지 않은 숙제였어요.

② X선 촬영을 바탕으로 DNA 모델을 작성

왓슨은 DNA를 촬영한 X(엑스)선 사진을 참고하여 공동 연구자인 크릭과 함께 DNA가 이중 나선 구조라는 사실을 발견했어요.

③ 이중 나선 구조의 발견으로 노벨상 수상

이 모델은 지금까지의 실험 결과를 전부 설명할 수 있는 정답이었어요. 이중 나선 구조의 발견으로 왓슨은 크릭 및 동료들과 함께 1962년 노벨 생리학상을 받았어요.

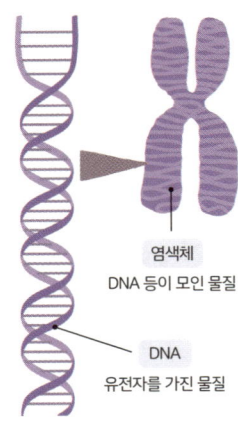

DNA는 이중 나선 형태로 압축되어 세포 속에 들어 있어요.

염색체
DNA 등이 모인 물질

DNA
유전자를 가진 물질

무의 매운맛은 어떻게 줄일 수 있을까?

12월 10일
읽은 날: 월 일

? 퀴즈

❶ 무를 익힌다.
❷ 무를 차갑게 만든다.
❸ 무를 간다.

정답 ❶ 무의 매운맛은 열을 받으면 약해진다.

> 무의 매운맛은 품종에 따라 차이가 있어요.

🔍 찾았다, 비밀!

① 원래는 매운맛이 적은 무

무에서 나는 매운맛의 정체는 '이소티오시아네이트'라는 성분이에요. 하지만 갓 수확한 무는 이소티오시아네이트가 적어서 별로 맵지 않아요.

② 무는 갈면 매운맛이 강해진다

무는 갈면 매운맛이 강해져요. 무 속 '글루코시노레이트'라는 성분이 갈리면서 이소티오시아네이트를 변화시켜서 매운맛이 강해지는 것이에요.

③ 열을 가하면 줄어드는 매운맛

이소티오시아네이트는 열에 약해서 무를 찌거나 삶으면 매운맛이 약해져요. 또 무를 상온에 놓아 두면 매운맛이 공기 중으로 날아가요.

> 이소티오시아네이트는 무의 윗부분에 많이 있어요.

생물

모든 동물이 겨울잠을 잘까?

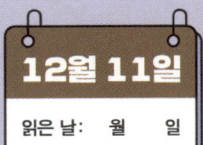
12월 11일
읽은 날: 월 일

? 퀴즈

❶ 모든 동물이 겨울잠을 잔다.
❷ 몇몇 동물은 겨울잠을 잔다.
❸ 사실 겨울잠을 자는 동물은 없다.

정답 ❷ 곰과 다람쥐처럼 일부 포유류는 겨울잠을 잔다.

> 겨울잠을 자고 있다고 다가가면 절대로 안 돼요!

🔍 찾았다, 비밀!

① 겨울이면 활동을 멈추는 동물들

겨울은 다른 계절보다 훨씬 춥고 먹이도 적어요. 그래서 몇몇 동물들은 겨울이 찾아오면 활동을 멈추거나 줄이면서 에너지 소비를 최소한으로 줄이기도 해요.

> 겨울잠을 자는 동물은 체온이 내려가도 버틸 수 있는 몸을 갖고 있어요.

② 동물마다 다른 겨울잠의 모습

곰이나 다람쥐 같은 포유류는 평소보다 몸무게를 줄이고, 마치 잠이 든 것처럼 꼼짝 않고 겨울을 보내요. 또 어떤 동물은 가을에 양식을 잔뜩 모아 두고, 겨울잠을 자다가 가끔 깨어나 먹이를 먹기도 해요.

③ 개구리와 도마뱀도 활동을 멈춘다

양서류와 파충류, 곤충은 겨울이 되면 기온에 따라 체온이 내려가요. 체온이 내려가면 필요한 에너지가 줄어들기 때문에 땅속에서 가만히 움츠려 겨울을 나기도 해요.

바다는 얼마나 깊을까?

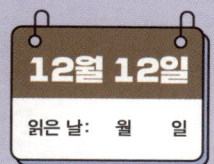

12월 12일
읽은 날: 월 일

궁금증 해결!

가장 깊은 바다인 마리아나 해구의 깊이는 약 11,034미터이다.

세계 최고봉인 에베레스트 산도 풍덩 빠져 버릴 정도로 깊어요!

찾았다, 비밀!

① 바다의 깊이는 평균 3,800미터

해저는 평평하지 않고 울퉁불퉁해요. 육지와 마찬가지로 산도 있고 골짜기도 있지요. 만약 바다의 바닥을 납작하게 펼쳐 놓는다면 평균 깊이는 3,800미터일 거라고 해요. 이 깊이는 백두산 높이보다 약 1,000미터나 높아요.

② 전 세계에서 가장 수심이 깊은 바다

바다 밑바닥에 좁고 길게 도랑 모양으로 움푹 들어간 곳을 '해구'라고 해요. 전 세계에서 가장 수심이 깊은 바다는 태평양 서부 마리아나 제도의 동쪽에 있는 '마리아나 해구'로, 평균 수심은 7,000~8,000미터예요.

③ 해구에서도 가장 깊은 곳

해구 가운데 특히 깊이 들어간 부분을 '해연'이라고 해요. 세계에서 가장 깊은 해연은 마리아나 해구에 있는 '비티아즈 해연'으로 깊이는 약 11,034미터예요.

가장 깊은 바다 근처까지 조사선이 접근해요.

0미터
후지산(3,766미터) 3개 정도의 깊이
최고 수심: 11,034미터
비티아즈 해연

건망증은 왜 생길까?

12월 13일
읽은 날:　월　일

? 퀴즈

❶ 뇌의 기억을 담당하는 부분이 망가져서.
❷ 뇌가 생각이 안 나는 척해서.
❸ 뇌에서 기억을 잘 끄집어내지 못해서.

정답 ❸ 기억은 있지만 제대로 꺼내지 못하면 건망증이 생긴다.

분명히 기억하고 있는데, 잘 떠오르지 않아요.

🔍 찾았다, 비밀!

① 기억의 두 가지 종류: 단기 기억과 장기 기억

우리가 머릿속에 저장하는 기능을 기억이라고 해요. 기억은 주로 최근에 일어난 일을 중심으로 하는 '단기 기억'과 오래전부터 쭉 새겨 놓아 둔 '장기 기억'으로 나뉘어요.

② 중요한 기억은 장기 기억으로 저장

우리가 경험한 일은 우선 뇌의 '해마'라는 장소에 단기 기억으로 저장해요. 해마에 정리된 기억 가운데 중요한 기억은 뇌의 다른 부분으로 이동해서 장기 기억으로 간직해요.

기억 자체가 사라진 것이 아니라서 계기가 있으면 문득 떠오르기도 해요.

③ 기억을 끄집어내기 어려우면 생기는 건망증

예전에 일어난 일을 떠올리려면, 장기 기억에서 중요한 기억을 찾아요. 그런데 장기 기억의 양이 너무 많아서 필요한 기억을 제대로 찾을 수 없을 때도 있어요. 이것이 바로 건망증이 일어나는 이유라고 여겨져요.

 자연

엘리베이터가 내려갈 때 왜 붕 뜨는 느낌이 들까?

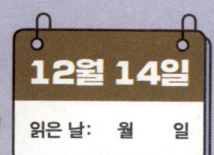
12월 14일
읽은 날: 월 일

🔍 궁금증 해결!

엘리베이터가 움직여도
몸은 그대로 멈춰 있으려고 한다.

> 갑자기 브레이크를 밟아서 멈춰도 같은 현상이 일어나요.

🔎 찾았다, 비밀!

① 상태를 계속 유지하려는 관성의 법칙

물체는 외부에서 힘을 받지 않는 한 원래의 상태를 그대로 유지하려는 성질이 있어요. 멈춰 있는 물체는 계속 멈춰 있고, 움직이는 물체는 계속 움직이려고 해요. 이러한 성질을 '관성의 법칙'이라고 해요.

② 몸은 그 장소에 계속 머물러 있으려고 한다?

엘리베이터가 아래쪽으로 움직이면 순간적으로 몸이 공중에 붕 뜨는 느낌을 받아요. 이는 엘리베이터가 움직이는 순간 몸은 그 자리에 멈춰 있으려고 하는 관성의 법칙이 작용했기 때문이에요.

③ 엘리베이터가 멈춰도 계속 움직이려는 몸

엘리베이터가 아래층에 도착해서 멈출 때는 몸이 꽉 눌리는 듯한 느낌을 받아요. 이것은 엘리베이터를 따라 아래쪽으로 움직이던 몸이 계속 움직이려고 하기 때문이에요.

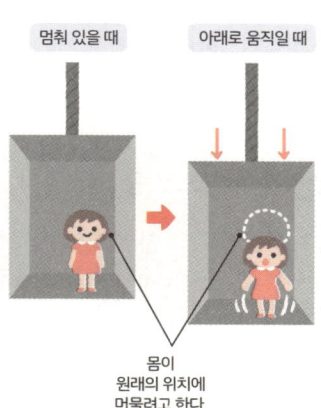

엘리베이터가 아래로 움직일 때 몸은 그대로 멈추려고 해요.

멈춰 있을 때 / 아래로 움직일 때

몸이 원래의 위치에 머물려고 한다.

일상과학

자기 부상 열차는 어떻게 움직일까?

12월 15일
읽은 날: 월 일

💡 궁금증 해결!

자기 부상 열차는 자기력을 이용해서 뜬 상태로 움직인다.

자석의 힘으로 전철보다 빠르게 달릴 줄이야.

🔍 찾았다, 비밀!

① 두 개의 극이 힘을 만들어 내는 자석

자석의 N(엔)극과 S(에스)극은 같은 극끼리 마주치면 서로 밀어내고, 다른 극끼리 마주치면 끌어당기는 성질이 있어요. 이러한 자기력을 이용한 리니어 전동기의 힘으로 달리는 열차가 바로 자기 부상 열차예요.

② 자석의 힘으로 공중에 뜬다

자기 부상 열차의 차량 속에는 자석이 들어 있어요. 이 자석과 '가이드웨이'라는 기찻길 역할의 설비 속 코일이 밀고 당기면서 자기 부상 열차를 공중에 뜬 상태에서 앞으로 나아가게 만들어요.

차량의 자석이 가이드웨이의 자석과 밀고 당기며 앞으로 나아가요.

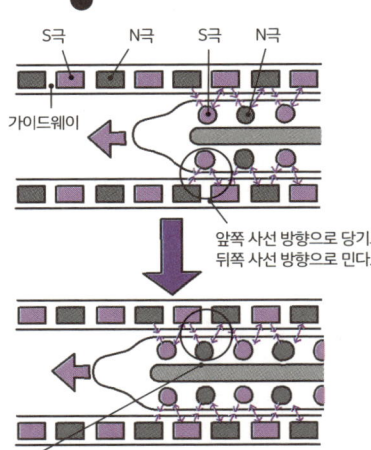

앞쪽 사선 방향으로 당기고 뒤쪽 사선 방향으로 민다.

가이드웨이의 자석 성질을 바꾸며 앞으로 나아간다.

③ 시속 600킬로미터로 달릴 수 있다

공중에 떠서 달리는 자기 부상 열차는 바퀴가 미끄러질 걱정도 없고, 바퀴를 선로에 굴려 달리는 열차보다 훨씬 빨라요. 자기 부상 열차는 시속 600킬로미터 이상의 속도로 달릴 수 있어요.

미셸 마요르
(1942~)

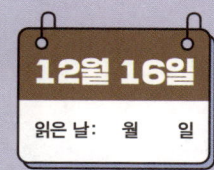

12월 16일
읽은 날: 월   일

❓ 어떤 사람일까?

세계에서 처음으로 태양계 바깥에 있는 외계 행성을 발견한 천문학자

> 가장 가까운 태양계 외행성도 약 4광년이나 떨어져 있어요.

👤 대단한 과학자!

> 주계열성 이외의 항성은 마요르보다 먼저 발견한 사람이 있어요.

① 아무도 발견하지 못한 태양계 외부의 행성

예전부터 과학자들은 태양과 같은 주계열성※은 태양과 똑같이 주변 행성이 공전한다고 믿었어요. 하지만 태양계 바깥은 너무 멀어서 존재를 증명하지 못했어요.

※주계열성: 주계열에 속하며, 수소핵 융합 반응으로 에너지를 안정적으로 발생하는 항성.

② 부자연스럽게 움직이는 항성 발견

스위스의 천문학자인 마요르는 제자 디디에 쿠엘로와 힘을 모아 항성 관측에 몰두했어요. 두 사람은 '페가수스자리 51'이라는 항성의 움직임이 부자연스럽게 변화하는 것을 발견했어요.

③ 계산을 통해 증명한 행성의 존재

두 사람은 페가수스자리 51의 부자연스러운 움직임이 행성의 인력(▶87쪽) 때문이라고 추정하고, 계산을 통해 페가수스자리 51 주위를 일정한 주기로 도는 행성이 있다는 사실을 증명하여 태양 이후 처음으로 주계열성을 발견했어요.

음식

어린이는 왜 술을 마시면 안 될까?

12월 17일
읽은 날: 월 일

궁금증 해결!

어린이가 술을 마시면 신체에 악영향을 받는다.

어른도 술을 너무 많이 마시면 병이 나요.

찾았다, 비밀!

① 뇌를 취하게 만드는 알코올

술에는 알코올이 들어 있어요. 알코올은 몸에 흡수되어 뇌로 이동하고, 뇌의 작용을 둔해지게 만들어요. 흔히 말하는 술에 취한 상태가 되는 거예요.

② 많이 마시면 몸에 좋지 않다

술을 많이 마시면 올바른 판단을 할 수 없게 되고, 몸 상태가 나빠져요. 술을 습관처럼 마시면 알코올을 분해하는 간 기능에 문제가 생겨서 큰 병에 걸리기도 해요.

③ 술의 악영향에 더욱 취약한 어린이

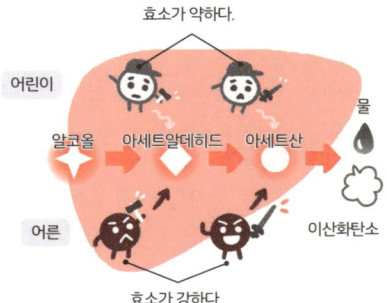

어린이는 알코올을 분해하는 효소가 발달하지 않았어요.

어린이는 어른보다 몸이 작고 알코올을 분해하는 힘이 적어요. 그래서 어린이가 술을 마시면 간이 손상될 수 있고, 기억력 저하나 신경 세포에 이상이 생길 수도 있어요.

도롱이처럼 생긴 주머니 속에는 무엇이 들었을까?

12월 18일
읽은 날:　월　일

❓ 퀴즈

> 나무에 대롱대롱 매달린 애벌레 주머니를 본 적 있나요?

❶ 매미 애벌레
❷ 나방 애벌레
❸ 풍뎅이 애벌레

정답 ❷ 주머니나방의 애벌레가 들어 있다.

🔍 찾았다, 비밀!

> 암컷은 살아 있는 동안 도롱이 밖으로 나오지 않는다니, 날개가 너무 아까운걸.

① 몸에서 나오는 실로 주머니를 만든다

주머니나방의 애벌레는 몸을 지키기 위해서 주머니를 만들고 그 안에서 자라요. 주머니는 자기 몸에서 나오는 실로 주변에 있는 낙엽이나 작은 나뭇가지를 이어 붙여서 완성해요.

② 도롱이랑 비슷하게 생긴 애벌레 주머니

애벌레가 만드는 주머니는 옛날 사람들이 비가 올 때 우비처럼 걸쳤던 도롱이와 비슷하게 생겼어요. 애벌레가 자라면서 도롱이는 점점 커져요.

③ 평생 도롱이 속에서 지내는 암컷

수컷 주머니나방은 봄부터 여름에 걸쳐서 다 자라서, 도롱이 밖으로 나와 마음껏 날아다녀요. 반면 암컷은 어른벌레가 되어도 도롱이 밖으로 나가지 않는 경우가 많아요. 수컷과 짝짓기하고 자기가 살던 도롱이 안에 알을 낳은 뒤 밖으로 떨어져 죽고 말아요.

석유는 언제 바닥날까?

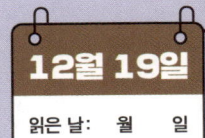

❓ 퀴즈

❶ 약 6년 후
❷ 약 60년 후
❸ 약 600년 후

정답 ❷ 햇수는 기술의 발전으로 더 길어질 수 있다.

> 모두가 생각하는 것보다 더 짧지 않을까요?

🔍 찾았다, 비밀!

① 석유 고갈 시기를 늦춘 기술 발전

지금으로부터 약 50년 전, '앞으로 30년 후엔 석유가 바닥난다'라고 했어요. 이후 기술이 발전하여 더욱 많은 장소에서 석유가 생산되면서 석유가 없어지리라 예상하는 시기가 조금 늦춰졌어요.

> 지하 깊은 곳의 암반에서 석유를 채취하게 된 건 기술이 발전한 덕분이에요.

② 60년 후에는 바닥이 날 석유

지금처럼 최신 기술을 사용해서 땅속의 석유를 계속 파내면 앞으로 약 60년 후에는 석유가 완전히 바닥날 거라고 해요. 혹시나 기술이 더욱 발전하면 더 오랫동안 석유를 캐낼 수 있을지도 모르지요.

③ 언젠가 모두 사라지는 석유

하지만 아무리 기술이 발전해도 언젠가는 석유가 한 방울도 남지 않게 될 거예요. 그리고 지금처럼 석유를 사용하면 기후 위기에도 악영향을 미쳐요. 환경에 해롭지 않으면서 오래오래 이용할 수 있는 재생 가능 에너지를 개발하려고 전 세계가 노력하고 있어요.

 인체

부모의 덩치가 크면 자식의 덩치도 클까?

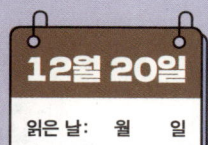
12월 20일
읽은 날: 월 일

궁금증 해결!

체질과 체형은 부모로부터 물려받기도 한다.

키와 눈 색깔, 머리카락 색깔 등도 유전으로 물려받는 경우가 많아요.

찾았다, 비밀!

① 유전에 영향을 받는 체형

부모의 체형과 자식의 체형이 비슷할 가능성이 큰 이유는 부모의 성질을 물려받는 유전 때문이에요. 같은 음식을 먹어도 쉽게 살이 찌는 성질은 부모에게서 자식에게로 전달돼요.

② 자식이 보고 배우는 부모의 생활 습관

두 번째 이유는 생활 습관이에요. 엄마와 아빠가 너무 많이 먹거나, 운동을 멀리하는 생활을 계속하면 아이도 똑같은 생활 습관을 갖게 될 확률이 높아져요.

③ 비만 인구가 적은 우리나라

체질량 지수를 기준으로 하는 국제 기준에 따르면 2019년 우리나라 남성 비만율은 6.2퍼센트였어요. 미국 43.5퍼센트, 캐나다 26.7퍼센트, 독일 18.1퍼센트, 프랑스 13.5퍼센트에 비해 매우 낮은 편이에요.

유전에 관련된 염색체는 부모에게서 물려받아요.

자연

강물은 마르지 않을까?

12월 21일
읽은 날: 월 일

? 퀴즈

❶ 시간이 지나면 마른다.
❷ 마르지 않는다.
❸ 여름엔 마르고 겨울엔 차오른다.

정답 ❷ 지구의 물은 순환하기 때문에 보통은 쉽게 마르지 않는다.

강이 바다로 흘러가면 그다음에는 어떻게 될까요?

🔍 찾았다, 비밀!

① 강물을 채우는 것은 비

강물의 대부분은 비예요. 땅 위에 내린 비가 강으로 흘러들거나, 땅에 스며든 비가 조금씩 모여 강을 이루고 바다로 흘러가요.

② 순환하는 지구의 물

강이나 바다에서는 물의 일부가 증발해서 공기 중에 맴돌아요. 공기 중 수증기는 온도나 기압 변화로 구름을 만들고, 비나 눈이 되어 땅으로 내려와요. 즉 지구의 물은 모습을 바꾸면서 순환하지요.

땅에서 바다로, 바다에서 땅으로. 물은 항상 돌고 도는구나.

③ 여간해서는 마르지 않는 강물

물은 순환하기 때문에 강물이 없어지는 일은 흔하지 않아요. 하지만 기후 위기로 비가 내리지 않게 되거나 지하수의 흐름이 바뀌면 바닥을 드러내며 마르기도 해요.

 **일상과학**

어떤 물체에 전기가 통할까?

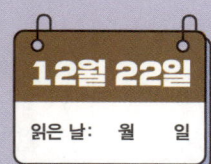
12월 22일
읽은 날: 월 일

 궁금증 해결!

전기가 통하는 물체에는
자유롭게 움직이는 전자가 있다.

> 전자는 무척 작지만 전기의 형태로 확인할 수 있어요.

 찾았다, 비밀!

① 원자핵과 전자로 이루어진 원자

물질을 이루는 원자(▶314쪽)는 양전기를 띤 '원자핵'과 음전기를 띠면서 원자핵 주변을 도는 '전자'로 구성돼요.

② 자유롭게 움직이기도 하는 전자

물질은 무수히 많은 원자가 서로 연결된 상태예요. 어떤 원자는 원자핵 주변을 도는 전자가 아니라, 자유롭게 떠다니는 전자를 갖고 있기도 해요. 이러한 전자를 '자유 전자'라고 해요.

③ 자유 전자를 가진 물질은 전기가 통한다

전기의 정체는 자유 전자의 흐름이에요. 그래서 자유 전자를 많이 가진 철이나 알루미늄 등은 전기가 잘 통하지만, 자유 전자가 없는 종이나 유리 등은 전기가 거의 통하지 않아요.

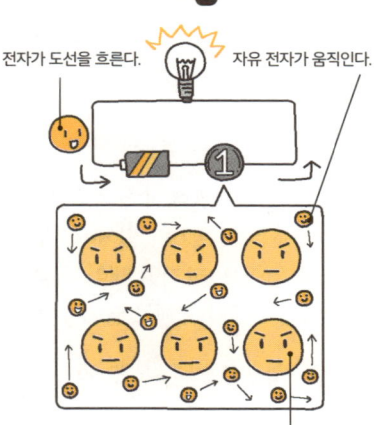

자유롭게 움직일 수 있는 전자의 수가 많으면 전기가 잘 통해요.

전자가 도선을 흐른다. 　 자유 전자가 움직인다.

양전기를 띤 전자핵

 발명

사람이 심장과 위장을 만들 수 있을까?

12월 23일
읽은 날:　월　일

궁금증 해결!

유도 만능 줄기 세포를 이용해 신체 일부를 만드는 연구가 진행되고 있다.

유도 만능 줄기 세포를 널리 사용할 수 있게 되면, 질병으로 세상을 떠나는 사람도 줄어들겠지요.

찾았다, 비밀!

① 어떤 조직으로든 변할 수 있는 세포

보통 우리가 알고 있는 세포는 정해진 조직으로만 자라요. 예를 들어 눈의 세포는 눈으로만 성장해요. 그런데 태아가 되기 전 배아 상태에서 채취한 세포는 어떤 조직으로도 변할 수 있어요.

② 배아 줄기 세포로 잃어버린 부분을 채울 수 있다

배아의 발생 과정에서 추출한 세포를 '배아 줄기 세포'라고 해요. 배아 줄기 세포는 아프거나 잃어버린 신체 일부를 새롭게 만들어서 치료에 이용할 수 있어요. 하지만 태아가 될 예정이었던 세포를 사용한다는 점에서 윤리적인 문제가 숙제로 남아 있어요.

유도 만능 줄기 세포는 iPS(아이피에스)세포라고도 해요.

③ 인공적으로 만든 유도 만능 줄기 세포

2007년 일본 교토대학의 야마나카 신야는 일반 체세포를 이용해서 배아 줄기 세포와 같은 작용을 하는 세포를 인공적으로 만들어 내는 실험에 성공했어요. 이렇게 만든 세포는 '유도 만능 줄기 세포'라고 불러요. 지금은 유도 만능 줄기 세포를 실제로 사용할 수 있는지 확인하는 연구가 이루어지고 있어요.

column 07 중요한 과학키워드

재생 의료

3가지 핵심 포인트

① 사람의 자연 치유력을 이용한 의료를 '재생 의료'라고 한다.
② 줄기 세포를 사용한 의료도 재생 의료 중 한 가지다.
③ 치료법이 없었던 질병을 정복할 수 있을지 기대를 모으고 있다.

유도 만능 줄기 세포보다 먼저 개발된 배아 줄기 세포는 배아 세포를 이용한다는 점에서 생명 윤리에 어긋난다는 문제를 안고 있어요.

자신의 세포에서 채취한 줄기 세포로 근육과 장기를 만드는 거예요. 이식을 받기 위해 장기 기증자를 기다릴 필요가 없어지겠지요.

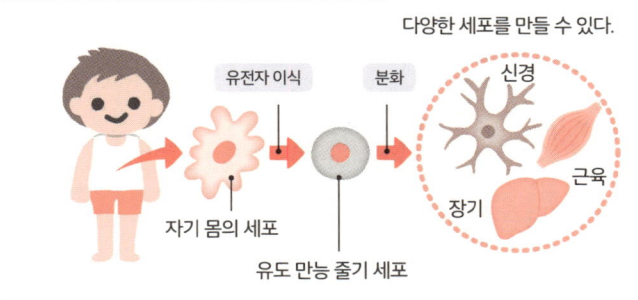

자기 몸의 세포 → 유전자 이식 → 유도 만능 줄기 세포 → 분화 → 다양한 세포를 만들 수 있다. (신경, 근육, 장기)

재생 의료는 앞으로도 계속 연구가 진행될 거예요. 교통사고나 암이 두렵지 않은 시대가 열릴지도 몰라요.

지금까지 손쓸 수 없었던 병도 치료할 수 있게 된다면 사람이 세상에서 가장 오래 사는 동물이 될 수도 있어요.

음식

귤을 먹으면 감기에 걸리지 않을까?

12월 24일
읽은 날: 월 일

❓ 퀴즈

❶ 감기에 잘 안 걸린다.
❷ 어떤 병이든 걸리지 않는다.
❸ 전혀 효과가 없다.

> 정답 ❶ 귤에 들어 있는 비타민 C(시)는 감기 예방에 효과가 좋다.

이불 속에서 귤 까먹기는 겨울의 즐거움이지!

🔍 찾았다, 비밀!

① 비타민 C가 많은 귤

귤과 오렌지 등의 감귤류에는 여러 영양소가 들어 있어요. 특히 비타민 C라는 영양소가 풍부한 것으로 유명해요.

② 감기 저항력을 높이는 귤

비타민은 몸의 상태를 안정적으로 만들어 주는 역할을 해요. 비타민 중에서도 특히 비타민 C는 스트레스와 바이러스에 대한 저항력을 높여요. 귤이 몸에 좋다고 말하는 이유이지요.

비타민 C는 열을 가하면 파괴되고 말아요.

③ 균형 잡힌 식사와 규칙적인 생활은 건강의 필수 조건

귤을 먹어도 영양 섭취가 부실하거나 생활이 불규칙하면 몸의 저항력은 약해져요. 감기에 걸리지 않으려면 음식을 골고루 먹고, 규칙적인 생활을 하는 등 건강해지도록 노력하는 것이 중요해요.

세균과 바이러스는 어떻게 다를까?

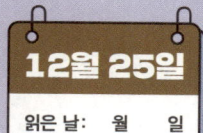

궁금증 해결!

세균과 바이러스는 크기와 구조가 다르다.

바이러스를 생명체라고 볼 수 있는지는 어려운 문제예요.

찾았다, 비밀!

① 하나의 세포로 이루어진 세균

세균의 크기는 1/100~1/1,000밀리미터 정도이며, 하나의 세포로만 이루어진 단세포 생물이에요. 치즈나 요구르트를 만들 때 이용되는 유산균처럼 우리 생활에 유용한 세균도 있어요.

② 세포도 없이 기생하는 바이러스

한편 바이러스의 크기는 세균보다 훨씬 작고, 구조도 무척 단순해요. 자기 힘으로는 숫자를 늘릴 수 없고, 다른 생물의 세포에 기생하는 방법으로만 증식해요.

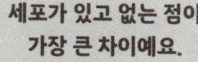
세포가 있고 없는 점이 가장 큰 차이에요.

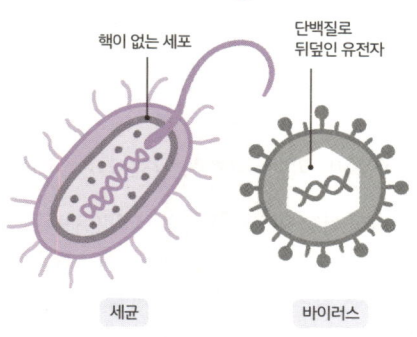

③ 다양한 병에 걸리게 만드는 세균과 바이러스

세균과 바이러스는 모두 질병의 원인이에요. 특히 바이러스는 인플루엔자 바이러스와 코로나 바이러스처럼 대규모 유행병을 일으키기도 해요.

우주·지구

해가 저물지 않는 곳이 있을까?

12월 26일
읽은 날: 월 일

궁금증 해결!

북극과 남극에 가까운 곳은 여름에 해가 지지 않는다.

> 백야가 찾아오면 북극권 지역에서는 한밤중에도 거리가 북적북적해요.

찾았다, 비밀!

① 극지방과 태양의 위치

지구는 팽이처럼 자전하면서 태양 주위를 공전해요. 지구의 자전축이 기울어진 탓에 극지방에서는 온종일 해가 떠 있는 계절이 있어요.

② 여름에 해가 저물지 않는 극지방

북극과 가까운 장소는 6월 무렵(북반구의 여름)이 되면 항상 해를 향한 방향에 놓이게 되어 밤에도 밝아요. 이처럼 해가 저물지 않는 것을 '백야'라고 해요. 남극에서도 12월 무렵(남반구의 여름)에 백야 현상이 일어나요.

③ 한낮에도 어두운 날이 있다

반대로 겨울이 되는 12월의 북극과 6월의 남극은 항상 태양을 등지므로 낮에도 어두침침해요. 이처럼 해가 뜨지 않는 것을 '극야'라고 해요.

> 12월의 남극은 지구가 한 번 회전해도 항상 태양 빛이 닿아요.

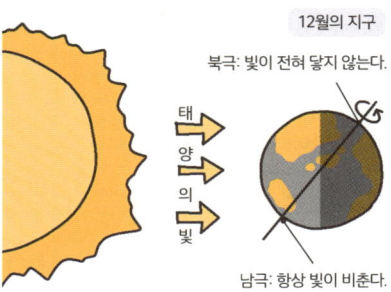

12월의 지구
북극: 빛이 전혀 닿지 않는다.
태양의 빛
남극: 항상 빛이 비춘다.

코가 막히면 맛을 못 느낀다?

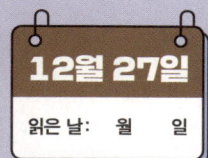

읽은 날:　월　일

? 퀴즈

❶ 코로 맡는 냄새가 맛과 관련이 있다.
❷ 코안의 공기가 부족해서 못 느낀다.
❸ 맛을 느끼는 데 아무런 문제가 없다.

정답 ❶ 냄새도 맛을 결정하는 중요한 정보다.

> 좋은 냄새가 나는 음식이 더 맛있어 보이지 않나요?

🔍 찾았다, 비밀!

> 맛은 냄새, 모양새, 식감 등 다양한 자극으로 느껴요.

① 혀가 느끼는 여섯 가지 맛의 종류

혀는 단맛, 짠맛, 신맛, 쓴맛, 감칠맛, 지방맛의 조합으로 맛을 느껴요. 여섯 종류의 맛은 혓바닥에 있는 '맛봉오리(미뢰)'라는 부분에서 감지해요.

② 맛에 영향을 끼치는 모양과 냄새

하지만 음식의 맛은 모양이나 냄새처럼 다른 요소에 따라서도 달라져요. 예를 들면 같은 맛의 음식이라도 보기 좋고 맛있는 냄새가 나면 더 먹음직스럽게 느껴요.

③ 코가 막히면 맡을 수 없는 냄새

냄새는 코 안쪽의 후세포로 느껴요. 코가 막히면 냄새가 후세포까지 닿지 않아요. 맛을 판단하는 중요한 냄새 정보가 빠져서 맛을 제대로 느끼지 못해요.

인공 눈과 자연 눈의 차이는?

12월 28일
읽은 날: 월 일

퀴즈

❶ 색깔이 다르다.
❷ 모양이 다르다.
❸ 성분이 다르다.

정답 ❷ 물을 기계로 얼려서 만드는 인공 눈은 자연 눈과 결정의 모양이 다르다.

자연이 빚은 예술은 감히 흉내 낼 수 없는 경지라고 할 수 있겠지요.

찾았다, 비밀!

인공 눈의 결정은 물방울처럼 동그란 모양이에요.

① 사람의 기술로 만든 인공 눈

자연 눈과 달리 사람이 기술을 이용해서 만든 눈을 인공 눈이라고 해요. 인공 눈은 겨울철 스키장에서 눈의 양을 보충하거나 영상 촬영의 소품 등으로 다양하게 사용되어요.

② 인공 눈을 만드는 두 가지 방법

인공 눈을 만드는 방법은 크게 두 가지예요. 첫 번째는 추운 장소에서 안개 같은 물을 뿌리고 낮은 온도로 얼려서 눈을 만드는 방법이에요. 두 번째는 얼음을 아주 잘게 조각내서 이용하는 방법이에요.

③ 육각형 결정이 없는 인공 눈

자연 눈은 아름다운 육각형의 결정으로 이루어져 있지만, 인공 눈은 어느 방법으로 만들어도 예술품 같은 결정이 생기지 않아요. 또 자연 눈은 기후에 따라 달라지기는 하지만 기본적으로 질감이 부드러워요. 반면 인공 눈은 질감이 대체로 딱딱해요.

교통카드는 어떤 원리로 작동할까?

12월 29일 읽은 날: 월 일

궁금증 해결!

카드 속에 심어진 IC(아이시)칩이 기계와 정보를 주고받는다.

얇디얇은 카드 속에 최첨단 기술이 담겨 있어요.

찾았다, 비밀!

① IC칩이 박혀 있는 교통카드

다양한 정보를 기록하거나 계산할 수 있는 카드를 IC카드라고 해요. 플라스틱 카드 내부에 IC(집적 회로)칩을 넣은 것이에요.

② 접촉형과 비접촉형이 있다

IC카드 중에서 전용 기계에 스치는 방법으로 사용할 수 있는 카드를 비접촉형 IC카드라고 해요. 대중교통을 타고 내릴 때 삑 소리를 내며 찍히는 교통카드도 비접촉형 IC카드예요.

③ 안테나를 사용해서 정보를 주고받는다

IC카드의 안테나는 전용 기계와 마주치는 찰나에 정보를 주고받아요.

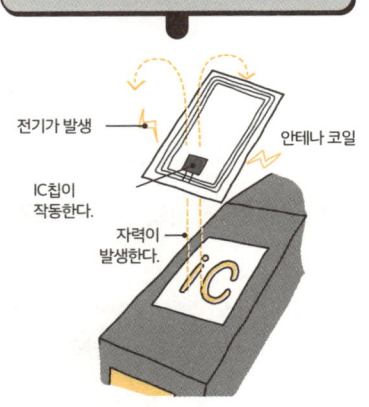

전기가 발생
안테나 코일
IC칩이 작동한다.
자력이 발생한다.

비접촉형 IC카드에는 소형 안테나가 들어 있어요. 이 카드를 전용 기계에 갖다 대면, 안테나와 기계 사이에 전파가 통하며 정보가 오가요. 비접촉형 IC카드를 사용하면 손쉽게 물건을 사거나 전철과 버스를 탈 수 있답니다.

발명

요시노 아키라
(1948~)

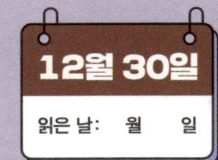
12월 30일
읽은 날: 월 일

❓ 어떤 사람일까?

전자 기기에 꼭 필요한
리튬 이온 전지를 개발한 과학자

> 지금은 리튬 이온 전지가 없는 생활을 상상할 수 없어요.

👤 대단한 과학자!

> 국제 우주 정거장과 인공위성에도 리튬 이온 전지를 사용해요.

① 기업에 취직해서 시작한 연구 개발

일본의 오사카에서 태어난 요시노 아키라는 교토대학을 졸업한 후 대학에서 연구를 이어가기보다, 기업에 취직해서 연구와 개발에 힘쓰길 원했어요. 그래서 아사히카세이 공업(지금의 아사히카세이)이라는 회사에 취직했어요.

② 리튬 이온 전지의 구조를 개발

1980년대부터 휴대형 전자 기기 개발이 이루어지면서, 작고 가벼운 충전지가 필요하게 되었어요. 그러한 상황 속에서 요시노 아키라는 양극에 코발트산 리튬, 음극에 탄소 재료를 사용해서 안전하고 성능이 뛰어난 리튬 이온 전지를 개발했어요.

③ 다양한 곳에 사용되는 리튬 이온 전지

리튬 이온 전지의 개발로 요시노 아키라는 2019년에 노벨 화학상을 받았어요. 현대 사회에서 리튬 이온 전지는 스마트폰이나 노트북 등에 사용되는 필수 부품이 되었지요.

 음식

글루탐산나트륨은 정말 몸에 나쁠까?

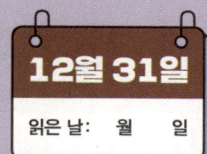 12월 31일
읽은 날: 월 일

 궁금증 해결!

> 한동안 글루탐산나트륨이 들어간 조미료를 몸에 나쁘다고 이야기했어요.

글루탐산나트륨는 몸에 해롭지 않다.

 찾았다, 비밀!

> 글루탐산나트륨을 적절하게 사용하면 '감칠맛'을 제대로 낼 수 있어요!

① 일본 과학자가 만든 식품 조미료

1908년 일본의 화학자 이케다 키쿠나에는 다시마의 글루탐산 성분을 활용해 처음으로 글루탐산 조미료를 개발했어요. 흔히 MSG(엠에스지)라고 불리는 '글루탐산나트륨'이에요.

② 오해에서 빚어진 글루탐산나트륨 규제

1960년대 미국에서 글루탐산나트륨이 복통을 일으킨다며 논란이 일자, 세계 각국에서 사용을 금지했어요. 이후 실험을 통해 글루탐산나트륨이 인체에 유해하지 않다는 결론을 얻었고, 지금은 대체로 사용을 규제하지 않아요. 우리나라 식품의약품안전처도 글루탐산나트륨을 먹어도 안전하다고 판단했어요.

③ 일상 속 식재료에 이미 들어가 있다?

글루탐산은 다시마는 물론이고 돼지고기나 소고기, 버섯에도 함유되어 있어요. 가정에서 사용하는 다시다나 굴소스는 모두 글루탐산나트륨을 첨가해서 만든 조미료예요.

키워드별 찾아보기

🍴 음식

날짜	제목	페이지
1월 1일	떡을 구우면 왜 빵빵해질까?	20
1월 8일	어떤 음식의 **칼로리**가 높을까?	27
1월 15일	**양파**를 자르면 왜 눈물이 날까?	34
1월 22일	**빙수**와 **아이스크림** 중 어느 쪽이 더 차가울까?	41
1월 29일	**초밥**에는 왜 **고추냉이**를 넣을까?	48
2월 5일	**껌**을 씹기만 해도 살이 찔까?	56
2월 12일	**탄산음료**에서 '쏴' 소리가 나는 이유는?	65
2월 19일	**도넛** 가운데에는 왜 구멍이 뚫려 있을까?	72
2월 26일	**광천수**는 어디서 채취할까?	80
3월 2일	식은 **수프**를 데우면 짭짤해지는 이유는?	85
3월 5일	**생선**을 많이 먹으면 머리가 좋아질까?	88
3월 12일	**젤리**가 말랑말랑한 이유는 무엇일까?	95
3월 19일	**채소**는 정말 몸에 좋을까?	102
3월 26일	달콤하면서 **칼로리**가 낮은 음식이 있을까?	109
4월 2일	**우유**를 마시면 정말 키가 클까?	117
4월 9일	**낫토**는 왜 끈적거릴까?	124
4월 16일	**사과**를 깎으면 왜 갈색으로 변할까?	132
4월 23일	**유기농 채소**를 재배하는 방법은?	139
4월 30일	**홍차**와 **녹차**의 차이점은?	146
5월 7일	**바나나 껍질**에 생긴 검은 반점의 정체는?	154
5월 14일	냉장고 속 음식은 안 썩을까?	161
5월 21일	**우유**를 마시면 배탈이 나기 쉽다?	168
5월 28일	**통조림** 속 음식은 썩지 않을까?	175
6월 4일	**온천 달걀**과 **반숙 달걀**은 똑같다?	183
6월 11일	음식에는 왜 **곰팡이**가 필까?	191
6월 18일	**초콜릿**이 알록달록 예쁜 색을 내는 비결은?	198
6월 25일	요리할 때 생기는 **거품**의 정체는?	205
7월 2일	씨 없는 **포도**는 어떻게 만들까?	213

날짜	제목	쪽
7월 9일	**오이**의 겉면은 왜 오돌토돌할까?	220
7월 16일	**옥수수**는 왜 수염이 있을까?	227
7월 23일	**솜사탕**은 왜 폭신폭신할까?	234
7월 30일	**두유**로 **두부**를 만들 수 있을까?	241
8월 6일	서로 **상극**인 음식이 있을까?	249
8월 13일	**설탕**은 썩지 않는다?	256
8월 20일	**수박**은 왜 줄무늬가 있을까?	263
8월 27일	**수박**을 두드리면 익었는지 알 수 있을까?	270
9월 3일	**치즈**가 쭉쭉 늘어나는 비결은?	278
9월 10일	**동결 건조 식품**은 어떻게 만들까?	285
9월 17일	**냉동식품**은 왜 썩지 않을까?	292
9월 24일	**연근**은 왜 구멍이 뚫려 있을까?	300
10월 8일	**감자**를 먹으면 왜 방귀가 나올까?	315
10월 15일	**생선**을 말리면 더 맛있어진다?	322
10월 22일	**맛국물**은 무엇일까?	329
10월 29일	**콩나물**은 원래 초록색으로 자란다?	336
11월 5일	**새우**와 **게**를 삶으면 왜 빨갛게 변할까?	344
11월 12일	**참마**를 만지면 왜 가려울까?	351
11월 19일	**곤약**은 무엇으로 만들까?	359
11월 26일	**베이킹파우더**를 넣은 팬케이크는 왜 부풀까?	366
12월 3일	**소금물**로 입을 헹구면 감기에 효과가 있을까?	374
12월 10일	**무**의 매운맛은 어떻게 줄일 수 있을까?	381
12월 17일	어린이는 왜 **술**을 마시면 안 될까?	388
12월 24일	**귤**을 먹으면 감기에 걸리지 않을까?	396
12월 31일	**글루탐산나트륨**은 정말 몸에 나쁠까?	403

🐶 생물

날짜	제목	쪽
1월 2일	**식물**이 자라려면 무엇이 필요할까?	21
1월 9일	**생명**은 어떻게 태어났을까?	28
1월 16일	**개**가 짖는 이유는 무엇일까?	35

1월 23일	마트에서 산 **달걀**에서 병아리가 부화할까?	42
1월 30일	**닭**과 **오리**는 날지 못할까?	49
2월 6일	추위에도 **펭귄**이 멀쩡한 비결은?	57
2월 13일	**고양이**는 언제부터 높은 곳을 좋아했을까?	66
2월 20일	**기린**은 왜 목이 길까?	73
2월 27일	**판다**의 흑백 무늬에 비밀이 숨어 있다?	81
3월 6일	**쇠똥구리**는 왜 똥을 굴릴까?	89
3월 13일	**나비**와 **나방**을 구분하는 방법은?	96
3월 20일	**원숭이**가 진화하면 사람이 될 수 있을까?	103
3월 27일	**새**가 무리를 지으면 어떤 장점이 있을까?	110
4월 3일	**나무**는 몇 살까지 살까?	118
4월 10일	**벚꽃**이 언제 피는지 예측할 수 있을까?	126
4월 17일	**심해어**는 왜 납작해지지 않을까?	133
4월 24일	**뱀**은 다리가 없는데 어떻게 이동할까?	140
5월 1일	**잡초**는 저절로 자랄까?	148
5월 8일	**식물의 잎**은 왜 초록색일까?	155
5월 15일	**소**는 풀만 먹어도 건강할까?	162
5월 22일	**벌**은 누구를 위해 벌꿀을 만들까?	169
5월 29일	**공작새**가 아름다운 깃털을 지닌 이유는?	176
6월 5일	**꽃**은 무엇을 위해 꿀을 만들까?	184
6월 12일	**수국**이 다양한 색으로 꽃을 피우는 원리는?	192
6월 19일	**반딧불이**는 어떻게 빛을 낼까?	199
6월 26일	**홍학**은 왜 분홍색일까?	206
7월 3일	**개미**는 어떻게 줄지어 기어다닐까?	214
7월 10일	**물고기**는 어떻게 잠을 잘까?	221
7월 17일	**곤충**은 왜 빛 주위로 모일까?	228
7월 24일	**비단벌레**는 어떻게 반짝반짝 빛날까?	235
7월 31일	강에 사는 **물고기**가 바다에 가면 죽을까?	242
8월 7일	**소금쟁이**는 왜 물에 가라앉지 않을까?	250
8월 14일	**번데기** 속은 어떤 모습일까?	257

날짜	제목	쪽
8월 21일	**매미**와 **귀뚜라미**는 왜 울까?	264
8월 28일	**제비**는 왜 여름에만 나타날까?	271
9월 4일	**덩굴 식물**은 왜 무언가를 감을까?	279
9월 11일	**거미**는 왜 거미줄에 걸리지 않을까?	286
9월 18일	**도마뱀**은 어떻게 벽을 기어오를까?	293
9월 25일	**동물**이 사람보다 빨리 자란다?	301
10월 1일	**물고기**는 왜 손으로 잡기 어려울까?	308
10월 2일	**호랑이 줄무늬**는 무슨 역할을 할까?	309
10월 9일	**식물의 가시**에는 어떤 기능이 있을까?	316
10월 16일	**동물**은 충치가 안 생긴다?	323
10월 23일	**박쥐**는 왜 거꾸로 매달릴까?	330
10월 30일	**공룡**의 몸집은 왜 거대했을까?	337
11월 6일	**고래**는 왜 몸집이 클까?	345
11월 13일	숲은 왜 **낙엽**으로 뒤덮이지 않을까?	352
11월 20일	열매가 열리는 **은행나무**가 따로 있다?	360
11월 27일	사람이 **동물의 병**에 걸릴 수 있을까?	367
12월 4일	추운 지역에 살면 몸집이 거대해진다?	375
12월 11일	모든 동물이 **겨울잠**을 잘까?	382
12월 18일	도롱이처럼 생긴 주머니 속에는 무엇이 들었을까?	389
12월 25일	**세균**과 **바이러스**는 어떻게 다를까?	397

🌐 우주·지구

날짜	제목	쪽
1월 3일	**우주**는 어떻게 태어났을까?	22
1월 10일	**별**은 왜 동그란 모양일까?	29
1월 17일	**우주 정거장**에서 몸을 떠오르게 하는 힘은?	36
1월 24일	**남극**과 **북극** 중 어디가 더 추울까?	43
1월 31일	**온천**은 정말 건강에 좋을까?	50
2월 7일	우리나라가 **밤**일 때 **낮**인 나라는?	58
2월 14일	**지구 온난화**로 기후 위기가 발생한다?	67
2월 21일	하늘과 우주를 나누는 경계는 어디일까?	74

2월 28일	2월 29일이 4년에 한 번 찾아오는 이유는?	82
3월 7일	사람이 우주에 나가면 어떻게 될까?	90
3월 14일	해일과 파도는 어떤 점이 다를까?	97
3월 21일	별이 여름보다 겨울에 더 잘 보이는 이유는?	104
3월 28일	땅을 계속 파면 지구 중심에 도착할까?	111
4월 4일	달은 처음에 어떻게 생겨났을까?	119
4월 11일	일식은 어떻게 일어날까?	127
4월 18일	햇빛은 왜 따뜻할까?	134
4월 25일	우주에서도 소리가 들릴까?	141
5월 2일	밀물과 썰물이 나타나는 이유는?	149
5월 9일	나침반의 바늘은 왜 북쪽을 가리킬까?	156
5월 16일	별은 낮 동안 어디에 숨어 있을까?	163
5월 23일	별은 정말 반짝반짝 빛날까?	170
5월 30일	비행기로 우주까지 갈 수 있을까?	177
6월 6일	우리나라 최초의 인공위성은?	186
6월 13일	공기에도 무게가 있을까?	193
6월 20일	구름은 왜 여러 가지 색깔로 보일까?	200
6월 27일	별까지의 거리는 어떻게 측정할까?	207
7월 4일	밤하늘에 보이는 밝은 띠의 정체는?	215
7월 11일	무엇이 유성우가 되어 지구로 떨어질까?	222
7월 18일	여름은 덥고 겨울은 추운 이유는?	229
7월 25일	하늘은 왜 파란색일까?	236
8월 1일	바닷물은 왜 짠맛이 날까?	244
8월 8일	파도는 어디에서 밀려올까?	251
8월 15일	우리나라가 여름일 때 겨울인 나라는?	258
8월 22일	유성은 어디에 떨어질까?	265
8월 29일	공기가 없는 우주에서 태양은 어떻게 타오를까?	272
9월 5일	일본에서는 왜 지진이 자주 일어날까?	280
9월 12일	별마다 색과 밝기가 다른 이유는?	287
9월 26일	별자리 위치는 왜 계절마다 바뀔까?	302

10월 3일	우리나라에서도 **오로라**를 볼 수 있을까?	310
10월 10일	임무를 완료한 **인공위성**의 미래는?	317
10월 17일	**달의 모양**은 왜 계속 변할까?	324
10월 24일	**토성 고리**는 무엇으로 이루어져 있을까?	331
10월 31일	지구 말고 **물**이 흐르는 별이 또 있을까?	338
11월 7일	**블랙홀**의 정체는 무엇일까?	346
11월 14일	**지구**는 언제 태어났을까?	353
11월 21일	**서릿발**은 땅에서 올라온 수분이다?	361
11월 28일	**화석**은 누가 남긴 흔적일까?	368
12월 5일	**외계인**이 정말 있을까?	376
12월 12일	**바다**는 얼마나 깊을까?	383
12월 19일	**석유**는 언제 바닥날까?	390
12월 26일	**해**가 저물지 않는 곳이 있을까?	398

♡ 인체

1월 4일	물속에서 **숨**을 얼마나 참을 수 있을까?	23
1월 11일	달리면 왜 **숨**이 찰까?	30
1월 18일	**손톱**과 **털**은 잘라도 계속 자랄까?	37
1월 25일	**감기**는 왜 걸릴까?	44
2월 1일	감기에 걸리면 왜 **기침**과 **열**이 날까?	52
2월 8일	**착시 현상**이 일어나는 이유는 무엇일까?	59
2월 15일	**왼손잡이**와 **오른손잡이**의 비율은?	68
2월 22일	**인플루엔자**는 어떻게 감염될까?	75
3월 1일	**충치**가 생기는 원인은 무엇일까?	84
3월 8일	평상시 사람의 **정상 체온** 범위는?	91
3월 15일	**치아**는 왜 두 번 날까?	98
3월 22일	**혈액**은 왜 빨간색일까?	105
3월 29일	한 끼만 굶어도 **살**이 빠질까?	112
4월 5일	어른이 어린이보다 **뼈**의 개수가 적다?	120
4월 12일	매운 음식을 잘 먹는 비결은 무엇일까?	128

4월 19일	**혈액형**을 구분하는 기준은 무엇일까?	135
4월 26일	사람은 왜 밤만 되면 졸릴까?	142
5월 3일	**시력**이 나쁜 사람과 좋은 사람의 차이는?	150
5월 10일	부러진 **뼈**는 다시 붙을 수 있을까?	157
5월 17일	**눈물**은 왜 나올까?	164
5월 24일	**똥**에서는 왜 지독한 냄새가 날까?	171
5월 31일	**오줌**이 노랗게 보이는 이유는?	178
6월 7일	**귀**는 어떻게 소리를 들을까?	187
6월 14일	갑자기 밝아지면 왜 **눈**이 부실까?	194
6월 21일	**배**에서 꼬르륵 소리가 나는 이유는?	201
6월 28일	**간지럼**은 어떻게 느낄까?	208
7월 5일	장 속에는 얼마나 많은 **세균**이 살까?	216
7월 12일	**대식가**가 되는 원인은 무엇일까?	223
7월 19일	어른이 되면 왜 **키**가 자라지 않을까?	230
7월 26일	운동한 다음 날에는 왜 **근육통**이 생길까?	237
8월 2일	**땀**을 흘리면 좋은 점이 있을까?	245
8월 9일	**피부**가 햇빛에 타면 어떻게 될까?	252
8월 16일	액체가 같은 온도의 기체보다 더 뜨겁다?	259
8월 23일	모기한테 물리면 왜 가려울까?	266
8월 30일	**운동 신경**은 훈련하면 좋아질까?	273
9월 6일	**꿈**은 왜 금방 잊어버릴까?	281
9월 13일	**심장**은 계속 뛰어도 지치지 않는다?	288
9월 20일	비행기를 타면 왜 귀가 먹먹해질까?	296
9월 27일	밀가루와 달걀을 못 먹는 사람이 있다?	303
10월 4일	**멀미**는 왜 생길까?	311
10월 11일	**체온**은 몇 도까지 올라가도 괜찮을까?	318
10월 18일	사람은 몇 살까지 살 수 있을까?	325
10월 25일	레몬을 보면 왜 침이 고일까?	332
11월 1일	**예방 주사**는 왜 맞을까?	340
11월 8일	긴장하면 왜 심장이 두근거릴까?	347

11월 15일	나이가 들면 왜 **흰머리**가 날까?	354
11월 22일	책상다리를 하면 왜 다리가 저릴까?	362
11월 24일	자고 일어나도 계속 피곤한 건 정상일까?	364
11월 29일	**하품**은 왜 나올까?	369
12월 6일	게임을 많이 하면 **눈**이 나빠질까?	377
12월 13일	**건망증**은 왜 생길까?	384
12월 20일	부모의 **덩치**가 크면 자식의 **덩치**도 클까?	391
12월 27일	코가 막히면 맛을 못 느낀다?	399

◎ 자연

1월 5일	머리털을 책받침으로 문지르면 왜 곤두설까?	24
1월 12일	스키 점프는 어떻게 안전하게 착지할까?	31
1월 19일	컵 속의 물은 왜 저절로 없어질까?	38
1월 26일	물속에서 다리가 짧아 보이는 이유는?	45
2월 2일	물은 끓으면 어디로 사라질까?	53
2월 9일	못과 나사가 붉게 녹스는 이유는?	62
2월 16일	**천둥**은 어떻게 큰 소리를 낼까?	69
2월 23일	세상에서 **가장 차가운 온도**는?	76
3월 9일	봉이 있으면 줄타기 곡예가 편할까?	92
3월 16일	맑은 하늘에서 어떻게 **비**가 내릴까?	99
3월 23일	**비눗방울**은 왜 무지갯빛으로 보일까?	106
3월 30일	철은 나무보다 얼마나 더 무거울까?	113
4월 6일	이불을 **햇볕**에 말리면 무엇이 좋을까?	121
4월 13일	**설탕**은 어떻게 물에 녹을까?	129
4월 20일	**풍선**은 어디까지 날아갈까?	136
4월 27일	달리는 자전거는 왜 쓰러지지 않을까?	143
5월 4일	**바람**은 왜 부는걸까?	151
5월 11일	산에서 **메아리**가 울리는 이유는?	158
5월 18일	롤러코스터를 타도 떨어지지 않는 이유는?	165
5월 25일	물에서도 **전기**가 통할까?	172

6월 1일	장마가 되면 왜 비가 계속 내릴까?	180
6월 8일	연잎에 맺힌 물방울은 왜 구슬 모양일까?	188
6월 15일	무엇이 게릴라성 호우를 내리게 만들까?	195
6월 22일	사람이 비를 내리게 할 수 있을까?	202
6월 29일	무지개는 언제 어디에 생길까?	209
7월 6일	변화구는 어떻게 휘어서 날아갈까?	217
7월 13일	콜라에 사탕을 넣으면 정말 폭발할까?	224
7월 20일	여름에 물을 뿌리면 조금은 시원해진다?	231
7월 27일	그늘진 곳의 철봉은 왜 차가울까?	238
8월 3일	바다에서 몸이 뜨는 이유는?	246
8월 10일	타는 물질과 타지 않는 물질의 차이는?	253
8월 17일	얼음은 물 위에 뜰까?	260
8월 24일	찬물이 담긴 컵에 맺힌 물방울의 정체는?	267
8월 31일	물속에서도 소리가 들릴까?	274
9월 7일	회오리와 태풍의 차이는 무엇일까?	282
9월 14일	신기루는 왜 생길까?	289
9월 21일	세계에서 가장 강력했던 태풍은?	297
9월 28일	방사능은 무서운 물질일까?	304
10월 5일	저녁노을은 왜 붉게 보일까?	312
10월 12일	산꼭대기가 산 아래보다 추울까?	319
10월 19일	구급차 사이렌에는 높낮이가 있다?	326
10월 26일	소리가 울리지 않는 방은 어떻게 만들까?	333
11월 2일	구름과 안개는 무엇이 다를까?	341
11월 9일	겨울에는 왜 입김이 하얗게 보일까?	348
11월 16일	높은 곳에서 뛰어내리면 발이 더 아프다?	355
11월 23일	과자 봉지는 산에서 부풀어 오른다?	363
11월 30일	욕조의 물은 왜 윗부분만 뜨거워질까?	370
12월 7일	스케이트를 신으면 빨리 달릴 수 있다?	378
12월 14일	엘리베이터가 내려갈 때 왜 붕 뜨는 느낌이 들까?	385
12월 21일	강물은 마르지 않을까?	392

| 12월 28일 | 인공 눈과 자연 눈의 차이는? | 400 |

❌ 일상과학

1월 6일	**마스크**로 바이러스를 막을 수 있을까?	25
1월 13일	**돋보기**로 보면 물체가 크게 보이는 원리는?	32
1월 20일	**드라이아이스** 연기의 정체는?	39
1월 27일	**병따개**로 어떻게 병뚜껑을 딸까?	46
2월 3일	**비누**로 어떻게 때를 지울까?	54
2월 10일	**유성펜**은 왜 유리에 잘 써질까?	63
2월 17일	**플라스틱**은 영원히 썩지 않을까?	70
2월 24일	**CD**에 정보를 어떻게 기록할까?	78
3월 3일	**유리**는 왜 투명할까?	86
3월 10일	**거울**에는 어떻게 모습이 그대로 비칠까?	93
3월 17일	**안경**을 착용하면 시력이 좋아질까?	100
3월 24일	**전구**를 밝히면 왜 뜨거워질까?	107
3월 31일	**제균**과 **살균**의 차이는?	114
4월 7일	**세탁소**에서는 옷을 어떻게 세탁할까?	122
4월 14일	햇빛으로 **전기**를 만들 수 있을까?	130
4월 21일	어떤 **타이어**가 빗길에서 안전할까?	137
4월 28일	**지우개**는 어떻게 연필 자국을 지울까?	144
5월 5일	어떤 **풍선**이 하늘 위로 떠오를까?	152
5월 12일	도로에서 차가 막히는 이유는 무엇일까?	159
5월 19일	**물티슈** 액체의 주요 성분은?	166
5월 26일	**다리미**는 어떻게 주름을 펼까?	173
6월 2일	**바코드** 안에는 어떤 정보가 있을까?	181
6월 9일	**에어컨** 기능 중 제습과 냉방의 차이는?	189
6월 16일	**탈취제**는 어떻게 냄새를 없앨까?	196
6월 23일	**스피커**는 어떻게 소리를 낼까?	203
6월 30일	**식품용 랩**이 잘 달라붙는 이유는?	210
7월 7일	창문으로 햇빛을 쬐도 **비타민D**가 생길까?	218

7월 14일	**불꽃놀이** 색깔은 어떻게 만들까?	225
7월 21일	**잠수함**이 떠올랐다가 가라앉는 방법은?	232
7월 28일	**냉장고**는 어떻게 시원함을 유지할까?	239
8월 4일	가스를 사용하지 않고 냄비를 데우는 기술은?	247
8월 11일	**모기향**은 선향과 무엇이 다를까?	254
8월 18일	**전기차**가 휘발유차보다 친환경일까?	261
8월 25일	**소화기**는 어떻게 불을 끌까?	268
9월 1일	**전자레인지**는 어떻게 음식을 데울까?	276
9월 8일	**텔레비전**은 어떻게 신호를 받아 방송할까?	283
9월 15일	**휴대 전화**의 원리는 무엇일까?	290
9월 19일	**긴급 지진 속보**는 어떻게 보도될까?	294
9월 22일	**내비게이션**은 위치를 어떻게 파악할까?	298
9월 29일	**확성기**로 말하면 소리가 커질까?	305
10월 6일	**종이 기저귀**는 어떻게 오줌을 흡수할까?	313
10월 13일	**열기구**는 어떻게 공중에 떠 있을까?	320
10월 20일	철길 아래에는 왜 자갈이 깔려 있을까?	327
10월 27일	**헬리콥터**는 어떻게 제자리 비행을 할까?	334
11월 3일	**광케이블**과 일반 전선의 차이는 무엇일까?	342
11월 10일	**디지털카메라**는 어떻게 사진을 찍을까?	349
11월 17일	**일반 전구**와 **LED 전구**의 차이는 무엇일까?	356
12월 1일	**인터넷**은 어떤 원리일까?	372
12월 8일	**발열 내의**를 입으면 왜 따뜻해질까?	379
12월 15일	**자기 부상 열차**는 어떻게 움직일까?	386
12월 22일	어떤 물체에 전기가 통할까?	393
12월 29일	**교통카드**는 어떤 원리로 작동할까?	401

💡 발명

1월 7일	아르키메데스	26
1월 14일	니콜라우스 코페르니쿠스	33
1월 21일	갈릴레오 갈릴레이	40

1월 28일	요하네스 케플러	47
2월 4일	블레즈 파스칼	55
2월 11일	안톤 판 레이우엔훅	64
2월 18일	로버트 훅	71
2월 25일	아이작 뉴턴	79
3월 4일	놓친 물건이 아래로 떨어지는 이유는?	87
3월 11일	올레 뢰머	94
3월 18일	**온도계**는 어떻게 온도를 측정할까?	101
3월 25일	벤자민 프랭클린	108
4월 1일	제임스 와트	116
4월 8일	윌리엄 허셜·캐롤라인 허셜	123
4월 15일	알레산드로 볼타	131
4월 22일	**전지**에서 전기가 생기는 원리는 뭘까?	138
4월 29일	에드워드 제너	145
5월 6일	조지 스티븐슨	153
5월 13일	마이클 패러데이	160
5월 20일	**전동기**는 어떤 원리로 작동할까?	167
5월 27일	**발전기**가 전기를 만드는 원리는?	174
6월 3일	이태규	182
6월 10일	새뮤얼 모스	190
6월 17일	찰스 다윈	197
6월 4일	그레고어 멘델	204
7월 1일	알프레드 노벨	212
7월 8일	고틀리프 다임러·카를 벤츠	219
7월 15일	드미트리 멘델레예프	226
7월 22일	로베르트 코흐	233
7월 29일	빌헬름 뢴트겐	240
8월 5일	**엑스레이**는 어떻게 몸속을 촬영할까?	248
8월 12일	알렉산더 그레이엄 벨	255
8월 19일	토머스 에디슨	262

8월 26일	**전구**는 어떻게 빛날까?	269
9월 2일	이임학	277
9월 9일	이휘소	284
9월 16일	마리 퀴리	291
9월 23일	조지프 존 톰슨	299
9월 30일	어니스트 러더퍼드	306
10월 7일	**물질**은 무엇으로 이루어져 있을까?	314
10월 14일	윌버 라이트·오빌 라이트	321
10월 21일	**비행기**는 어떻게 하늘을 날까?	328
10월 28일	알베르트 아인슈타인	335
11월 4일	**타임머신**을 실제로 만들 수 있을까?	343
11월 11일	에른스트 루스카	350
11월 18일	**전자 현미경**은 어떻게 미세한 부분까지 볼까?	358
11월 25일	유카와 히데키	365
12월 2일	고시바 마사토시	373
12월 9일	제임스 왓슨	380
12월 16일	미셸 마요르	387
12월 23일	사람이 **심장**과 **위장**을 만들 수 있을까?	394
12월 30일	요시노 아키라	402

칼럼

기하학적 착시	60
섭씨와 화씨	77
발효 식품	125
종자식물	185
진도와 매그니튜드	295
반도체	357
재생 의료	395